◆海盐县人民检察院办公大楼（1999年5月启用）

◆1999年5月19日，省检察院原检察长胡灿时（右一）来海盐县人民检察院视察

◆2000年1月6日，时任省检察院检察长葛圣平（中）来海盐县人民检察院指导工作

海盐县检察志

海盐县检察志编纂委员会　编

方志出版社
Publishing House of Local Records

图书在版编目(CIP)数据

海盐县检察志/《海盐县检察志》编纂委员会编. —北京：方志出版社，2017.2

ISBN 978-7-5144-2352-5

Ⅰ.①海… Ⅱ.①海… Ⅲ.①检察机关—工作概况—海盐县 Ⅳ.①D926.32

中国版本图书馆 CIP 数据核字(2017)第 031296 号

海盐县检察志

编　　者：《海盐县检察志》编纂委员会
责任编辑：宁　芳

出 版 人：冀祥德
出 版 者：方志出版社
地址　北京市朝阳区潘家园东里 9 号（国家方志馆 4 层）
邮编　100021
网址　http://www.fzph.org
发　　行：方志出版社发行中心
电话（010）67110500
经　　销：各地新华书店
设计排版：杭州美迪图文设计有限公司
印　　刷：浙江正方设计印刷有限公司

开　　本：787×1092　1/16
印　　张：13.25
字　　数：246 千字
版　　次：2017 年 2 月第 1 版　2017 年 2 月第 1 次印刷
印　　数：0001～1000 册

ISBN 978-7-5144-2352-5　定价：100.00 元

◆2011年6月21日，时任海盐县人民检察院检察长李越（右）走进海盐新闻网在线访谈栏目，宣传举报知识

◆2011年10月13日，海盐县人民检察院沈荡检察室正式揭牌运行

◆1987年6月，海盐县人民检察院全体干警在办公大楼（朝阳东路33号）前合影

◆1994年9月，海盐县人民检察院全体干警在办公大楼（朝阳东路45号）前合影

◆2009年5月21日，海盐县人民检察院“敬廉崇洁”检察官讲坛进枣园社区宣讲

◆2010年1月22日，海盐县人民检察院参与全县“打黑除恶”专项行动

◆2010年5月27日，海盐县人民检察院与秦山核电联营公司签订共同预防职务犯罪协议

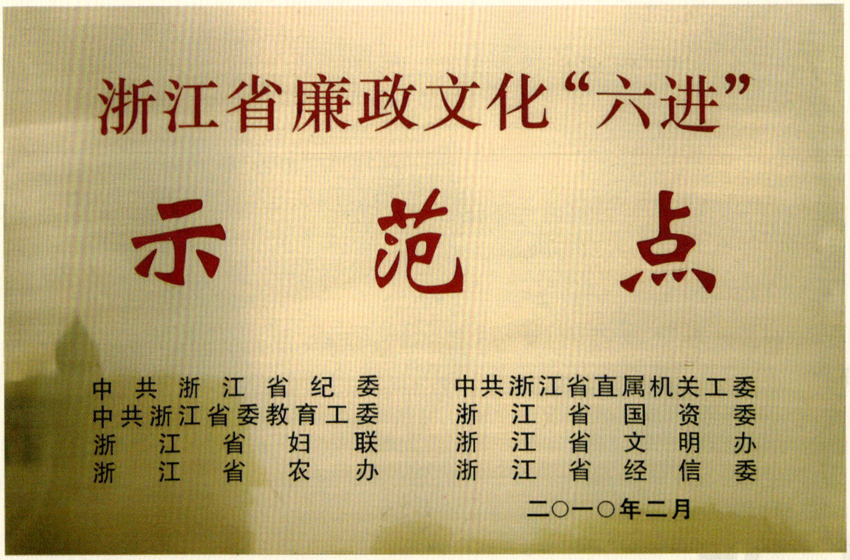

◆2010年2月，海盐县人民检察院被中共浙江省纪委等八部门授予浙江省廉政文化“六进”示范点

◆2011年3月，海盐县人民检察院被浙江省人民检察院授予“全省检察机关纪检监察工作先进集体”荣誉称号

《海盐县检察志》编纂委员会

顾　问：孙雄伟

主　任：宋　跃

副主任：徐承江　严振中　方雪祥　陆蔚红　方光飞　陈利明

委　员：金朝晖　王嫣红　王　勇　黄苏平　朱立宏　余朝章　柏水英　杜　鹃　董学飞　莫红良　廖　玮　朱　冰　许文炫　盛福根　翁芳洁　杨丽斌

编 纂 人 员

陈树玉　陈瑞洪　黄苏平　陈美群　姚晓萍

序

编史修志是中华民族的优良传统，具有“存史、资政、教化”的作用。《海盐县检察志》的出版，是海盐县检察事业发展进程中的一件大事，也是我县地方历史文化建设的重大成果，填补了海盐县检察部门志书编纂的空白，值得庆贺！

编纂检察志是一项浩繁的系统文化工程。五年来，县检察院坚持实事求是原则，贯彻求真存实、经世致用方针，把握规律，鉴别史实，最终编纂成书。《海盐县检察志》以全面、翔实的资料、朴实的文风、客观真实、图文并茂地记述了海盐县检察事业的发展历史，充分体现了海盐县检察事业的时代特点和地方特色。

检察机关肩负着法律监督的神圣使命。在半个多世纪的岁月里，县检察院紧紧围绕党和国家工作大局，围绕县委、县政府中心工作，坚持在创新中谋发展，在改革中求奋进，全面履行法律监督职能，为“平安海盐”“法治海盐”“三优海盐”建设提供了有力的司法保障，先后获得了全国人民满意检察院、全国先进基层检察院、全国文明单位等荣誉，是海盐，乃至嘉兴、浙江政法机关的一面旗帜。

党的十八大提出了“全面依法治国”的伟大方略，法治建设进入新的历史发展阶段，检察机关在社会、政治、经济中的作用和地位愈发重要。值此检察志书出版之际，向全体检察人员和关心、支持检察工作的同志致以崇高的敬意！希望全体检察人员以志为镜鉴，以高度的使命感和责任心，以发展的眼光和与时俱进的姿态，继承和发扬海盐县检察机关的优良传统。同时，要迎接新挑战，把握新机遇，找准新站位，强化检察监督，维护公平正义，为高水平全面建成小康社会提供有力的司法保障。

中共海盐县委副书记
政　法　委　书　记

2017 年 6 月 8 日

凡　例

一、本志编纂以马克思列宁主义、毛泽东思想、邓小平理论、“三个代表”重要思想、科学发展观为指导，深入贯彻习近平总书记系列重要讲话精神，坚持实事求是原则，贯彻求真存实、经世致用方针，运用辩证唯物主义和历史唯物主义观点、方法，记述海盐检察工作的历史和现状。

二、记述范围：地域以现行县域为基本范围，时限上自事物发端，下限为2011年年底。个别事项适当延伸。

三、体裁：以志为主，述、图、表、录兼用。全志分9章26节，酌情设目。

四、纪年：中华人民共和国成立之前，按历史纪年书写，括注公元纪年，中华人民共和国成立后用公元纪年。

五、计量单位：按《中华人民共和国法定计量单位》的规定书写。

六、本志所涉专用名词，开始出现用全称，并括注简称，以后出现用简称。

七、本志所涉案例罪名，均依当时的法律和司法解释为准。

八、坚持生不立传以事系人的原则，在事物发生中记述。

九、所用资料来自档案、志书、报刊、采访录、回忆录，经鉴别后采用。

目　　录

概　述

海盐县位于浙北杭嘉湖平原。地理坐标:北纬 30°21′～30°38′,东经 120°43′～121°02′。东濒杭州湾,西南接海宁市,北连平湖市和嘉兴市南湖区、秀洲区。全县陆地面积 534.73 平方公里(其中水域 36.10 平方公里),海域面积 537.90 平方公里(其中岛礁 0.60 平方公里)。辖 5 个镇 4 个街道,85 个行政村,45 个居民委员会。2011 年年底户籍人口 37.47 万人,暂住人口 12.88 万人。县治武原街道。

海盐县历史悠久。早在六千年前,海盐先民就在这里农耕聚居。秦王政 25 年(公元前 222 年)置海盐县,因"海滨广斥,盐田相望"而得名。1949 年 5 月 7 日,海盐解放。1958 年 11 月,撤销海盐县建制,并入海宁县。1961 年复置海盐县。

海盐县旧时以农业为主,经济落后。新中国成立后,国民经济有很大发展。1949 年全县工农业总产值 2958 万元,1985 年上升为 71169 万元,2011 年全县生产总值 273.76 亿元。

检察制度是人类文明史上的一项政治法律制度,是阶级社会上层建筑的组成部分,是从司法制度中产生出来的。司法制度经历了漫长的发展阶段:(一)由国家审判代替私人复仇;(二)在国家职能中,司法权从行政权中分离出来,形成专门的司法机关;(三)司法制度中的审判职能与检察职能实行分立,形成检察制度。13 世纪末法国国王腓力普四世当政时期设立国王检察官一职,一般认为是西方现代意义上的检察制度的开端。

在中国漫长的封建社会中,一直沿用着司法与行政合一的体制。一直至清朝末年,由于受资产阶级改良主义者提倡维新变法的影响,特别是受孙中山领导的资产阶级民主革命的猛烈冲击,清王朝统治者才"仿行实政"。清光绪二十二年(1906 年),清王朝颁布了《大理院审判编制法》,规定在大理院下设各级审判厅,并在各级审判厅内设各级检察局。各级检察局设置检察长一人,负责刑事案件提起公诉,监视判决的正当执行。这就把现代检察制度引进了中国,形成中国历史上审判权与检察权的初步分离。

中华民国成立后，采用大陆法系国家的司法体制，将检察机关设立在法院内。

中国社会主义检察制度，始于中国共产党在农村建立革命根据地时期。民国26年(1937年)中华苏维埃共和国成立后，随即颁布了《中华苏维埃共和国中央苏维埃组织法》和《裁判部暂行组织及裁判条例》，规定在中央执行委员会下设最高法院，最高法院设检察长、副检察长和检察员。

新中国成立后，中国社会主义检察制度的发展可划分为以下几个阶段：(一)1949年至1953年是社会主义检察制度的创造时期。(二)1954年至1966年，是社会主义检察制度的发展和波折时期。(三)1967年至1977年是社会主义检察制度的中断时期。(四)1978年后是社会主义检察制度的重建和发展时期。

海盐县现代意义上的检察制度，始于中华民国建立之初。民国元年(1912年)6月，海盐县始设执法科。县知事兼执法长。下设执法员、书记、司书、检察员、司警等员。民国2年(1913年)3月，裁撤执法科，设审检所。县知事兼审检所长。同年8月嘉禾宣告戒严，裁撤审检所。民国5年(1916年)9月复设审检所，县知事兼任执法长和审检所长。民国6年(1917年)4月再裁审检所，由县知事兼理司法。民国26年(1937年)年初，建立海盐司法处。抗日战争期间，机构撤离县城。抗日战争胜利后，民国34年(1945年)，重建海盐司法处，由县长兼理检察事务。

1951年10月建立海盐县人民检察署(简称县检察署)。

检察机关创建初期，主要参与查处反革命案件和普通刑事案件。受理公安机关移送审查批捕、审查起诉案件和出庭支持公诉。在镇压反革命、“三反”(反贪污、反浪费、反官僚主义)、“五反”(反行贿、反偷税漏税、反盗窃国家财产、反偷工减料、反盗窃国家经济情报)，和“新三反”(反对官僚主义、命令主义、违法乱纪)等运动中，依法打击破坏革命、破坏生产、扰乱社会治安的各种犯罪分子，维护社会安定。贯彻党的镇反、肃反斗争的方针、政策，及不同时期的斗争策略，掌握“现行从严、抗拒从严、再犯从严”和“坦白从宽、抗拒从严”政策，执行“有反必肃、有错必纠”和公、检、法“互相配合、互相制约”的方针，逮捕起诉了一批反革命分子和其他刑事犯罪分子。

1954年12月，海盐县人民检察署更名为海盐县人民检察院(简称县检察院)。1956年2月，检察长陈玉山到任，检察工作不断加强。检察业务范围不断扩大。内部分工有自侦组和批捕起诉组、一般监督组和办公室。

1957年扩大化的反右斗争和1958年“大跃进”中的“左倾”思想严重影响检察工作，实行“一长代三长”(即由一位领导行使公安局长、法院院长、检察院检察长的职权)，“一员代三员”(即由一人行使预审员、检察员、审判员的职责)。虽然政法干部积极工作，打击了犯罪，维护了社会稳定，但是法律监督已形同虚设、名存实亡。

1958年11月，海盐县建制撤销。县检察院撤销。

1960年10月，海盐县恢复建制。县检察院重新开展工作，承担批捕、起诉职责，依靠群众办案查处了一批违法乱纪的案件，开展了对“四类分子”(地主、富农、反革命分子和其他坏分子)的社会改造工作。

1966年“文化大革命”开始后，检察工作渐趋停止。1967年，全体检察干部到“五·七”干校。1968年4月，海盐县公安机关军事管制小组接管检察院。

1973年3月，海盐县公安局设立检察股，行使部分检察职能。

1978年7月，县检察院恢复重建。1979年12月，内设刑事检察一科、刑事检察二科、法纪检察科、经济检察科、办公室。1980年1月1日起，《中华人民共和国刑法》和《中华人民共和国刑事诉讼法》实施。检察机关开始全面承担法律监督的职责。随着社会主义法制的不断健全，检察工作步入“有法可依，有法必依，执法必严、违法必究”的新时期，检察事业得到蓬勃发展。

1982年8月，县检察院贯彻执行全国人大常委会《关于严惩严重破坏经济的罪犯的决定》，打击严重经济犯罪。

1983年8月，县检察院贯彻执行全国人大常委会《关于严惩严重危害社会治安的犯罪分子决定》，“从重从快”打击严重刑事犯罪。

1990年10月，县检察院开展行政检察工作。

1991年4月，县检察院开始民事检察工作。

1995年，县检察院将预防职务犯罪工作列入检察机关工作职责。

进入21世纪，县检察院围绕全党全国的大政方针，发扬“横向奋力争先，纵向超越自我”的精神，强化监督，公正执法，履行宪法和法律赋予的各项检察职能。2001年2月，被最高人民检察院授予“人民满意的检察院”荣誉称号。2005年10月，被中央文明委授予“全国精神文明建设工作先进单位”荣誉称号。2012年2月，被最高人民检察院授予“全国先进基层检察院”荣誉称号。

大　事　记

民国元年(1912年)6月,海盐县公署设立执法科,翌年3月改为审检所(隶属杭县地方审检厅管辖)。8月裁。

民国5年(1916年)9月,复设审检所,翌年4月裁,由县知事兼理司法。

民国16年(1927年),设司法科,由承审员审理各类民、刑案件。

民国26年(1937年),建立司法处。同年12月,日军入侵,机构撤离县城。

民国34年(1945年)10月,重建司法处,设审判官、书记官、录事、检验员、执达员等,县长兼理检察,实施侦查提起诉讼,并设看守所和监狱。

1949年5月,海盐县解放,隶属于浙江省人民政府第一专区(10月,更名为浙江省嘉兴专区)。解放后人民政权机关接管民国海盐县司法机构。

1951年

10月,海盐县人民检察署成立。县政府任命姚堂为副署长,县检察署设在县人民法院内,独立行使检察职权,有检察干部2人。其主要职能:通过直接受理,提起刑事案件,与违法乱纪作斗争,同时配合公安、司法部门开展镇反斗争。

1952年

县检察院开展受理群众来信来访、举报工作。在武原镇、沈荡镇设置4个举报箱,收到群众控告举报信1032件("三反""五反"检举信1029件,司法改革建议信3件)。

1953年

5月,省人民政府任命郭文德为县检察署副署长。

是年，县检察院对国家工作人员中的严重违法乱纪、侵犯公民人身、民主权利的犯罪行为行使检察权，配合公安机关查处和审查公安机关查处的违法乱纪案件。

1954 年

8 月，省人民政府任命党彦瑞为县检察署副检察长。

12 月，县检察署更名为县检察院，仍使用旧印，院址在县人民法院内。

是年，公安、检察、法院合建中共海盐县政法支部（1958 年 11 月撤销）。

1955 年

7 月，县检察院开始办理批捕起诉的法律手续。

1956 年

3 月，县委任命陈玉山任为县检察院检察长。

4 月，县检察院完全担负审查批捕、审查起诉和出庭支持公诉工作。

7 月 4 日，县检察院在县人民大会堂召开处理反革命分子投案自首大会。会上对彻底坦白、愿意悔改的反革命分子张某等 3 人作了宽大处理，免予刑事处分；对抗拒交代、死不悔改的反革命分子郑某等 2 人，当场逮捕。7 月 6 日，《海盐报》对这次大会作了报道。

7 月，县检察院派员对浙江省第二十一劳改队（对外称国营海盐新民油厂）进行检察，提出纠正有关管理方面的口头建议。

10 月，县委任命高自然为县检察院副检察长。

12 月，县检察院先后发展人民检察通讯员 36 名，起到了揭发犯罪和反映违法情况的作用，推动检察工作的开展。

1957 年

3 月，县检察院迁址到武原镇中大街老人委对面原招待所内。

4 月 26 日，县检察院副检察长高自然在全县有线广播电台上作“制止粮食、粮票进行黑市投机贩卖的违法行为”讲话，并在县报刊登。县人委通知全县各地组织收听学习，有效制止全县黑市交易及贩卖粮食行为。

5月，公、检、法三个单位建立政法党组(1958年11月并县撤销)，窦士泰任书记，高自然任副书记。

1958年

4月上旬，县检察院副检察长高自然总结官堂乡新光农业社严格执行财务制度、无贪污的经验，印发检察工作简报，并在全县农业社会计、财务主任会议上作介绍推广，对预防贪污犯罪起了一定作用。省检察院于4月25日以文件形式转发，在按语中肯定了这种工作方法是好的。

4月14日至5月8日，县检察院会同县公安局、县法院，先后到海塘、西塘、官堂三乡共集训不良分子5批613人。侦破和弄清了三个乡解放以来各种违法犯罪事件1106次。其中较重大够立案条件的积案漏案92人。通过集训，为制定爱国公约和建立调处委员会打下基础。

6月2日至6日，省检察院嘉兴专区分院在武原镇召开全区检察现场会议，历时4天半，到会人数29人。通过现场介绍、交流经验，总结检查省政法会议后检察工作“大跃进”情况。

6月，副检察长高自然出席全国第二次检察工作会议。

6月，为了保证商业的顺利跃进，加强防范工作，堵塞贪污、盗窃的犯罪孔隙，创造安全企业，县检察院与武原供销社签订安全联系制度。

9月3日，县检察院向全区各兄弟院提出“三无县”(无批捕积案、无侦查积案、无起诉积案)的倡议。该倡议由嘉兴分院于9月13日转发各县检察院。

11月，海盐县并入海宁县，县检察院同时撤销。

1961年

12月，海盐县建制恢复，县检察院恢复办公，检察院负责人侯英、检察干部共3人。院址为武原镇中大街(原县检察院院址)。恢复后的县检察院行使检察机关的审查批捕、审查起诉、监所、控告申诉等检察权，同时恢复经济检察权。是年，县检察院与县法院合建一个党支部；姚堂任支部书记。

12月，县委任命党彦瑞为县检察院检察长。法院、检察院、公安局合建政法党支部，姚堂等七人组成支部委员会，姚堂任支部书记，朱建文任副书记。

1962 年

1月，县检察院在群众来信和审理案件中连续发现盗窃国家粮仓事件，遂以《关于当前内外勾结盗窃国家粮食情况的报告》报告县委。县委将报告批转全县，要求各有关单位必须充分重视。3月，专区分院向各县检察院发文转发县检察院报告和县委批示，并肯定海盐县检察院通过办案，发现问题并及时报告的做法。

12月，县检察院根据群众来信和有关单位的控告，办理手工业系统中8起贪污盗窃案件，并以《关于手工业系统中严重贪污盗窃违法犯罪活动的情况报告》报告县委。县委办公室于12月13日，将县检察院"报告"转发各公社党委、镇委、各部委、科局负责人阅。提出"这份材料检查揭露了手工业系统中严重的贪污盗窃惊人的情况，实为两条道路斗争的一种反映，是当前整顿手工业社中的一个重点。"

1963 年

2月，县检察院在办理案件中发现农村中诈骗犯罪活动很猖獗，诈骗手段花样很多，遂以《关于农村中诈骗犯罪情况的报告》报告县委。县委转发县检察院报告。省检察院于3月26日以《必须加强对农村诈骗犯罪活动的斗争》为题发出检察工作简报，刊载县检察院报告，并加按语。

1964 年

4月，县检察院参加农村社教运动，在于城公社吕冢大队蹲点，结合业务工作进行调查，并以《关于蹲点大队在社教运动中的四类分子动态情况报告》报告县委、县人委、县政法党组和省检察院、嘉兴分院。

6月，县检察院掌握强奸犯罪材料16起，经审查发现犯罪嫌疑人不仅社会上有，企事业单位内部有，党内也有，遂书面报告县委，要求对这类情节恶劣、后果严重、群众影响很坏的犯罪分子及时给予有力打击。

1965 年

12月，检察院、法院与公安局分设党支部，建立中共检法支部，姚堂、党彦瑞、朱建文组成支部委员会，姚堂任支部书记。

1966 年

5 月 16 日，全国“文化大革命”运动开始后，检察工作陷于瘫痪。

1968 年

4 月，县检察院实行军事管制，检察职能由县公安机关军事管制组负责。

1973 年

3 月，县公安局设检察股，行使部分检察权。

1978 年

7 月，嘉兴地委批准重建县检察院，党彦瑞任代理检察长。院址在武原镇朝阳东路 33 号(县公安局三楼)。检察干部共 4 人。

10 月，县检察院开始办公，启用“海盐县人民检察院”印章和“海盐县人民检察院办公室”印章。

1979 年

7 月，县委批准建立中共县检察院党支部，党彦瑞任支部书记。

7 月，县检察院开始行使对普通刑事案件犯罪嫌疑人的批准逮捕权。

10 月 22 日，县检察院对钱某伤害一案出庭支持公诉。

12 月，县检察院设刑事检察一科、二科、法纪检察科、经济检察科和办公室。负责审查批捕、审查起诉、出庭支持公诉、侦查监督、审判监督、经济检察等工作。

12 月，县检察院执行最高人民法院、最高人民检察院、公安部发布的《关于执行刑诉法规定的案件范围的通知》规定，直接受理和侦查、起诉侵犯公民人身权利和侵犯公民民主权利案件，渎职犯罪案件，以及危害公共安全犯罪案件中的重大责任事故和妨碍婚姻家庭犯罪案件的重婚案。

1980 年

1 月 1 日，《中华人民共和国刑法》《中华人民共和国刑事诉讼法》实施，检察工作进入“有法可依、有法必依、执法必严、违法必究”的依法治国的新的历史时期。

2月，经县检察院机关全体共产党员选举，产生中共海盐县人民检察院机关第一届支部委员会，增加万寿元等4名支部委员，万寿元任支部副书记。

2月，县检察院办公楼竣工并搬入办公。院址：武原镇朝阳东路33号（县公安局院内）。县委公布：经地委批准，万寿元任县检察院副检察长。

3月，县检察院增设监所检察科。信访工作实行登记、审批、回复、归档制度，做到件件有着落。

11月，启用省检察院重新刻制的“海盐县人民检察院”印章，旧印章同时作废。

12月，县委决定建立中共县检察院党组，党彦瑞任党组书记，万寿元任党组副书记，张子良为党组成员。

1981年

1月，县检察院建立检察长来访接待日，时间为每月5日、25日两天。

4月，经县检察院机关全体共产党员选举，产生中共海盐县人民检察院机关第二届支部委员会。万寿元任支部书记，沈关林任副书记。

7月8—11日，县六届人民代表大会第一次会议召开，代理检察长党彦瑞在会上作县检察院工作报告，会议通过决议批准这一报告。会议选举党彦瑞为县检察院检察长。

7月，县检察院设立检察委员会，检察委员会委员5名。

1982年

5月，省人大常委会批准任命：党彦瑞、万寿元、张子良、沈关林、蒋钰祥等5人为县检察院检察委员会委员。

6月，县委发文公布：经地委批准，叶连德任县检察院副检察长。

8月，县委组织部发文，同意叶连德任县检察院检察委员会委员。

9月，县委发文任命叶连德为县检察院党组成员。

1983 年

8 月，县检察院坚决贯彻执行全国人大常委会《关于严惩严重危害社会治安的犯罪分子决定》和《关于迅速审判严重危害社会治安的犯罪分子的程序的决定》，依据“从重从快”的方针，与公安、法院密切配合，对重大案件采取提前介入，做到优先审查，加快办案。

11 月 21 日，县检察院对 9 名死刑犯实行死刑临场监督。

1984 年

1 月 1 日，嘉兴市人民检察院正式挂牌，县检察院工作隶属嘉兴市人民检察院领导。

3 月，县人大任命张立臣为县检察院副检察长、检察委员会委员。

4 月，调整检察院党组成员，刘根华任党组书记，叶连德任党组副书记。

4 月，经县检察院机关全体共产党员选举，产生中共海盐县检察院机关第三届支部委员会，叶连德任支部书记，沈关林任支部副书记。

7 月，县七届人民代表大会第一次会议召开，检察长党彦瑞作县检察院工作报告，会议通过决议，批准这一报告。会议选举刘根华为县检察院检察长。10 月，经市人大批准，县人大任命刘根华、曹永章为县检察院检察委员会委员。

1985 年

3 月，县检察院经济检察科科长蒋钰祥参加在北京召开的全国检察系统“先进集体、先进工作者”表彰大会，并被授予全国检察系统先进工作者。

8 月，县检察院在全县乡镇和企事业单位中聘请兼职检察联络员 56 名。

9 月 2 日至 7 日，全市检察工作会议在海盐召开，传达贯彻省检察院召开的调研工作会议和全省分、市院检察长会议精神。各县、区院检察长共 20 余人参加会议。

1986 年

4 月，县七届人民代表大会第三次会议召开，会议听取和审议副检察长叶连德所作的县检察院工作报告，并通过相应决议。

10月，县人大任命陈树玉为县检察院检察委员会委员。

10月25日至11月30日，县检察院配合县供销系统打击经济犯罪。通过法制宣传和政策教育，在一个多月时间内，21名有经济问题的人员主动交代和讲清问题。

12月，经县检察院机关全体共产党员选举，产生中共海盐县人民检察院机关第四届支部委员会，叶连德任支部书记，沈关林任支部副书记。

1987年

5月，县八届人民代表大会第一次会议召开，检察长刘根华在会上作县检察院工作报告，会议通过决议，批准这一报告；会议选举刘根华为县检察院检察长。6月，市一届人大常委会第24次会议批准。

8月，县检察院设立驻海盐县看守所检察室。

1988年

1月，县检察院设立调研科。

4月，县八届人民代表大会第二次会议召开，会议听取和审议副检察长叶连德所作的县检察院工作报告，并通过相关决议。

8月，海盐县第八届人大常委会第九次会议，决定任命蒋钰祥为县检察院副检察长。

7月，县检察院建立"经济罪案举报站"，设置举报电话，并向全县各乡、镇，县属各单位、县级机关各部门印发《关于成立"经济罪案举报站"的通知》，在5个镇设置8个"经济罪案举报箱"。

10月，蒋钰祥任县检察院党组成员。

1989年

2月，设立县检察院控告申诉检察科，受理有关刑事问题的检举、控告、申诉，以及犯罪分子的自首，行使发现和追究违法犯罪，纠正冤假错案的检察职能。

4月，县八届人民代表大会第三次会议召开，会议听取和审议县检察院检察长刘根华所作的县检察院工作报告，并通过相应决议。

11月4日至5日，市检察院在海盐召开全市检察长会议，总结"两高"《通告》

发布以来的工作，部署抓好反贪污、受贿斗争任务。中共嘉兴市委副书记卢展工到会并讲话。

12月，经县检察院机关全体共产党员选举，产生中共海盐县人民检察院机关第五届支部委员会，张立臣任支部书记，沈关林任支部副书记。

1990年

5月，县九届人民代表大会第一次会议召开，检察长刘根华作县检察院工作报告，会议通过决议，批准这一报告，会议选举刘根华为县检察院检察长。6月，市人大批准。

5月31日至6月1日，省检察院检察长胡灿时到海盐县检查指导工作，对县检察院查处贪污、贿赂等严重经济犯罪的工作，特别是办案质量表示满意。

6月4日，县检察院设立政工科。

6月，县检察院经济检察科更名为县检察院贪污贿赂侦查局。

10月，县人大任命沈忠林为县检察院检察委员会委员。

1991年

1月，县检察院迁入武原镇朝阳东路55号(1996年改为45号)新大楼办公。

4月，县九届人民代表大会第二次会议召开，会议听取和审查检察长刘根华所作的县检察院工作报告，并通过相应决议。

1992年

1月，经县检察院机关全体共产党员选举，产生中共海盐县人民检察院机关第六届支部委员会，张立臣任支部书记，沈忠林任支部副书记。

3月，县检察院与县财税局研究决定，设立海盐县人民检察院税务检察室。办公地点设在县财税局税征股。年内，共受理偷税抗税案件线索4件，审查上年税务部门处理的案件32件，依法立案侦查偷税案1件1人，为国家挽回税款8万余元。同时，配合财税部门组织对个体工商户的集中专项检察和年度财务税收大检查。

4月27日，全市检察信息工作会议在海盐召开。

4月，县第九次人民代表大会第三次会议召开，会议听取和审查检察长刘根华所作的县检察院工作报告，并作出相应决议。

12月，县检察院开办劳动就业服务企业性质的“海盐县三利贸易公司”。

1993年

3月，县人大任命李松泉为县检察院检察委员会委员。

4月，为使检察院工作更好地适应改革开放和经济建设的新形势，充分发挥检察职能作用，县检察院决定在企业建立法律服务联系点。至10月，海盐电线塑料实业公司等七家企业与县检察院签订法律服务协议书。

4月，县十届人民代表大会第一次会议召开，检察长刘根华在会上作县检察院工作报告，会议通过决议，批准这一报告；会议选举张立臣为县检察院检察长。同月，市人大批准。

5月，县委任命张立臣为县检察院党组书记。

9月，县委任命顾进良为县检察院党组成员。

12月，经县检察院机关全体共产党员选举，产生中共海盐县人民检察院机关第七届支部委员会，蒋钰祥任支部书记，孔满宝任支部副书记。

12月，县人大任命顾进良为县检察院副检察长、检察委员会委员。

1994年

1月，县检察院党组决定设纪律检查员，蒋钰祥任纪检员。

4月，县十届人民代表大会第二次会议召开，会议听取和审议检察长张立臣所作的县检察院工作报告，并通过相应决议。

6月，县检察院出台中层干部聘任和干部岗位流动双向选择试行办法，试行首轮“双向选择”。7月4日至6日，召开全体干警参加的机关中层干部聘任和干部岗位流动双向选择大会。经全院干部本人自荐、群众推荐、组织推荐和院党组审核，在公开、平等、竞争、择优、党管干部和走群众路线的原则基础上，袁菊生等12人被聘任为科、局、室正、副科(局)长、主任；姚连军等5人被聘请为科(局)长助理、主任助理；有21人实现岗位流动双向选择。此次“双向选择”为全市检察系统首次试行干部双向选择。

7月21日至22日，市检察院在海盐召开全市检察机关政工纪检监察会议。

7月，任命袁菊生为县检察院检察长助理。

8月，县人大任命袁菊生、施瑞章为县检察院检察委员会委员。

10月，根据高检院《关于加强举报工作的决定》，原县检察院经济罪案举报站于10月1日起更名为“县检察院举报中心”，并向全县发布公告。

12月，县检察院与县烟草专卖局研究决定，设立县检察院驻烟草专卖局检察室。办公地点设在县烟草专卖局内。

1995年

3月，县十届人民代表大会第三次会议召开，会议听取并审查检察长张立臣所作的县检察院工作报告，并通过相应决议。

3月，县检察院设立行政装备科，承担原办公室的行政装备和财务等后勤事务职能；撤销调研科，其职能并入办公室。

3月，经省检察院同意，建立浙江省检察院贪污贿赂侦查职业点海盐分点。于7月向海盐县工商行政管理局登记注册集体所有制企业海盐华恒实业发展公司。

4月，县委决定，袁菊生任县检察院党组成员。

5月，县检察院设立民事行政检察科。

5月，县人大任命郑美良为县检察院检察委员会委员。

8月3日，县委副书记、县委政法委书记黄在法和县委政法委副书记沈建敏到县检察院检查工作。黄在法听取县检察院关于1995年以来查办贪污贿赂大要案工作、严厉打击严重刑事犯罪活动、检察干警队伍建设以及其他检察业务工作开展情况和执法中碰到的新情况、新问题的汇报后，充分肯定了该院各项检察业务工作所取得的突出成绩，特别肯定了在查处贪污贿赂大要案方面的很多重大突破。

8月，经省检察院同意，县检察院设立浙江省检察官培训中心嘉兴分中心。

9月，县人大任命袁菊生为县检察院副检察长。

12月，经县检察院机关全体共产党员选举，产生中共海盐县人民检察院机关第八届支部委员会，袁菊生任支部书记，施瑞章任支部副书记。

12月，县检察院党开展第二轮“双聘”工作。陈树玉等10人被聘任为科、局、室正副科(局)长、主任；聘请张利祥担任刑事检察二科科长助理。

12月，县检察院设立调查研究科，为检察委员会常设机构。

1996 年

3 月，县十届人民代表大会第四次会议召开，会议听取和审查检察长张立臣所作的县检察院工作报告，并通过相应决议。

5 月，县检察院贪污贿赂侦查局更名为反贪污贿赂局。是年，县检察院与纪委、监察局等部门密切协作，深入开展反贪污贿赂斗争，突出查办发生在党政机关、行政机关、司法机关、经济管理部门中的大案要案。全年共为国家挽回直接经济损失 100 余万元。

7 月，县检察院在沪杭公路改道工程海盐段沥青路面工程建设中，与县交通局、省路桥工程处、杭州市公路工程处签订党风廉政责任书，将预防经济违法犯罪工作贯穿于工程建设全过程。

9 月，县检察院对 5 起经济犯罪案件的举报人兑现奖励政策，实行重奖。

9 月，县人大任命徐承江为县检察院检察委员会委员。

11 月 7 日至 8 日，最高人民检察院纪检组副组长兼监察局局长夏振发等人组成的检察系统自身反腐败情况检查组到海盐，对县检察院近年来一手抓检察业务，一手抓检察队伍，特别是检察队伍自身反腐败的情况进行检查。对县检察院近年来在“两手抓”方面取得的成绩表示满意。

12 月，县检察院进行第三轮“双聘”工作。陈树玉等 14 人被聘任为科、局、室正、副科（局）长、主任；严振中被聘请为刑事检察二科科长助理。

12 月，对 22 名检察员、检察委员会委员进行述职评议。

1997 年

1 月起，按照修改后的《中华人民共和国刑事诉讼法》关于案件管辖范围的规定，县检察院把查办发生在“三机关一部门”中的犯罪案件作为反贪污贿赂工作的重点。年内共立案查处贪污、贿赂两类案件 11 件 11 人，其中涉及“三机关一部门”的大案 4 件 4 人。

2 月，县委决定，陈国根任县检察院党组成员。

3 月，县第十届人民代表大会第五次会议召开，会议听取和审查检察长张立臣所作的县检察院工作报告并通过相应决议。

5 月，县人大任命陈国根为县检察院检察委员会委员。

6月,县检察院去武原、百步、澉浦等乡镇巡回法制宣传,展示反贪案例图板30块,发放宣传资料2000余份。

8月,县检察院出刊《检察调研》,全年共择优编发调研文章10篇,其中《加强财务工作 严格财务管理 有效预防经济犯罪》一文,县委办公室向全县转发后又被《浙江通讯》全文刊用。

8月,县委决定,徐承江任县检察院党组成员;建立县检察院纪检组,纪检监察机构合署办公,徐承江任纪检组长。

10月13日,全市检察机关办公室工作会议在海盐县南北湖召开。

12月,经县检察院机关全体共产党员选举,产生中共海盐县人民检察院机关第九届支部委员会,袁菊生任支部书记,施瑞章任支部副书记。

12月,县人大任命严乐雄为县检察院检察员、检察委员会委员、副检察长。

12月,县委决定,严乐雄任县检察院党组成员、书记。

1998年

3月,县十一届人民代表大会第一次会议召开,代理检察长严乐雄在会上作县检察院工作报告,会议通过决议,批准这一报告;会议选举严乐雄为县检察院检察长。6月,市人大批准。

4月,县委决定,袁菊生任县检察院党组副书记。

5月29日,市检察院副检察长张立臣、市检察院监察处徐广泽到县检察院督促检查集中教育整顿工作和省电话会议精神贯彻落实情况。张立臣充分肯定了县检察院集中教育整顿的阶段性成效。

5月,县委组织部决定,郑美良任县检察院党组成员。

5月,县检察院政工科更名为政治处。

5月,县委批准县检察院制订的《县检察院机构改革方案》。县检察院内设机构:办公室、政治处、审查批捕科、审查起诉科、反贪污贿赂局、法纪检察科、监所检察科(同时挂“海盐县人民检察院驻看守所检察室”牌子)、控告申诉检察科(同时挂“海盐县人民检察院举报中心”牌子)、民事行政检察科、行政装备科、职务犯罪预防与调研中心(同时挂“浙江省检察官培训中心嘉兴分中心”牌子)11个职能科(局、处、室);并成立“海盐县人民检察院服务中心”。编制55人。检察长1名,副检察长3名(其中一名兼纪检、监察组长);科室(局)领导职数18名。

6月，县人大任命徐承江为县检察院副检察长。

6月，县检察院开展第四轮“双聘”工作。郑美良等10人被聘任为科、局、室正、副科（局）长、主任；朱立宏等4人被聘请为科（局）长、主任助理。

12月31日，市检察院依法对海盐县原政协主席孙某立案侦查。孙某利用担任中共海盐县委副书记、县长的职务便利，收受贿赂共计价值人民币8.2万元，美元1500元，1999年3月12日，被嘉兴市中级人民法院以受贿罪判处有期徒刑6年6个月。

1999年

1月11日至12日，全市检察机关侦查工作暨记功表彰大会在海盐召开。省检察院副检察长朱孝清出席会议并讲话，嘉兴市委常委、政法委书记李立定，市政协副主席江最新等出席会议。

2月4日，首批检察官等级评定初评工作经市检察院党组审定。4月15日，省检察院批准县检察院严乐雄等12人首次评定为四级高级检察官，袁菊生等9人首次评定为一级检察官，陈国根等10人首次评定为二级检察官。6月21日，市检察院分别批准首次评定为三级检察官2名、四级检察官1名、五级检察官3名。12月1日，市检察院分别批准首次评定为三级检察官2名、四级检察官1名。

3月，县第十一届人民代表大会第二次会议召开，会议听取和审议检察长严乐雄所作的县检察院工作报告，并通过相应决议。

5月，县检察院新建办公大楼落成使用。院址为武原镇枣园中路111号。

6月21日至27日，开展“举报宣传周”活动，落实检务公开措施。

12月，县委决定，陈国根任县检察院检察长助理。

12月，县人大任命严振中为县检察院检察委员会委员。

2000年

1月，经县检察院机关全体共产党员选举，产生中共海盐县检察院机关第十届支部委员会，袁菊生任支部书记，朱鸿任支部副书记。

1月12日，省检察院授予县检察院控申举报接待室全省检察机关“文明接待室”称号。

1月18日至22日，全省政法工作会议和全省检察长会议在杭州召开。县检察院被评为“五好”检察院。

2月23日，郑美良获最高人民检察院“人民满意的检察干警”荣誉称号。

3月，县十一届人民代表大会第三次会议召开，会议听取和审查检察长严乐雄所作县检察院工作报告，并通过相应决议。

4月，县委成立海盐县预防职务违法犯罪领导小组。县检察院承担领导小组办公室日常工作。

5月15日至19日，县检察院举办反腐图片展，144个单位共2200人参观展览。

6月，开展第五轮“双聘”工作。郑美良等10人被聘任为科、局、室正、副科(局)长、主任。

7月10日，县政协在县检察院召开主席会议，县政协主席袁世和，副主席张国华、张巧宝、许琳、沈咏嘉、柳金根、潘之才，巡视员张惠君参加会议。检察长严乐雄通报上半年检察工作情况。

7月21日，县人大常委会主任会议听取检察长严乐雄所作县检察院关于预防职务犯罪工作的情况汇报。

8月，县检察院与县交通局在01省道嘉兴东西大道海盐段二期工程中开展“创优良工程，当优秀干部”活动。

8月23日，市检察院检察长朱立乔到海盐调研，听取县检察院党组工作情况汇报。

11月28日，省检察院为县检察院记集体二等功。

2001年

2月13日，省检察院反贪局预防处王建国科长等2人和市检察院预防处处长何鹤年、副处长薛保其一行4人，到县检察院调研指导预防职务犯罪工作。其间，王建国先后在县检察院召开预防职务犯罪工作座谈会，走访县纪委等有关部门，并到县检察院正在开展预防活动的县重点交通建设工程东西大道二期工程(海盐段)实地调查。

3月，县检察院被省委、省政府授予“文明单位”荣誉称号。

3月，县第十一届人民代表大会第四次会议召开，听取和审议检察长严乐雄所作县检察院工作报告，并通过相应决议。

23日，县委、县政府在县检察院召开表彰大会，隆重表彰奖励县检察院荣获“全国检察机关人民满意的检察院”荣誉称号。县委副书记、县长武亮靓代表县委、县人大、县政府、县政协，对县检察院取得的荣誉表示热烈祝贺。县委常委、政法委书记陆瀛宣读县委、县政府表彰决定。市检察院党组成员陆雁萍宣读了市检察院党组《关于在全市检察机关开展向县检察院学习活动的决定》。全县政法系统中层以上干部参加了表彰会。

4月，县人大任命朱鸿为县检察院检察委员会委员。

6月25日至26日，市检察院检察长朱立乔到海盐调研，对县检察院开展“严打”整治斗争以来的工作予以充分肯定，对今后工作提出新的希望和要求。

2002年

1月，经县检察院机关全体共产党员选举，产生中共海盐县检察院机关第十一届支部委员会，袁菊生任支部书记，朱琛瑶任支部副书记。

3月，县第十一届人民代表大会第五次会议召开，会议听取和审查检察长严乐雄所作的县检察院工作报告，并通过相应决议。

6月24日，县检察院与县法院共同制定《刑事公诉案件普通程序简易化审理规则(试行)》。

7月，市检察院、县委同意县检察院制订的《海盐县人民检察院机关机构改革方案》。县检察院内设机构：办公室、政治处、侦查监督科、公诉科、反贪污贿赂局、渎职侵权检察科、监所检察科(县检察院驻看守所检察室)、民事行政检察科、控告申诉检察科、行政装备科。县检察院机关编制50名。领导职数：检察长1名，副检察长3名，中层干部17名。

8月，县检察院原审查批捕科、审查起诉科、法纪检察科，分别更名为侦查监督科、公诉科和渎职侵权检察科。

8月16日，市检察院检察长朱立乔一行10人就执法作风大检查活动在县检察院检查指导工作，听取县检察院加强思想作风建设，推进检察工作发展的有关情况汇报。朱立乔听取汇报后指出，海盐县检察院之所以取得现在的成绩，得益于以下五条宝贵的经验：一是与时俱进的精神状态；二是十分可贵的学习氛围；三是高度的责任心；四是有竞争讲团结；五是多年来能够坚持讲学习、讲政治、讲正气，使院风始终保持在正的状态。

11月，县检察院在海盐县党政信息内网上，开通“海盐县职务违法犯罪预防网”。

12月，县十一届人大常委会第43次会议表决通过：任命陈国根为县检察院副检察长。

是年，县检察院被省检察院评为“全省检察机关先进检察院”。

2003年

1月2日，县政协在县检察院召开主席会议。县政协主席袁世和，副主席张国华、许琳、沈咏嘉、潘之才、秘书长徐林春参加会议。检察长严乐雄通报2002年工作情况，与会人员视察正在使用中的侦查讯问监控室，对干警文明办案现场有了更直观的了解。

3月，海盐县第十二届人民代表大会第一次会议召开，检察长严乐雄作县检察院工作报告，会议通过决议，批准这一报告；会议选举严乐雄为县检察院检察长。

4月，开展第六轮干部“双聘”工作，严振中等13人被聘任为科、局、室正、副科(局)长、主任。

7月1日，省检察院党组成员、纪检组长赵建平，市检察院检察长王祺国等人到县检察院督促检查指导工作。检察长严乐雄汇报县检察院开展“强化法律监督，维护公平正义”教育活动等情况及下半年工作思路。赵建平对县检察院教育活动情况予以肯定。

8月，县人大任命张利祥为县检察院检察委员会委员。

9月5日，省检察院检察长朱孝清、政治部主任郁富才在市检察院检察长王祺国的陪同下到县检察院检查指导教育活动。检察长严乐雄汇报县检察院开展教育活动查摆问题阶段的情况，对照教育活动所要解决的重点问题。朱孝清对县检察院教育活动充分肯定，并提出要求。

9月，县检察院被市检察院确定为人民监督员制度试点院。11月，县检察院举行人民监督员颁证仪式，步飞等10人成为首批人民监督员。

10月，县委组织部决定，朱鸿任县检察院党组成员。

12月5日，市检察院党组成员、教育活动办公室主任朱林祥等一行3人到县检察院检查考核“强化法律监督，维护公平正义”教育活动情况，对当年自侦案件初查计划、侦查、判决情况，历年扣押、冻结赃款赃物情况作了检查；查看了侦查监控设施、讯问室；召开了由自侦、刑检、纪检等部门有关人员参加的座谈会，就文明办案、安全办案方面听取了意见。检查组认为：海盐县检察院对教育活动高度重视，抓得紧、抓得实，方法灵活、效果较好。

12月15日至16日，市检察院在海盐召开全市检察机关依法独立办案工作会议。

是年，县检察院被省检察院授予全省检察机关“先进检察院”。

2004年

1月6日，县政协主席袁世和，副主席张巧宝、王永福、朱蓓华、孙敏冠等到县检察院视察工作，检察长严乐雄向政协领导通报2003年工作情况和2004年工作思路。

2月，县第十二届人民代表大会第二次会议召开，会议听取和审查检察长严乐雄所作的县检察院工作报告，并通过相应决议。

3月1日，省检察院行装处副处长裴甸一行6人到县检察院检查“两房”建设、枪支弹药管理情况和警车使用管理情况。

3月10日，市检察院在县检察院召开全市检察机关批捕工作会议。

4月1日，省委副书记、政法委书记夏宝龙到县检察院检查指导工作。检察长严乐雄就县检察院人员编制、业务工作、队伍建设、所获荣誉、下一步目标等工作情况作了汇报。夏宝龙仔细询问了县检察院队伍中法律专业科班出身人员数、平均年龄、检察人员待遇、科技强检等情况。

9月，县检察院党组研究决定在院业务部门设立纪检监督员，在院纪检组的领导下，负责业务部门执法办案的监督、检查等日常工作。

10月，县人大任命方光飞、朱琛瑶为县检察院检察委员会委员。

12月，县检察院被省委政法委授予全省政法系统“执法为民先进集体”荣誉称号。

2005年

1月17日，县检察院召开2004年度总结表彰会。市检察院检察长王祺国、县委副书记章剑、县人大常委会副主任滕林华、副县长朱引良、县政协副主席徐建荣、县委政法委副书记金荣祥等出席会议。会上,检察长严乐雄对2004年检察工作作总结,王祺国、章剑作重要讲话。

1月,经县检察院全体共产党员选举,产生中共海盐县人民检察院机关第十二届支部委员会,袁菊生任支部书记、朱琛瑶任支部副书记。

2月,县第十二届人民代表大会第三次会议召开,会议听取和审查检察长严乐雄所作的县检察院工作报告,并通过相应决议。

2月,县检察院被最高人民检察院授予全国检察机关"先进基层检察院"荣誉称号。

3月11日,县委和市检察院联合在县检察院召开"全国先进检察院"表彰大会。省检察院政治部主任吴效芳、市检察院检察长王祺国、县委书记武亮靓、县委副书记章剑参加表彰大会。吴效芳在会上授予县检察院"全国先进检察院"荣誉奖牌。

4月,省检察院检察长陈云龙到县检察院就加强法律监督能力建设进行调研。检察长陈云龙充分肯定县检察院检察工作和检察队伍建设取得的成效,特别是加强对法律监督能力建设方面的思考和实践。

5月,县检察院创刊《海盐检察》,赠阅全县机关各部门、各乡镇、各行政村、县人大代表、政协委员,县检察院廉政执法监督员、人民监督员。

9月,县检察院渎职侵权检察科更名为反渎职侵权局。

11月7日,全市水利建设领域预防职务犯罪案件剖析会在县检察院召开。省检察院预防处处长修杭生、市检察院检察长王祺国、副检察长韩小喜等领导,及各县(市、区)院预防部门负责人参加会议,县检察院通报了查处水利建设领域受贿犯罪案件的情况和开展预防职务犯罪工作的成效和经验。

12月,县检察院建立"中共海盐县检察院机关总支委员会"。下设法律监督、控申侦查、行政后勤和老干部等4个党支部。

2006年

1月,经县检察院机关全体共产党员差额选举,产生中共海盐县人民检察院机关第一届总支委员会,袁菊生任党总支书记,朱琛瑶任副书记。

2月,县十二届人民代表大会第四次会议召开,会议听取和审查检察长严乐雄所作的县检察院工作报告,并通过相应决议。

2月,县检察院公诉科被浙江省巾帼建功和双学双比活动协调小组授予“巾帼文明示范岗”称号。

3月16日,嘉兴市人大法工委主任杨阿海等一行5人到县检察院调研“规范执法行为,促进执法公正”专项整改活动情况。

11月,县检察院增设职务犯罪预防科。

12月,县委决定,李越任县检察院党组成员、书记。县人大任命李越为县检察院检察员、检察委员会委员、副检察长。

2007年

1月17日,县委常委、县委政法委书记蒋建森在县委政法委副书记金荣祥、县委办副主任王祖利的陪同下,到县检察院开展调研。蒋建森对县检察院检察工作充分肯定,对今后的工作提出两点要求:一是要围绕党代会提出的“一城三地”的奋斗目标,结合检察实际和检察职能,好好思考检察机关如何为打造滨海新城作出努力;二是常规性工作要有所变化,有所创新。

1月22日,市检察院检察长王祺国、副检察长严乐雄到县检察院调研。王祺国对县检察院下一步工作提出三点意见:一是进一步夯实工作基础;二是抓工作还得讲究抓重点;三是进一步抓好班子自身建设。

2月,县十三届人民代表大会第一次会议召开,代理检察长李越作县检察院工作报告,会议通过决议,批准这一报告;会议依法选举李越为县检察院检察长,经嘉兴市第五届人大常委会31次会议批准。

3月,调整县检察院党组成员,严振中、朱琛瑶任党组成员。

5月,县人大任命金朝晖为县检察院检察委员会委员。

6月6日,市妇联副主席周红霞在县妇联主席郭真的陪同下,到县检察院调研“家庭助廉”工程和“巾帼文明岗”创建活动情况。

6月,开展第七轮“双聘工作”。朱立宏等13人被聘任为科、局、室正、副科(局)长、主任。全院共有8名干警调整岗位,实现择岗意愿。

7月11日,市检察院检察长王祺国一行到县检察院视察指导工作。

8月,县检察院被省委政法委授予“浙江省践行社会主义法治理念先进单位”称号。

8月，县检察院职务犯罪预防科更名为职务犯罪预防局。

9月，县委决定，方雪祥任县检察院党组成员、政治处主任。

11月，县人大任命朱琛瑶为县检察院副检察长。

11月，县检察院举行第二届人民监督员换届选任颁证仪式，向10名人民监督员颁发证书和证件。

12月，县委办公室转发县纪委、县检察院《关于加强预防农村职务违法犯罪工作保障社会主义新农村建设的意见》。

2008年

1月，县十三届人民代表大会第二次会议召开，会议听取和审查检察长李越所作的县检察院工作报告，并通过相应决议。

2月4日，县检察院召开2007年度总结表彰会。县委常委、政法委书记蒋建森出席会议，对2007年度检察工作作了“三有”(有坚持、有提高、有突破)的充分肯定，并对新一年的检察工作和检察队伍建设提出了“三新”(在公正执法上有新成绩、在改革创新上有新思路、在队伍建设上有新提高)、“三学”(学形势服务大局、学政治明确方向、学业务提高水平)的希望和要求。

3月6日，省检察院预防处处长修杭生一行在市检察院职务犯罪预防局负责人的陪同下，到县检察院调研职务犯罪预防工作。

4月7日，省检察院副检察长刘建国一行4人，在市检察院副检察长韩小喜、县委副书记姚沈良陪同下，到县检察院调研查处和预防农村职务犯罪工作。刘建国表示，县检察院查办涉农职务犯罪案件基础工作做得很扎实，查办工作抓得很紧，办案中讲究方法、注重深挖，查办了一批窝案串案，很有特色；预防工作围绕办案的“后半篇”文章在县委的领导和重视下，也做得很好。他强调要进一步处理好查办和预防涉农职务犯罪的关系，增强发现和查处职务犯罪的能力，积极预防涉农职务犯罪。刘建国一行还到沈荡镇考察预防涉农职务犯罪工作并与镇干部进行座谈。

4月，县检察院与县国有资产办公室制定《关于强化检察监督、国资管理职能　防止国有资产流失的意见》，对损害国家利益案件开展民事督促起诉工作。

5月28日，县检察院以盗窃罪将盗窃海盐新东方紧固件公司全体员工向汶川地震募捐款的杨某批准逮捕。该案是浙江省首例盗窃救灾募捐款而被批准逮捕的案件。

5月，县检察院增设法警队。

6月16日，县检察院对一起特大犯罪案件中的被告人刘某、侯某、肖某等23人以涉嫌抢劫、盗窃、隐瞒犯罪所得罪三项罪名提起公诉。

6月，县委组织部决定，方光飞任县检察院党组成员。

7月29日，市检察院检察长王祺国、副检察长严乐雄一行到县检察院进行调研。

8月6日，县委书记张仁贵，县委常委、政法委书记蒋建森一行到县检察院工作调研。张仁贵对县检察院各项工作开展情况予以充分肯定。同时提出两点希望，一是要继续查办贪污、贿赂案件，二是要在查办渎职犯罪案件上多作探索。

8月14日，检察长李越应县法院邀请，就被告顾某受贿一案列席审判委员会会议。这是县检察院检察长首次列席法院审判委员会会议。

9月，县检察院设立检务督察办公室。

9月，县人大任命王嫣红、朱立宏2人为县检察院检察委员会委员。

11月3日，县检察院召开县检察院恢复重建30周年纪念座谈会。市检察院检察长王祺国、县委政法委书记蒋建森参加会议。参加检察工作满25周年的9名检察干警被授予最高人民检察院颁发的“检察荣誉勋章”。

11月中旬，县政协主席会议在县检察院召开。县政协主席陆瀛，副主席王永福、朱蓓华、徐建荣、朱锡君，秘书长王亦军出席会议，县政协有关职能机构负责人、县检察院领导班子成员参加会议。检察长李越通报2007年度检察工作情况。

12月23日，全市民事行政检察工作会议在县检察院召开。全市检察机关民行干警近30人参加会议。

2009年

1月7日，在全省检察长会议上，县检察院被授予“省级先进基层检察院”荣誉称号。

2月，县十三届人民代表大会第三次会议召开，会议听取和审查检察长李越所作的县检察院工作报告，并通过相关决议。

2月，经县检察院机关全体共产党员差额选举，产生中共海盐县人民检察院机关第二届总支委员会，朱琛瑶任总支书记，方雪祥任副书记。

3月，县检察院公诉科被全国妇女“巾帼建功”活动领导小组授予“全国巾帼文明岗”荣誉称号，是浙江省检察系统唯一获此殊荣的单位。

3月31日至4月1日，省检察院反渎职侵权局局长陈春玉、副局长郑武洪到县检察院调研，听取反渎工作情况汇报及对反渎职工作的意见和建议。

4月13日，省检察院副检察长庄建南，公诉一处处长沈雪中、公诉三处处长应建廷一行到县检察院调研。庄建南对县检察院的公诉工作给予充分肯定，要求海盐的公诉工作要继续在“深”字上下功夫，要在审判监督上做得更精、更细、更有特色、更有亮点；要在刑事和解上加深探索，做好归纳、提炼工作。

4月16日，市妇联为县检察院公诉科举行“全国巾帼文明岗”授牌仪式。市妇联副主席黄蕾、市检察院党组成员、政治部主任水红浙、县委常委黄江莺出席会议。黄蕾对公诉科的“巾帼文明岗”创建活动给予高度评价。黄江莺在表示祝贺后，希望公诉科做好结对帮扶工作，做好宣传法治理念工作，发挥好女性特长。

5月，开展第八轮“双聘”工作，朱立宏等14人被聘任为科、局、室正、副科(局)长、主任。

6月25日，县检察院召开党风廉政建设警示教育大会。检察长李越主持会议，全体干警与会。纪检组长严振中为全体干警解读《加强检察机关自身反腐倡廉建设实施方案》，告诫大家要经受住五大考验：一是经受住信念的考验；二是经受住权力的考验；三是要经受住金钱的考验；四是要经受住案情的考验；五是要经受住友谊的考验。

7月，县检察院针对县看守所发生的在押人员张某攀爬跳落死亡事件，及时查明真相，作出客观公正的调查结论。

9月15日，市检察院代检察长孙厚祥来海盐县检察院调研。

9月28日，县人大常委会主任谢剑华，副主任许琳、滕林华、沈建明、朱引良、沈连法、姜金良及县人大常委会办公室、法工委负责人到县检察院听取工作情况汇报。谢剑华代表县人大常委会对县检察院工作表示满意，并提出要求：一是围绕中心，服务大局，为海盐经济发展、社会稳定、服务民生做好工作；二是充分发挥检察职能，加强法律监督，维护司法公正；三是巩固成绩，不断创新。

9月，县检察院增设纪检监察室。

9月，县检察院向县国土资源局发出民事督促起诉意见书。随后，嘉兴某公司将欠缴的国有建设用地使用权出让价及违约金近1500万元上缴国库。

11月，县检察院成功起诉涉及50余家案发单位的罗某等19人特大团伙盗窃案。

2010年

1月21日，县政协主席陆瀛，副主席王永福、朱锡君，县政协秘书长王亦军，社会法制委员会主任俞胜佳一行人到县检察院视察工作。陆瀛代表县政协对县检察院自觉接受政协民主监督，多次邀请县政协领导视察检察工作，并诚恳征求意见和建议等做法给予充分肯定。同时对检察工作提出建议和要求：一要着力加强宣传，让人民群众进一步了解检察工作；二要加强预防，充分利用办案资源，做到预防教育在先；三要加强监督，切实履行法律监督职责，严格把好案件质量关；四要加强硬件建设，提高检务保障能力。

1月26日，市人大常委会副主任徐生荣、法制委主任朱建潮等一行4人，在市检察院副检察长韩小喜等陪同下到县检察院视察和调研惩治和预防职务犯罪工作。徐生荣详细了解县检察院重视和加强初查等做法，充分肯定惩治和预防职务犯罪工作所取得的成效，尤其是对自侦案件实行回访跟踪制度给予高度肯定。

1月，县检察院被省检察院评为先进基层检察院。

2月，县十三届人民代表大会第四次会议召开，会议听取和审查检察长李越所作的县检察院工作报告，并通过相应决议。

3月15日，县人大常委会领导接待代表日活动在县检察院举行。听取县检察院近年来查处和预防职务犯罪工作情况汇报及人大代表对本县近年来查处和预防职务犯罪工作的意见和建议。县人大常委会副主任姜金良指出：通过接待代表日活动这种形式，使人大代表进一步了解检察机关履行职责情况，这既是对检察工作的监督，也是检务公开的一种有效途径。他充分肯定县检察院查处和预防职务犯罪工作成绩，并就如何坚持惩防并举，注重预防，深化预防工作提出三点意见：一是研究切实加强对领导干部的监督，促进领导干部廉洁自律，自觉拒腐防变；二是强化工程建设领域的预防，严肃查办和积极预防重点领域、重点工程项目职务犯罪；三是完善领导干部经济责任审计机制，在提拔任用干部上做到提前把关。

3月，县检察院查处乡镇水站系统窝串案7件7人，受贿总额150余万元，西塘桥自来水站原站长刘某受贿总额84.36万元，最大单笔受贿数额25万元。该系列案件被省检察院列为全省检察机关“反贪办案效果好案件”和“三个效果”(法律效果、社会效果、政治效果)有机统一案件。

4月26日，县检察院首次联合县法院发出跨省建议。2009年在办理被告人尹某合同诈骗案时，发现被告人尹某结伙他人利用中国工商银行股份有限公司东莞东城支行在审批、资信调查等方面的严重失职和漏洞骗取贷款。针对所涉银行在应收账款质押贷款过程中存在的问题，县检察院与县法院联合向中国银行业监督管理委员会东莞监管分局发出建议。《检察日报》在7月20日第二版以“发现外省银行漏洞保持沉默？NO”为题对县检察院跨省检察建议进行特别报道。7月29日，《浙江工人日报》头版以“111份虚票蒙混过关，千万贷款如囊中探物；检察法院联合建议，银行5名高官被问责”为题对该事件进行较大篇幅深度报道，肯定了县检察院在保护国有资产，推动金融管理方面的务实举措。东莞市政协委员汤瑞刚对县检察院、县法院能够跨省发建议书到东莞的行为给予高度评价，称这是“对国有资产的爱护，很有责任心”。

5月，县人大任命严振中为县检察院副检察长、检察委员会委员。县委决定陈利明任县检察院党组成员、政治处主任。

6月18日，市检察院检察长孙厚祥、办公室主任童可兴一行到县检察院督查指导深入推进“三项重点”工作、“恪守检察职业道德、促进公正廉洁执法”主题实践活动和执法办案工作。孙厚祥对县检察院工作表示充分肯定，要求更加注重创新思维，集思广益，争先创优。

11月17日，省检察院副检察长刘晓刚、侦查监督处处长钱华、侦查监督处副处长贾海平一行，在市检察院副检察长彭陟刚、侦查监督处处长薛保其的陪同下，到县检察院调研指导审查批捕改革工作。刘晓刚充分肯定县检察院贯彻执行自侦案件审查逮捕权制度改革所取得的成绩，希望不断认真总结、丰富经验。刘晓刚一行还参观了县检察院办案工作区，检查了自侦案件同步录音录像资料。

11月，经县编委同意，县检察院设置沈荡检察室，为县检察院派驻机构。地址:海盐县沈荡镇中南路(县工商局原沈荡工商所办公楼)。

12月，县人大任命张云东为县检察院检察委员会委员。县检察院纪检组调整为县纪委派驻纪检组，由县纪委统一管理。

12 月，县检察院驻看守所检察室被省检察院评为二级规范检察室。

2011 年

2 月 10 日，市检察院检察长孙厚祥到县检察院慰问座谈，要求县检察院进一步抓好各项基本工作，积极发挥检察职能作用，进一步强化队伍建设，完善人才培养成长机制，进一步突出重点，抓出亮点，创出特色。

3 月至 12 月，先后查处县畜牧检疫系统吴某、陈某、尉某和袁某 4 起动植物检疫徇私舞弊案。

5 月 10 日，县政协社法委法制组到县检察院视察反渎职侵权工作，并召开座谈会。检察长李越、副检察长徐承江和反渎职侵权局局长宋建良参加座谈会。委员们对反渎职侵权工作提出三点要求：一是加大对渎职犯罪打击力度；二是建立健全规范的预防职务犯罪体系；三是加大投入，提高干警侦查技能，寻求查办渎职侵权案件的新途径和新方法。

5 月 17 日，省检察院政治主任任国一行 2 人到县检察院调研指导工作，听取县检察院开展“发扬传统、坚定信念、执法为民”主题教育实践活动和队伍建设情况汇报。

6 月 1 日，省检察院纪检组长宋涛一行 3 人到县检察院调研指导工作。宋涛提出三点要求：一是抓好服务大局工作，二是抓好检察队伍建设，三是纪检组要做好廉政风险排查和防控措施的落实。

6 月 16 日，县检察院以危险驾驶罪对被告人林某提起公诉。这是县检察院办理的首起“醉驾”案。

6 月 20 日至 24 日，县检察院开展以“加强渎职侵权检察工作，促进依法行政与公正司法”为主题的第 13 个“举报宣传周”活动。

8 月 15 日，县检察院会同县法院、县公安局、县司法局，联合出台《关于加强和规范对社区服刑人员法律监督工作的意见》，明确公、检、法、司及相关部门在社区服刑人员监督中的职责。

8 月，县检察院与县纪委、县公安局在县看守所建立海盐县法纪教育基地。

10 月 13 日，海盐县人民检察沈荡检察室正式挂牌运行。

12 月，县人大任命宋跃为县检察院党组书记、检察委员会委员、副检察长。

第一章　检察机构

新中国成立前，海盐县尚无独立的检察机构。

海盐县人民检察院（署）初建于 1951 年 10 月。至 2011 年 12 月，大致可以分为五个时期。（一）1951 年 10 月至 1954 年 12 月。为海盐县人民检察署时期，署址海盐县武原镇西大街 206 号，隶属于浙江省人民检察署嘉兴专区分署。（二）1954 年 12 月至 1958 年 11 月。1954 年 12 月由海盐县人民检察署更名为海盐县人民检察院。1957 年 3 月，县检察院迁址至武原镇中大街老人民委员会对面（原招待所）。隶属于浙江省人民检察院嘉兴专区分院。1958 年 11 月，海盐县建制撤销，县检察院随之撤销。（三）1961 年 10 月至 1968 年 4 月。1961 年 12 月，海盐县建制恢复，县检察院恢复。隶属于浙江省人民检察院嘉兴专区分院，院址：在原县检察院。1968 年 4 月，海盐县公安机关军事管制组替代公安、检察、法院三机关。（四）1968 年 4 月至 1978 年 7 月。检察机关被撤销。（五）1978 年 7 月，县检察院恢复重建，院址：武原镇朝阳东路 33 号县公安局三楼。1980 年 2 月，县检察院迁入新建办公楼，院址：县公安局内。隶属于浙江省人民检察院嘉兴地区分院。1983 年 11 月起，隶属于嘉兴市人民检察院。1991 年 1 月，县检察院迁入新建办公大楼，院址：武原镇朝阳东路 45 号（后改 55 号）。1999 年 5 月，县检察院迁入新建办公大楼，院址：武原镇枣园中路 111 号。

第一节　新中国成立前海盐县检察机关

民国元年（1912 年）6 月，海盐县公署设立执法科，县知事兼执法长，下有执法、书记、司书、检验吏、司警等员。翌年 3 月改为审检所，隶属杭县地方审判厅管辖。民国 5 年（1916 年）9 月复设审检所，翌年 4 月裁，由县知事兼理司法。民国 16 年（1927 年）废道存县，县知事改称县长，兼理司法事务，下设司法科，由承审员审理各类民、刑案件。民国26年(1937年)建立海盐县司法处,改变了地方行政长官兼理司法的制度。同年12月日军入侵,机构撤离县城。民国34年(1945年)10月重建司法处,设审判官、书记官、录事、检验员、执达员等,县长兼理检察。

第二节 海盐县人民检察院(署)、检察委员会

1951年10月建立海盐县人民检察署。12月,县人民检察署更名为海盐县人民检察院。1981年7月,县人民检察院设立检察委员会。

一、海盐县人民检察院(署)(1951.10—1958.11)

海盐县人民检察署

1951年10月建立。

副 署 长:姚　堂(1951.10—1953.05主持工作)

　　　　　郭文德(1953.05—1954.05主持工作)

副检察长:党彦瑞(1954.08—1954.12主持工作)

海盐县人民检察院

1954年12月,海盐县人民检察署更名为海盐县人民检察院。1958年11月,随海盐县建制撤销而撤销。

检 察 长:陈玉山(1956.02—1956.08)

副检察长:党彦瑞(1954.12—1955.08主持工作)

　　　　　高自然(1956.10—1958.11主持工作)

二、恢复后的海盐县人民检察院(1961.12—1968.4)

1961年12月随恢复海盐县建制复建海盐县人民检察院。1968年4月,由中国人民解放军浙江省海盐县公安机关军事管制组军管,替代公安、检察、法院三机关。

检 察 长:党彦瑞(1961.10—1967.12)

负 责 人:侯　英(1961.10—1961.12)

　　　　　谷修如(1964.03—1967.12)

三、重建后的海盐县人民检察院(1978.07—2011.12)

1978年7月,经中共嘉兴地委批准建立海盐县人民检察院。任命党彦瑞为

代理检察长。1981 年 7 月恢复县人民代表大会制度。1981 年 7 月县六届人大一次会议，1984 年 7 月县七届人大一次会议，1987 年 5 月县八届人大一次会议，1990 年 5 月县九届人大一次会议，1993 年 4 月县十届人大一次会议，1998 年 3 月县十一届人大一次会议，2002 年 12 月县十二届人大一次会议，2006 年 12 月县十三届人大一次会议分别选举产生县检察院检察长，并报经省检察院检察长提请省人大常委会或报经市检察院检察长提请市人大常委会批准。副检察长由县人大常委会任命。

检 察 长：党彦瑞（1981.07—1984.07；1978.07—1981.07 代理检察长）
刘根华（1984.07—1993.04）
张立臣（1993.04—1997.12）
严乐雄（1998.06—2006.12；1997.12—1998.06 代理检察长）
李　越（2007.03—2010.12；2006.12—2007.03 代理检察长）

副检察长：万寿元（1979.11—1984.07）
叶连德（1982.06—1988.06）
张立臣（1984.03—1993.04）
蒋钰祥（1988.08—1996.05）

历任检察长

陈玉山

（1956 年 2 月—1956 年 8 月）

党彦瑞

（1961 年 10 月—1967 年 12 月、1981 年 7 月—1984 年 7 月）

刘根华

（1984 年 7 月—1993 年 4 月）

张立臣
（1993 年 4 月—1997 年 12 月）

严乐雄
（1998 年 6 月—2006 年 12 月）

李　越
（2007 年 3 月—2011 年 12 月）

顾进良（1993.12—1994.10）
袁菊生（1995.09—2009.11）
严乐雄（1997.12—1998.06）
徐承江（1998.6—　　）
陈国根（2002.12—2007.11）
李　越（2006.12—2007.03）
朱琛瑶（女，2007.11—　　）
严振中（2010.05—　　）
宋　跃（2011.12—　　）

四、检察委员会

1981 年 7 月，县检察院设立检察委员会。检察委员会实行民主集中制，在检察长主持下，讨论、决定重大案件和其他重大问题。

表 1—1　　历届检察委员会委员任期

姓　名	职　务	任职时间
党彦瑞	委　员	1981.07—1984.07
万寿元	委　员	1981.07—1984.07

续表 1—1

姓　　名	职　　务	任职时间
张子良	委　员	1981.07—1991.05
沈关林	委　员	1981.07—1994.08
蒋钰祥	委　员	1981.07—1996.05
叶连德	委　员	1982.08—1988.06
刘根华	委　员	1984.07—1993.04
张立臣	委　员	1984.03—1997.12
曹永章	委　员	1984.07—1993.03
陈树玉	委　员	1986.10—1999.11
沈忠林	委　员	1990.10—1999.12
李松泉	委　员	1993.03—1999.12
顾进良	委　员	1993.12—1994.10
袁菊生	委　员	1994.08—2009.11
施瑞章	委　员	1994.08—2001.04
郑美良	委　员	1995.05—2003.09
徐承江	委　员	1996.09—
陈国根	委　员	1997.05—2007.11
严乐雄	委　员	1997.12—2006.12
严振中	委　员	1999.12—2003.08
朱　鸿	委　员	2001.04—2007.05
张利祥	委　员	2003.08—2006.12
朱琛瑶	委　员	2004.10—
方光飞	委　员	2004.10—
李　越	委　员	2006.12—2011.12
金朝晖	委　员	2007.05—2009.09
朱立宏	委　员	2008.09—
王嫣红	委　员	2008.09—
张云东	委　员	2010.12—
宋　跃	委　员	2011.12—

第三节　海盐县人民检察院党组织、纪检机构

一、中共海盐县人民检察院党组

1957年5月，公安、检察、法院3个单位经中共海盐县委批准建立政法党组，1958年11月并县时撤销。1961年分县后，于1962年1月重新建立，1967年12月终止。1980年12月建立中共海盐县人民检察院党组，负责实现党的方针政策，团结非党干部和群众，完成党和国家交给的任务，指导机关党组织的工作。1981年4月2日，启用“中国共产党海盐县人民检察院党组”印章。

政法党组

书　　记：窦时泰（1957.05—1958.11）
　　　　　刘良诚（1962.01—1966.09）
　　　　　赵可增（1966.09—1967.12）

副 书 记：高自然（1957.05—1958.09）
　　　　　窦时泰（1962.01—1966.09）
　　　　　刘良诚（1966.09—1967.12）

成　　员：嵇敬山（1962.01—1962.10）
　　　　　党彦瑞（1962.01—1967.12）
　　　　　姚　堂（1962.01—1967.12）
　　　　　侯　英（1962.01—1965.09）
　　　　　张　进（1965.09—1967.12）
　　　　　沈祥春（1965.10—1967.12）

中共海盐县人民检察院党组

书　　记：党彦瑞（1980.12—1984.04）
　　　　　刘根华（1984.04—1993.05）
　　　　　张立臣（1993.05—1997.12）
　　　　　严乐雄（1997.12—2006.12）
　　　　　李　越（2006.12—2011.12）
　　　　　宋　跃（2011.12—　　）

副 书 记：万寿元（1980.12—1984.03）

叶连德(1984.04—1988.06)

袁菊生(1998.04—2009.09)

成　　员:张立臣(1980.12—1997.12)

张子良(1980.12—1991.04)

叶连德(1982.09—1988.06)

蒋钰祥(1988.10—1996.06)

顾进良(1993.09—1994.11)

袁菊生(1995.04—1998.04)

陈国根(1997.02—2007.09)

徐承江(1997.08—　　)

郑美良(1998.05—2003.09)

朱　鸿(2003.10—2007.03)

严振中(2007.03—　　)

朱琛瑶(女,2007.03—　　)

方雪祥(2007.09—　　)

方光飞(2008.06—　　)

陈利明(2010.05—　　)

二、中共海盐县人民检察院纪检组(纪检监察室)

1994 年 1 月,县检察院党组研究决定,由副检察长、党组成员,党支部书记蒋钰祥兼任县检察院纪律检查员。纪检员是实职,受县检察院党组和县纪委的领导,在上级检察院纪检、监察部门的指导下工作。

1997 年 8 月,建立中共海盐县人民检察院纪检组。纪检、监察机构合署办公,实行一套工作机构,两个工作机构名称,履行党的纪律和行政监察两种职能。

2004 年 9 月,县检察院各业务部门设立纪检监察员,在纪检组的指导下,负责县检察院各业务部门执法办案的监督、检查等日常工作。

2009 年 8 月,县检察院增设内设机构“纪检监察室”。

2010 年 12 月,县检察院纪检组调整为派驻纪检组,由县纪委实行统一管理。

组　　长:徐承江(1997.08—1998.06)

陈国根(1998.09—1999.12)

朱　鸿(1999.12—2007.03)

严振中(2007.03—2010.05)

方雪祥(2010.05—　　)

副 组 长:李建民(2008.07—　　)

三、中共海盐县人民检察院机关支部委员会

20 世纪 50、60 年代,县检察院未建立党的组织。建院初期党员组织关系在县人民政府党支部。1954 年起公安、检察、法院合建政法支部,至 1958 年 11 月撤销海盐县建制。1961 年 12 月,检察、法院与公安重建政法支部。1965 年年底,检察和法院合建检法支部。

1979 年 5 月,建立中共海盐县人民检察院机关支部,隶属于县级机关党委。经支部大会选举产生并经县委批准,党彦瑞任支部书记,未设支部委员会。1980 年 2 月,经支部大会选举增加四名支部委员,报经县级机关党委同意,建立检察院党支部委员会。而后分别于 1981 年 4 月、1984 年 4 月、1986 年 12 月、1989 年 12 月、1992 年 1 月、1993 年 12 月、1995 年 12 月、1997 年 12 月、2000 年 1 月、2002 年 1 月、2005 年 1 月,先后召开 12 次支部大会,产生 12 届支部委员会。

第一届支部委员会(1980.02—1981.04)

书　　记:党彦瑞(1979.07—1981.04)

副 书 记:万寿元

委　　员:张子良　　沈关林　　施瑞章

第二届支部委员会(1981.04—1984.04)

书　　记:万寿元

副 书 记:沈关林

委　　员:施瑞章　　李菊成

第三届支部委员会(1984.04—1986.12)

书　　记:叶连德

副 书 记:沈关林

委　　员:林志成　　施瑞章　　孔满宝(女)

第四届支部委员会(1986.12—1989.12)

书　　记:叶连德

副 书 记:沈关林

委　　员:孔满宝(女)　李松泉　　沈忠林

第五届支部委员会(1989.12—1992.01)

书　　记:张立臣

副 书 记:沈关林

委　　员:沈忠林　　孔满宝(女)　曹晓铭

第六届支部委员会(1992.01—1993.12)

书　　记:张立臣

副 书 记:沈忠林

委　　员:孔满宝(女)　曹晓铭　　郑美良

第七届支部委员会(1993.12—1995.12)

书　　记:蒋钰祥

副 书 记:孔满宝(女)

委　　员:袁菊生　　徐季祥　　郑美良

第八届支部委员会(1995.12—1997.12)

书　　记:袁菊生

副 书 记:施瑞章

委　　员:沈忠林　　徐季祥　　朱国全

第九届支部委员会(1997.12—2000.01)

书　　记:袁菊生

副 书 记:施瑞章

委　　员:沈忠林　　朱琛瑶(女)　朱国全

第十届支部委员会(2000.01—2002.01)

书　　记:袁菊生

副 书 记:朱　鸿

委　　员:朱立宏　　朱琛瑶(女)　朱国全

第十一届支部委员会(2002.01—2005.01)

书　　记:袁菊生

副 书 记:朱琛瑶(女)

委　　员:朱立宏　　李建民　　朱国全

第十二届支部委员会(2005.01—2006.01)

书　　记:袁菊生

副 书 记:朱琛瑶(女)

委　　员:朱立宏　　李建民　　杜　鹃(女)

四、中共海盐县人民检察院机关总支委员会

2005 年 12 月,经中共海盐县直属机关工作委员会同意,原中共海盐县人民检察院机关支部委员会,改建立为中共海盐县人民检察院机关总支部委员会。下设:法律监督、控申侦查、行政后勤、老干部支部等四个支部。2006 年 1 月 16 日中共海盐县人民检察院机关全体党员大会,以差额方式选举产生中共海盐县人民检察院第一届总支委员会委员。24 日,第一届总支委员会第一次委员会议选举产生总支书记、副书记。2009 年 2 月,经中共海盐县人民检察院机关党员大会以差额选举产生中共海盐县人民检察院机关第二届总支委员会。至 2011 年 12 月共产生两届总支委员会。

第一届总支委员会(2006.01—2009.02)

书　　记:袁菊生

副 书 记:朱琛瑶(女)

委　　员:朱立宏　　朱国全　　杜　鹃(女)　方光飞

宋建良　　李建民

第二届总支委员会(2009.02—　　)

书　　记:朱琛瑶(女)

副 书 记:方雪祥

委　　员:王寒波(女)　王嫣红(女)　董学飞　　许雪军

杜　鹃(女)

第二章 刑事检察

刑事检察是检察机关履行法律监督的重要组成部分。通过对刑事案件的审查批捕、审查起诉、出庭支持公诉等活动，打击危害国家安全和其他刑事犯罪活动；对侦查机关的侦查活动和审判机关的审判活动是否合法进行监督；教育公民遵纪守法，积极同违法犯罪作斗争，预防和减少犯罪；保护公民的人身权利、民主权利和其他权利，维护社会主义法制，保障社会主义建设事业顺利进行。

中华人民共和国建立前，检察机关裁撤无定，检察制度尚未定型，刑事检察工作时断时续。民国2年(1913年)3月，海盐县设审检所，县知事兼任审检所长。民国6年(1917年)4月15日，裁撤审检所，由县公署兼理司法。民国26年(1937年)年初，建立海盐县司法处，改变了地方行政长官兼理司法的制度。1951年10月，建立海盐县人民检察署，开始履行刑事检察职能。当时，检察机关的主要任务是打击反革命，保卫新政权，至1955年11月，共批准逮捕反革命分子66名。

1957年，县检察院遵照“以事实为根据，以法律为准绳”的原则，全面展开刑事检察工作。1958年11月，海盐县建制撤销，县检察院也随之撤销。1961年12月，恢复海盐县建制，县检察院重新开始工作，贯彻执行从严方针，加强治安管理，有效维护社会秩序。办理案件实行个人阅卷，集体讨论，检察长决定，党委批准的办案制度。1966年5月，“文化大革命”开始，刑事检察工作受到冲击。1968年4月，“中国人民解放军浙江省海盐县公安机关军事管理组”成立，替代公安、检察、法院三机关。1973年3月，县公安局恢复，内设检察股，部分刑事检察工作由检察股承担。

1978年7月，海盐县人民检察院恢复重建。1980年1月《中华人民共和国刑法》和《中华人民共和国刑事诉讼法》全面实施。县检察院刑事检察工作逐步走上“有法可依、有法必依、执法必严、违法必究”的工作轨道。

1983年8月，中共中央作出《关于严厉打击严重刑事犯罪活动的决定》。9月，全国人大常委会作出《关于严惩严重危害社会治安的犯罪分子的决定》。县检察院认真贯彻“从重从快、一网打尽”的工作要求，重点审查批捕、起诉流氓团伙、杀人、抢劫、强奸，流窜犯罪等七类严重刑事犯罪案件。至1986年7月，抓获各类刑事犯罪嫌疑人437人，后判刑284人。逮捕经济犯罪嫌疑人12人，后判刑11人。

1987年10月，根据《人民检察院刑事检察工作细则（试行）》的规定，县检察院开始对自行立案侦查的经济案件、法纪案件，在侦查终结后需要提起公诉或作免予起诉的，移送刑事检察部门审查决定。改变了原先由侦查部门直接审查起诉或作免予起诉的做法，实行侦查与起诉分权，加强检察机关内部的制约机制。

1989年2月，根据省检察院《关于自行侦查案件由刑检部门审查逮捕的规定（试行）》的要求，县检察院对自行立案侦查的案件中需要逮捕的犯罪嫌疑人，统一由刑事检察部门审查决定。实行侦查与批捕分权，进一步完善检察机关内部制约机制。

1993年，推进检察体制改革，落实岗位责任制。

1995年，实行办案责任制和错案责任追究制，强化了审查批捕和审查起诉案件质量的监督。

1996年3月，修订后的《中华人民共和国刑事诉讼法》正式实施，修改逮捕条件，取消免予起诉制度，改革庭审方式。4月，开展严打斗争。打击重点是恶性暴力犯罪、流窜犯罪、团伙犯罪。全年追捕犯罪嫌疑人、增列被告人14人，改变案件定罪、定性、适用法律条款27件。改革开放以后，青少年犯罪有逐年增长趋势，成为社会关注热点。县检察院贯彻对少年犯“教育、感化、挽救”的工作方针，依法保护青少年合法权益。

1999年10月，全国人大常委会作出《关于取缔邪教组织，防范和惩治邪教犯罪活动的决定》，县检察院全力投入，办理3名犯罪嫌疑人案件。

2002年6月，县检察院与县法院联合发文《关于执行刑事案件普通程序简易化审理规则（试行）》，提高办案效率。在出庭公诉中首次使用多媒体示证系统。

2005年，县检察院开展禁毒、禁赌、打黑除恶、“扫黄打非”（“扫黄”指清理黄色书刊、黄色音像制品及歌舞娱乐场所、服务行业色情服务，“打非”指打击非法出版物)、打击“双抢”(抢劫、抢夺),打击制假、售假、侵犯知识产权等系列专项活动。建立公诉案件质量评价体系,提出公诉工作指导原则,要求指控犯罪与诉讼监督并举、指控犯罪与保障人权并重、办案质量和效率统一、执行政策和法律并行不悖。

2009 年,县检察院先后与县法院共同印发《关于检察长列席人民法院审判委员会会议的实施意见》和《关于在刑事诉讼中推行量刑建议制度的实施意见》。

2010 年,县检察院与县公安局制定《对未成年人逮捕必要性评估制度》。5 月,与县公安局、县工商行政管理局等 17 家单位制定《关于完善行政执法信息与刑事司法信息共享的实施意见》。

第一节　审查批捕

审查批准(决定)逮捕犯罪嫌疑人是人民检察院对侦查机关提请批准逮捕或人民检察院侦查部门提请决定逮捕的案件进行审查后,作出是否逮捕犯罪嫌疑人决定的一项诉讼活动。

1951 年 10 月,海盐县人民检察署成立。1952 年,县检察署首次行使审查批捕权,批准逮捕反革命犯罪嫌疑人钟某,1953 年批准逮捕犯罪嫌疑人 8 人。1954 年《中华人民共和国宪法》颁布后,开始全面履行审查批捕权,批准逮捕反革命犯罪嫌疑人 8 人。

1955 年,县公安局共逮捕各种犯罪嫌疑人 162 人,但没有办理提请逮捕书 53 人,县检察院办理批准逮捕通知书有 103 人。对刑事犯罪及现行反革命犯罪嫌疑人,由县政法办公室统一研究批捕,县检察院办理批准逮捕手续。对反革命犯罪嫌疑人的逮捕,由县政法办公室统一研究,报请地委批准后,再由检察院办理批准逮捕手续。

1955 年 8 月 31 日前,县检察院批准逮捕手续用“海盐县人民检察院批准逮捕通知书”。9 月开始用“海盐县人民检察院批准逮捕决定书”。

1956 年,完成公安机关提请批准逮捕 28 件。经审查,批准逮捕 24 人,不批准 3 人,退回补充侦查 1 件。

1956 年审查批捕工作的做法是:收到公安机关移送批捕的案件,首先收案登记。检察长批办后,承办人员细致认真地审查提请逮捕报告书,预审笔录,了解所有罪行事实，审查材料是否完备，从中查明犯罪的时间、地点、手段，方法后果如何，同时证实犯罪动机。其次审查被告人的身份和简历、审查被告人供词笔录，核对前后有无矛盾及认罪态度。然后依据犯罪事实和政策界线，确定应否批准逮捕或退回补充侦查。对退回补充侦查的案件，具体指出为什么，补充什么。

具体审查案件中，对于案情比较简单或者犯罪事实比较明确而且证据确实的案件，由一人负责审查，提出意见，报请检察长决定；对于比较重大复杂案件，被告人多的案件，由一人负责阅卷、批捕时与公安局共同研究，提出意见后由检察长决定；对于关键性和主要罪行的认定上有分歧意见的案件，则报请党委或上级检察院复核决定。

1957年，根据新形势的要求，通过批捕对敌人进行专政。打击破坏中心工作的犯罪活动，批准逮捕犯罪嫌疑人210人。其中地、富分子反攻复辟倒算、破坏粮食双统政策、盗窃合作社公共财产、煽动社员聚众闹事等直接危害社会主义建设的现行破坏分子86人。对于贪污、侵吞公款等犯罪行为也给以严厉打击。8月1日，省检察院又发出关于严格执行呈报党委手续和党委批示的通知。9月22日，省检察院嘉兴分院，省嘉兴专员公署公安处发出关于修改逮捕犯罪嫌疑人内部呈批手续规定的联合通知，强调逮捕犯罪嫌疑人一律由地委批准。

1958年9月5日下午，县检察院接到县公安局移送王某破坏生产一案的提请批准逮捕书后，半小时内审查结束。查明王某在9月3日将一包“六六粉”拌入蚕宝宝做眠时用的石灰内致使24张秋蚕全部中毒死亡。当日下午作出批准逮捕。7日，到当地300多人参加的社员大会上进行审理。通过辩论，又揭发出王某曾偷窃人民币和高价出售大米的犯罪事实。后由法院判刑8年。

1962年，坚决贯彻执行从严方针，加强治安管理，有效地维护了社会秩序，同时严格区分两类不同性质的矛盾，执行“三少”政策（少捕，少判，少杀）。县检察院办理不批准逮捕案件掌握的原则是：属于可捕可不捕的，不捕；一般偷窃行为，已退赃兑现不捕；属于人民内部违法犯罪行为，情节不严重的，不捕。

1963年，县检察院主要是加强阶级斗争观念，积极做好批捕工作，坚决及时地打击现行破坏活动。全年受理案件63件69人，通过审查，上报批捕案件45件53人，经批准依法逮捕犯罪嫌疑人41人。其中反革命集团为首分子和张贴反动标语的新生反革命分子6人，复辟严重的地主阶级分子2人，图谋抢劫2人，流窜惯窃和盗窃10人，诈骗7人，投机倒把犯6人，破坏水利3人。

1964 年，依靠群众办案工作，有了显著的进步。办案人员携卷下乡、依靠群众调查核实材料，搞清案情。对于需要批判斗争的犯罪分子，发动群众摆事实、讲道理，开展说理斗争，把犯罪分子斗倒制服。再依据案件的情况、群众的意见和政策法律，经上级批准，作出处理决定。对行凶报复、杀人、抢劫、放火、放毒等重大现行犯，以及其他罪恶大、证据确凿、又不悔改，绝大多数群众要求逮捕的犯罪嫌疑人，就报请批准逮捕。全年共办理公安机关提请批准逮捕的有 28 人，其中反革命 3 人，破坏国防 3 人，放火 8 人，强奸流氓 9 人，盗窃 3 人，偷窃 2 人。依靠群众，查明事实、证据，征求处理意见 10 件，依靠群众处理的 7 件，上报批捕 16 件，批准逮捕 10 件。

1965 年，执行“依靠群众专政、少捕、矛盾不上交”方针，学习诸暨对敌斗争经验，取得一定成绩。受理移送批捕案件 14 件 15 名，依靠群众查清事实，征求群众处理意见 8 件，配合兄弟部门共同调查核实的有 5 件。

1965 年 8 月 24 日起，批准逮捕犯罪嫌疑人由社教工作总团团委审批。

1966 年“文化大革命”开始后，审查批捕工作渐趋停止。1967 年，全体检察干部到“五・七”干校。1968 年 4 月，海盐县公安机关军事管制小组接管县检察院。1973 年 5 月，县公安局成立检察股。

1978 年 7 月，海盐县人民检察院恢复重建。

1979 年 2 月，全国人大常委会公布《中华人民共和国逮捕拘留条例》，6 月中共中央批转最高人民检察院党组《关于取消党委审批案件制度的决定》。检察机关开始独立行使批捕权。12 月，县检察院设刑事检察一科，负责审查批捕工作。全年受理批捕 6 件，上年积存 14 件，合计 20 件，公安撤回 3 件，转本院自办 1 件。批准逮捕 6 件 6 人，不批准逮捕 10 件 10 人。

1980 年是全面实施《中华人民共和国刑法》《中华人民共和国刑事诉讼法》（简称“两法”）的第一年，中共中央提出打击刑事犯罪“从重从快”方针。县检察院以“两法”为武器，及时打击各种现行犯罪，在人员少任务重的情况下，做到坚持与公安、法院密切配合；坚持携卷下乡核实证据；坚持把好材料关，做到公安认定、被告供述、证据材料“三对照”；坚持“承办人阅卷，集体讨论，检察长决定”的办案制度。

1982 年，县检察院继续执行依法从重从快方针，及时、准确、有力地打击犯罪。在办案中进行“提前介入”，就是指在检察机关正式受理批捕、起诉案件之前提前参加公安机关侦查预审活动。提高案件质量，把好事实关、定性关和政策关。是年9月11日凌晨1时许，犯罪嫌疑人蔡某身带斧头、三角利刃及火油等作案工具，用事先偷藏的木梯一架，从蒋某家窗口潜入卧室，用斧头猛砍熟睡中的蒋某头部。蒋及其妻陶某惊醒后，与之搏斗，并呼喊救命。犯罪嫌疑人又拔出三角利刃向蒋某猛戳。此时，陶某及蒋某女儿奔出家门上街呼救。犯罪嫌疑人紧追不舍，先后用三角利刃连续猛戳陶，致左肾刺穿大出血死亡。蒋某女儿心脏刺穿当场死亡，被害人蒋某后经医院大力抢救脱险。蔡某作案后，畏罪潜逃，被公安机关当日上午8时许抓获。市检察分院及县检察院当日派员参与现场勘验和预审，迅速依法从快批准逮捕蔡某。

中共中央于1983年8月发出《关于严厉打击严重刑事犯罪的决定》，县检察院全力以赴投入“严打”斗争，重点打击流氓团伙、杀人、抢劫、强奸、流窜犯罪等七类严重刑事犯罪。严把案件质量关，做到事实清楚、证据确凿、定性准确、法律手续完备。具体办理案件做到细致阅卷、细致做好阅卷笔录、细致听取被告供述、被告人陈述和证人证言、细致分析犯罪事实的因果关系。共受理批捕犯罪嫌疑人212人，批准逮捕152人。

1986年，贯彻“严打”工作方针，严格把好案件事实关、证据关和法律关。加强与公安机关的联系和配合。对严重刑事犯罪实行“从重从快”的方针，把打击重点放在杀人、放火、强奸、抢劫、爆炸、投毒、严重伤害等七类案件上。受理各类批捕案件59件84人，批准逮捕68人。

1988年，保持“严打”声威，参加“反盗窃、打流氓、刹赌风”专项斗争。增强案件质量意识，所办案件“事实清楚、证据确凿、定性准确、程序合法”。共受理提请批准逮捕犯罪嫌疑人113人，经审查，决定逮捕97人，不批准逮捕10人，退回公安补充侦查4件6人。案件均在法定时间内办结，逮捕的犯罪嫌疑人均作有罪判决。是年12月7日，县检察院在接到县公安局提请批准逮捕盗窃保险箱的犯罪嫌疑人徐

1989年11月6日，两高“通告”期间县检察院检察长刘根华发表电视讲话

某、许某后，1 小时就作出批准逮捕决定。

1991 年 1 月，最高人民检察院颁布《人民检察院直接受理刑事案件审查批捕、审查起诉工作暂行规定》，对检察机关自行侦查案件实行侦捕、侦诉分权，进一步规范了刑事检察工作。全年共受理批捕案件 87 件 139 人，决定批准逮捕 73 件 117 人。积极参加反盗窃专项斗争，全年批准逮捕盗窃犯罪嫌疑人 72 人。全年提前介入公安机关勘查现场，预审 11 件 23 人，平均每件办案时间为 6.5 天。

1992 年，共受理批捕案件 65 件 144 人，批准逮捕 58 件 130 人。是年，最高人民检察院发出认真开展未成年人犯罪案件检察工作的通知。县检察院贯彻对青少年犯“教育、感化、挽救”的工作方针，依法保护青少年合法权益。

1996 年，依法从重从快打击严重刑事犯罪活动，取得阶段性成果。共受理公安机关和自侦部门提请批准逮捕的案件 157 件 216 人。依法批准逮捕 139 件 187 人。其中“严打”斗争中批捕 79 件 104 人。坚持“一要坚决，二要慎重，务必搞准”的办案原则，贯彻“两个基本”方针，把好案件质量关。办案过程中，抓住一个“准”字，体现一个“严”字，突出一个“细”字，讲究一个“实”字。1 月 18 日，公安机关将绑架儿童、进行勒索的朱某提请批准逮捕。这是新中国成立以来海盐县发生的第一起绑架儿童进行勒索的案件。县检察院在受理案件后，迅速派员及时审查案件，于当日对犯罪嫌疑人朱某以绑架勒索罪批准逮捕。1996 年 1 月 15 日上午，朱某到石泉乡幼儿园，谎称马某的父亲因车祸已送硖石医院，马某母亲托其将马某接去医院看望。骗得老师相信，遂将 5 岁男童马某骗出幼儿园，绑架至海宁嘉苑宾馆。当日下午，朱某以小孩相要挟，多次打电话至马某家中，要拿 5 万元现金赎人。公安机关闻讯后，迅即采取行动，当晚 8 时许，将朱某抓获。

1997 年 9 月，县检察院逮捕商业受贿犯罪嫌疑人陈某

1997 年，县检察院组织学习修订后的《中华人民共和国刑法》和《中华人民共和国刑事诉讼法》，参加了严打期间的“春季战役”“冬季战役”和“禁毒禁赌”“扫黄打非”专项斗争。全年共受理提请批捕的犯罪嫌疑人 180 人，经审查决定

批准逮捕154人。其中杀人、抢劫、强奸、伤害等重特大案件犯罪嫌疑人74人。“严打”期间刑事案件批捕时间平均为3.4天。

1998年，继续贯彻“从重从快”的工作方针，共受理各类审查批捕案件124件163人，批准逮捕109件140人。全年提前介入15件17人。春季配合有关部门对南北湖风景区进行治安集中整治，及时批捕了2名寻衅滋事，扰乱南北湖风景区社会秩序的犯罪嫌疑人。5月4日，刑事检察一科更名为审查批捕科。

2000年，贯彻“公正执法、加强监督、依法办案、从严治检、服务大局”的检察工作方针。共审查各类批捕案件141件196人，批准逮捕132件177人，不批准逮捕7件13人，全年无错捕案件。在审查批捕工作中，变摘录案卷材料为制作较为详细的逮捕案件审查报告。依照“从重从快”方针和“稳、准、狠”原则，适时介入重特大刑事犯罪案件。全年提前介入21件28人。参与案件现场勘察等侦查活动10次，参与侦查机关对重大案件的讨论和案件分析会。提出侦查建议，协助收集和固定、完善证据，并对侦查活动中的违法行为及时提出纠正意见。县检察院在得知1994年海盐皮鞋厂宋某被杀害案件侦破的消息后，及时提前介入，参与指认现场等侦查活动，提出补充和完善证据建议，把好案件事实关和证据关，为快速批捕作好准备。在“打击人贩子，解放被拐卖妇女儿童”的专项斗争中，对公安机关提请批准逮捕的2名涉嫌拐卖妇女的犯罪嫌疑人快速作出批准逮捕决定。

2001年，县检察院把参加“严打”整治斗争作为首要任务。对“严打”中的三类典型案件、督办案件、重特大案件和疑难复杂案件提前介入，引导侦查机关全面收集固定证据，提出侦查建议，配合侦查机关做好甄别证据工作。全年提前介入18件25人，其中出席勘查现场5件5人。全年发出《提供法庭证据意见书》7份。将原有的《逮捕案件审查报告》和《逮捕案件审批表》合并为《审查逮捕案件意见书》，强化对案情的认定和对证据的分析说明，增强对是否符合逮捕条件的说理性。

2002年6月12日，审查批捕科更名为侦查监督科。

2004年共受理各类审查批捕案件268件409人，批准逮捕258件395人，建议公安撤回8件9人，不批准逮捕2件5人。实行“承办人负责、科长审查、科室讨论、分管检察长把关、重大疑难案件提交检委会讨论”的工作制度。对不同类型的案件指定相应的干警承办。批捕了非法组织卖血案、生产销售伪劣产品案、买卖国家机关证件案等新类型案件。6月办理刘某非法组织卖血案。该案有多名涉案人员分别在海盐、平湖、上海等地组织人员到上海松江区献血，从中牟利。公安机关将多名犯罪嫌疑人抓获后，县检察院提前介入，提出补证要求，并针对该罪打击重点是“血头”“血霸”，即建议公安机关报捕主要犯罪嫌疑人刘某一人，维护了国家公共卫生及血液采供管理秩序，教育了一批在组织献血过程牟取非法利益的人。后该案被评为卫生部“全国十大非法采供血案”。全年参与重大案件讨论 28 件 61 人，参加现场勘查 23 件 30 人。8 月 10 日，县检察院会同县公安局、县工商行政管理局等 14 家单位制定《关于建立行政执法和刑事执法相衔接工作机制的实施意见》。

2005 年，受理各类审查批捕案件 334 件 531 人，经审查批准逮捕 329 件 522 人。不批准逮捕 4 件 7 人，建议公安机关撤回 1 件 2 人。配合公安机关开展禁毒、禁赌、打黑除恶、“扫黄打非”、打击制假售假、侵犯知识产权等一系列专项活动。7 月，县检察院提前介入一起由省公安厅挂牌督办的非法制造注册商标标识罪案件。该案涉及美国 3M 公司的商标被侵权，他们的商标标识被海盐某印刷实业有限公司大量印制。在与侦查机关一起研究这方面的法律法规后，认定该公司负责人徐某和要求印制商标标识的陈某 2 人的行为已涉嫌非法制造注册商标标识罪，建议公安机关从速立案办理。全年参加重大案件讨论 60 件 131 人，出席现场勘查 16 件 24 人。提前介入“1·20”落塘无名女尸案、“3·01”庆丰村海塘边翁某杀人抛尸案、“4·09”张某故意杀人案等特大恶性案件。

2006 年，共受理审查批捕案件 329 件 534 人，批准逮捕 322 件 517 人，不批准逮捕 7 件 17 人。不捕案件无复议复核。批捕案件无不诉或判无罪情况。在严厉打击严重刑事犯罪的同时，注意执行宽严相济的刑事政策，可捕可不捕的坚持不捕，化解社会矛盾，减少社会对立面。12 月，县检察院受理一起故意毁损财物案，犯罪嫌疑人因感情纠纷造成对方财物损失 7000 余元。公安机关提请逮捕后，县检察院认为事出有因，如果不化解这个矛盾，即使判刑，犯罪嫌疑人报复心态可能会更加激烈。在做好犯罪嫌疑人思想工作后，以“虽构成犯罪，但无逮捕必要”的理由对其作出不批准逮捕的决定。做好捕诉衔接工作，在办理批捕案件时，要求按起诉的标准去办，对有补充侦查必要的，制作《补充侦查意见书》，对不批准逮捕的案件开展不捕说理工作，向公安机关出具《不批准逮捕理由书》。

2007 年，受理各类审查批捕案件 332 件 568 人，批准和决定逮捕 328 件 534 人，不批准逮捕案件 4 件 14 人，不捕案件无复议复核，批捕案件无捕后不诉和判无罪的情况。4 月 27 日，省检察院下发《关于全面推行不捕案件说理工作的通知》。县检察院对不批准逮捕案件开展不捕说理，全部采用“三级分析制”。即承办人分析、科室讨论分析、分管检察长审阅后认为分析不够全面的再作补充分析，层层把关后再向侦查机关发出《不批准逮捕理由书》。全年参加重大案件讨论 54 件 122 人，出席现场勘查 15 件 25 人。上半年参加打击盗抢城乡“三农”设施犯罪专项行动，批准逮捕了 14 件 31 人。下半年在打击毒品犯罪专项行动中批准逮捕了 13 件 16 人。执行最高人民检察院《关于依法快速办理轻微刑事案件的规定》，执行宽严相济的刑事政策。在侦查监督科和公诉科之间实行讯问笔录、证人证言、审结报告等资源共享。通过适时介入，引导侦查取证。继续实行案件分类审查，涉及未成年人的案件由女检察官办理。

2008 年，受理各类批捕案件 317 件 482 人，批准逮捕 313 件 467 人，不批准逮捕 4 件 15 人。参与重大案件讨论 55 件 112 人，出席现场勘查 8 件 9 人。行政执法与刑事司法衔接工作加强，初步建立网上信息平台。建议行政执法机关移送涉嫌犯罪案件 2 起。

2009 年，继续打击严重刑事犯罪，办理以徐某为首的 14 人参与黑社会性质组织犯罪案件，以陈某为首的寻衅滋事犯罪团伙案件，以马某为首的赌博、故意伤害犯罪团伙案件。受理各类批捕案件 315 件 515 人，批准和决定逮捕案件有 309 件 500 人，其中自侦部门移送决定逮捕案件 10 件 11 人，不批准逮捕 6 件 15 人。参与重大案件讨论 113 件 217 人，出席现场勘查 9 件 11 人。准确把握宽严相济的刑事司法政策，刑事和解处理 1 起故意伤害案件和 5 起交通肇事案件。完善网上信息平台，向县工商局、县烟草专卖局、县农经局建议移送涉嫌刑事犯罪案件 3 起，公安机关均立案侦查。9 月 14 日，省检察院发布《检察机关立案侦查案件审查决定逮捕工作意见(试行)》，规定下级人民检察院自侦案件的审查逮捕，应报送上一级人民检察院审查决定。

2010 年，受理各类批捕案件 348 件 530 人，经审查批准逮捕 345 件 520 人，不批准逮捕 3 件 10 人。不批捕案件无复议复核。批捕案件准确率 100%。参与“世博”安保，办理两起“涉博”刑事案件。参与重大案件讨论 92 件 179 人，出席现场勘查 5 件 7 人。全年作出不批准逮捕案件全部出具不捕理由意见书，发出《补充侦查意见书》及《提供法庭证据意见书》23 份。2 月 11 日，市检察院对浙江杭浦高速公路收费站工作人员伙同他人共同贪污犯罪一案作出了逮捕的决定。

这是县检察院上报审查逮捕的第一案。全年上报审查逮捕案件 11 件 13 人。5 月 26 日与县公安局联合发文《对未成年人犯罪逮捕必要性评估制度》,对 20 名未成年犯罪嫌疑人进行逮捕必要性评估。与县公安局、县工商行政管理局等 17 家单位共同会签《关于完善行政执法信息与刑事司法信息共享的实施意见》。建议行政执法机关向公安机关移送涉嫌犯罪案件 4 件,公安机关均立案侦查。

2011 年,县检察院受理各类批捕案件 349 件 528 人,经审查批准逮捕 323 件 493 人,不捕 26 件 35 人。其中,各类严重暴力案件 35 件 43 人,多发性侵财型案件 121 件 199 人,黄赌毒案件 85 件 127 人。贯彻落实宽严相济的刑事政策,不捕的案件中有 4 起未成年犯罪案件和 1 起 75 周岁的老年人犯罪案件。全年追捕犯罪嫌疑人 3 人,纠正违法案件 6 起,立案监督 11 件。8 月与县公安局共同制定《重大敏感刑事案件指导意见》。10 月与县公安局制定《关于落实刑事案件通报制度》和《关于加强侦捕协作和侦查监督的若干规定》,审查公安机关刑拘转下行案件,发现立案监督、撤案监督及追捕线索 6 件 7 人。对所有不批准逮捕的案件出具不捕理由说明书和补充侦查意见书。对附条件逮捕案件出具《提供法庭证据意见书》。全年批捕案件法院均作有罪判决。

表 2—1　　1979—2011 年海盐县人民检察院审查批捕情况表

年度	受理移送批捕		审查情况						外来人员犯罪
			批捕		不捕		公安撤回		
	件	人	件	人	件	人	件	人	
1979	6	—	6	6	—	—	0	0	—
1980	27	—	23	—	7	—	1	—	—
1981	61	—	56	—	4	—	0	0	—
1982	41	—	33	—	8	—	0	0	—
1983	—	212	—	152	—	9	0	0	—
1984	—	85	—	59	—	8	0	0	—
1985	—	83	—	69	—	11	0	0	—
1986	59	84	—	68	—	12	—	2	—
1987	—	51	—	38	—	5	1	1	—

续表 2—1

年度	受理移送批捕		审查情况						外来人员犯罪
			批捕		不捕		公安撤回		
	件	人	件	人	件	人	件	人	
1988	—	113	—	97	—	10	0	0	—
1989	78	144	—	120	—	13	0	0	—
1990	97	168	84	150	8	12	0	0	—
1991	87	139	73	117	3	8	1	1	—
1992	65	144	58	130	2	7	0	0	—
1993	83	136	83	125	1	4	3	12	—
1994	139	195	135	181	1	5	1	1	—
1995	102	152	94	142	3	6	0	0	—
1996	157	216	139	187	7	11	0	0	—
1997	126	180	107	154	11	20	1	3	—
1998	124	163	109	140	15	24	5	—	68
1999	138	207	130	193	8	14	1	—	101
2000	141	196	132	177	7	13	0	0	83
2001	201	317	196	302	1	1	0	0	177
2002	204	293	200	286	1	2	3	5	167
2003	228	355	222	347	0	2	6	6	188
2004	268	409	258	395	2	5	8	9	—
2005	334	531	329	522	4	7	1	2	334
2006	329	534	322	517	7	17	0	0	380
2007	332	568	328	554	4	14	0	0	402
2008	317	482	313	467	4	15	0	0	306
2009	338	550	333	535	5	15	0	0	334
2010	348	530	345	520	3	10	0	0	310
2011	349	528	323	493	26	35	0	0	336

附录

1963年海盐县人民检察院关于批捕的做法

我院召开了全院干部会议，进一步加强干部思想教育，讨论了6月以来工作总结和四季度工作意见，学习了高检院关于“审查批捕、审查起诉工作试行规定”。为了及时、准确打击反革命分子和各种刑事犯罪分子的现行破坏活动，打击各种敌人的联合进攻，保卫党的生产中心，为了进一步执行高检院关于审查批捕工作的试行规定，特作如下要求。

对审查批捕的要求与做法：

1. 认真审查报请批准逮捕书和案卷材料，作出审卷笔录。必要时提审拘留人犯，对于未拘留的人犯，有必要询问的，事先征得公安机关的同意。通过审查，搞清主要犯罪事实，证据是否确凿，已否构成犯罪。然后依照政策、法律，提出捕与不捕的根据和理由，填好呈批表，报告党委审批。对于中心案件，适应斗争形势需要的案件，应当随来随办，一般案件也不超过七天，分清轻重缓急，及时办理，达到不拖延积压。

2. 在审查发现主要犯罪事实不清，证据不足时，提出具体意见，与公安部门联系，及时补充侦查，并注意催办。对于不影响批准逮捕的其他罪行无关重要的枝节问题，不需要求全部查清。对于意见不一致，一般枝节不清的案件，自行补充侦查。

3. 案件审查中报告党委批准、决定批准逮捕，未批准逮捕和补充侦查意见的法律文书草稿，都必须经检察长审查后签发。对于不批准逮捕要作其他处理的，建议有关部门酌情处理的，县内决定的不批准逮捕案件报告嘉兴检察分院备案。以加强督促审查我们的工作，发现错误缺点时及时纠正。对于涉及国家机密的特殊案件，由检察长指定专人负责办理，并注意保密。对于上级检察院不批准逮捕的案件，有不同意见的，及时提出我县当时当地具体情况和理由，报请上级复议。

在办案过程中为了更好地执行党的政策，保证案件质量，扩大案件政治效果，把案件办好，提出以下措施：

1. 加强干部政治思想教育，认真组织干部学习党的政策和上级有关文件，指定2名干部专人审查办案工作。一般案件专人审查，集体讨论，检察长决定，报告党委批准。重大复杂案件必须在检察长指导下再组织干部集体讨论。坚持进行案件复查制度，从11月中旬开始陆续进行案件复查，总结办案工作和执行政策、法律的经验教训，提高干部的政策和业务水平。

2.切实掌握政策，严格区分两类不同性质矛盾，划清犯罪与非犯罪的界线。在办案中必须运用阶级观点，对每个案件进行具体分析，细致分清犯罪时间、地点、条件、动机、目的、后果、证人证言有否矛盾、被告口供是否吻合等具体情况。对于两类矛盾难以区分的案件认真组织讨论。对于疑难复杂案件或经多次补充侦查，事实仍未弄清的案件，认定事实证据和性质上有不同意见的案件，主动会同兄弟部门共同复查核对。矛盾比较明显，通过调查可以解决的案件，自行调查核对。在调查中要深入实际，直接访问知情的人员，倾听各方面意见，把材料搞得准确可靠。在调查中要注意依靠谁，在农村依靠贫、下中农，在市镇依靠老工人和积极分子。坚决贯彻执行阶级路线。

3.加强调查研究，改进思想作风，改进工作作风。根据追根究底，挤清线索的要求，做到审卷摘录的同时，把案内线索材料进行抄录，积累资料，并分别建议转请有关部门追查处理。同时抓住一个时期一个方面的已办案件，对犯罪的性质、犯罪的原因、犯罪的成员和案件上升下降等犯罪规律、特点、进行综合分析。对工作上、制度上有什么漏洞、提出意见。这些情况要报告党委和上级人民检察院，进一步扩大政治效果，加强防范。在办案中对于公安、法院兄弟部门向我们提出的意见和指出的工作中的缺点和错误，做到认真检查，整改处理，必要时并将整改处理情况报告上级人民检察院。

4.办案人员做到立场坚定，观点明确，对党忠诚老实，坚持真理，勇于改正缺点和错误。同时必须遵守不准逼供讯问、不侵占赃款赃物、不包庇坏人、不弄虚作假、不泄漏国家机密的纪律，踏踏实实，实事求是。认真遵从以事实为根据，以法律为准绳的原则做好办案工作。

上述拟重点抓好办案工作的试行计划，是否妥当，报予指示。

海盐县人民检察院

1963年11月6日

第二节 审查起诉

中华人民共和国成立前，审查起诉工作活动较少。县检察署成立后，审查起诉得到重视。

1951年11月23日，县检察署将百步乡妇女陆某因不堪虐待而上吊自杀一案向县法院提起公诉。

1953年，共办理提起公诉法办的案件16件22人，其中20人被判刑，2人接受教育。倪某和纪某因杀人案被判处死刑。

1954年《中华人民共和国宪法》颁布后，审查起诉工作逐步走上正轨，县公安局开始将侦查终结的案件移送县检察院审查起诉。

1955年，县检察院起诉31件，其中反革命案14件、刑事12件、其他现行破坏活动犯罪5件。是年，县检察院将县公安局送交的所捕人犯的起诉意见书制作成起诉书。

1956年11月，县检察院设审查起诉工作小组。是年，审查决定起诉33件，不予起诉6件，驳回移送1件，免予起诉4件，退回补充4件。5月后所有起诉案件，都经县法院裁定交付审判，并作出有罪判决。对不予起诉的案件，督促公安机关迅速办理释放手续。审查起诉中，对于比较简单的案件，犯罪事实明确，证据确实的，由一人负责审查，提出意见，报请检察长决定；对于比较重大复杂，被告人多的案件，由一人负责看卷，会同法院研究，报告案情，最后由检察长决定；对于主要罪行认定有分歧意见的案件，报请党委或上级检察机关复核决定。

1957年3月18日，县委同意试行县公安局、县检察院、县法院联合提出的关于"加强法制建设，进一步实行相互配合，相互制约"和"刑事案件的划类分工受理范围"的规定。县检察院移送起诉的案件，县法院均判有罪。下半年起，随着"整风反右"运动扩大化和1958年"大跃进"影响，"一长代三长""一员代三员"等办案方式取代了审查起诉制度。

1961年，受理公安机关移送起诉5件，均起诉出庭，法院作有罪判决。其中流窜惯窃2件，盗窃粮食、赌棍、涂写"反标"各1件。

1962年，受理公安机关移送起诉55件。其中免诉1件，不起诉1件，提起公诉 53 件。

1963 年，审查起诉案件 41 件。提起公诉 38 件 45 人，不起诉 2 件 2 人，未审结 1 件 1 人。县法院对 31 件 39 人作有罪判决。

1964 年，受理公安机关移送起诉 12 件 14 人，其中放火犯 1 人、盗窃犯 6 人、投机倒把、诈骗犯各 1 人、强奸犯 5 人。这类案件，经过依靠群众查明事实，核对证据，征求处理意见的有 7 件 8 人。向法院提起公诉 12 件 14 人，其中 9 件 10 人被法院作有罪判决。

1965 年，县检察院依靠人民群众实行专政，按照法定程序审查起诉，打击犯罪分子。

1966 年“文化大革命”运动开始后，检察机关的工作受到冲击，审查起诉工作渐趋停止。1973 年 5 月，县公安局成立检察股，负责审查起诉工作。

1979 年，县检察院设刑事检察二科，全面担负起审查起诉工作。全年共受理起诉案件 11 件，上年积案 3 件，共 14 件。其中，盗窃案 8 件，流氓案 2 件，诈骗案、奸淫幼女案、放火案、伤害案各 1 件。提起公诉的案件，法院均作有罪判决。

1981 年，审查起诉工作日趋规范，案件质量不断提高。实行“专人负责，集体讨论，检察长决定”的办案制度。阅卷笔录做到“证据、口供、公安认定”三对照，查清案情做到提审报告、询问证人、携卷下乡自行补证。

1982 年，受理移送的起诉案件 24 件 29 人，审查后起诉 20 件 23 人，法院作有罪判决 21 件 24 人(其中 1 件 1 人为上年积存)。办理 9 件重大刑事案件。蔡某故意杀人案，公安移送后仅 1 天时间就报送分院审查起诉。

1983 年，县检察院投入“严打”斗争。重点打击流氓团伙、杀人、抢劫、强奸、流窜犯罪等 7 类严重刑事犯罪。起诉到法院的被告中，属 7 类打击对象的 87 人(其中流氓团伙分子 64 人、其他案犯 17 人、两劳人员重新犯罪 6 人)。拟处死刑的案件，及时向法院提起公诉。依法执行对 9 名死刑犯的临场监督任务。

1986 年的“严打”工作，突出反盗窃斗争。到 5 月上旬，有 100 多名犯有盗窃行为的人选择投案自首。审查起诉工作中对重大刑事案件提前介入，并确保办案质量。全年受理移送起诉的案件 70 件 137 人(包括退查重报 9 件 27 人和免诉 3 件 11 人)，审结 66 件 127 人，退回公安补充侦查 7 件 11 人，公安撤回 2 件 4 人，积存 4 件 10 人，提起公诉 54 件 92 人，均作有罪判决。

1990年，两次开展“严打”集中行动。坚持“个人承办，集体讨论，检察长或检察委员会讨论决定”的办案制度。严格区分集团犯罪与一般共同犯罪案件，首犯与从犯、胁从犯的界限。全年受理移送起诉案件91件220人（含上年结转5件9人、退查重报1件2人），起诉74件161人，免诉15人，退回公安机关补充侦查1件2人，建议公安撤诉5人，移送市检察院审查起诉4件14人，积存12件23人。办案中，自行补证348份，检察委员会讨论50件次。向市检察院请示14件27人。

1991年，严格办案制度，案件承办人确保案件事实清楚、证据充足。有分歧意见的疑难复杂案件，由检察委员会讨论决定。在审查张某包庇一案中，发现犯罪事实证据不足，经检察委员会讨论决定建议公安撤回起诉，避免了错案。全年受理移送起诉和免予起诉的案件83件149人（含退查重报3件3人），上年结转12件23人，起诉74件127人，免予起诉1件11人，移送市检察院起诉4件12人，积存6件22人。县法院审结的起诉案件均作有罪判决。

1996年，依法从重从快打击严重刑事犯罪，坚持“一要坚决，二要慎重，务必搞准”的办案原则，受理移送起诉、免诉案件139件211人。经审查，决定起诉129件191人。1—4月，受理公安机关移送的起诉、免诉案件47件89人（含退查重报5件7人），起诉34件50人，免予起诉2件2人。

1997年，海盐县首例虚报注册资本罪被告人何某，经县检察院起诉，县法院一审宣判何某有罪。

1999年，受理移送起诉案件150件225人，起诉146件218人，移送市检察院审查起诉2件4人。法院审结的案件均作有罪判决。对6件严重经济犯罪案件提前介入。严把案件事实关和证据关，外出取证200多人次，补证1100余份，增列被告5人，退回公安建议作无罪处理2件2人，改变适用法律条款、改变定性42件。

2002年4月，县检察院对2000年以后的无罪案件进行专项检查。6月24日，县检察院、县法院联合印发《关于执行刑事案件普通程序简易化审理规则（试行）的通知》。全年受理移送起诉案件300件442人，起诉288件420人，起诉案件法院均作有罪判决。是年，办理项某“利用邪教组织破坏法律实施罪”案件，项某被一审判处有期徒刑3年6个月。办理破坏市场经济秩序类案件9件15人。其中虚开增值税专用发票案7件13人，偷税案1件1人，信用卡诈骗案

1件1人。

2004年4月，公诉科科长王嫣红在办理姚某受贿案

2004年，县检察院受理移送起诉案件365件569人。其中贪污、受贿案件12件12人，侵权渎职案件1件1人。起诉的案件法院均作有罪判决。190件案件适用简易审程序，占全部案件的52.05%。制定《海盐县人民检察院侦诉协作规则》，实行侦诉一体化。

2005年，建立公诉案件质量评价体系，对办案程序、诉讼文书、出庭公诉、办案效果、错诉、漏诉等情况及时监督。每案填写“案件质量跟踪表”，每案向人民法院合议庭发出“出庭情况意见征询表”，对案件质量进行核量。提出公诉工作六条指导原则：指控犯罪和诉讼监督并举；忠于事实和法律；指控犯罪和保障人权并重；力度、质量和效率的有机统一；分工负责，互相配合，互相制约；贯彻党和国家的刑事政策和严格执法并行不悖。全年适用简易审程序26件，普通程序简化审230件，两项合计占公诉案件总数的70.5%。

2006年，县检察院参加联席协调会议6次。实行主诉检察官办案制度、办案专业分工制度、重大案件提前介入制度和案件繁简分流制度。全年70%以上的案件适用简易审程序和普通案件简易审程序。1月5日，徐某、沈某非法制造注册商标标识案由县法院作出一审判决，2名被告人均被判刑并处罚金。这是开展打击侵犯知识产权犯罪专项活动以来首个案件。4月30日，成立打黑除恶专项活动领导小组。

2008年，县检察院共受理移送起诉案件398件671人，起诉401件676人(含上年结存3件5人)。向有关单位发出检察建议33份，其中3份是公民见义勇为、帮助阻止犯罪的表彰检察建议，1份是量刑检察建议。

2010年，继续完善公诉工作机制，规范检察长列席审判委员会会议制度，实施合适成年人参与未成年人刑事诉讼制度，制作公诉环节侦查监督登记表，将办案中发现的违法事项予以登记，规范纠违工作。对犯罪情节轻微的3名交通肇事罪被告人及1名故意伤害罪被告人，在被害人谅解和被告人作出相应经济赔偿的前提下，均作出相对不起诉决定。适时开展贴近生活、贴近现实的活动，如在5月母亲节来临之际，为看守所服刑的女犯上“远离犯罪、远离侵害，做学法、知法、守法的新女性”的普法课。

2011年，县检察院受理移送起诉案件426件680人，其中自行侦查的职务犯罪案件15件16人。经审查提起公诉471件669人，改变定性的有10件26人，因犯罪情节轻微依法作出相对不起诉12件12人。完善公诉工作机制，推进公诉引导侦查取证机制、检调对接机制、量刑建议机制。参加社会治安综合治理，消除和化解社会矛盾，对4名交通肇事案犯在被害人谅解，案犯作赔偿的基础上均作出相对不起诉决定。针对强奸案件中14周岁以下幼女及智障妇女被害人增多的情况向全县各乡镇发出了《弱势女性屡遭侵害须引起重视》的检察官提醒书，并在有关村委、小学作妇女维权和预防未成年人犯罪的讲课。

表2—2　　1979—2011年海盐县检察院审查起诉情况

年度	公安机关移送起诉		审查情况										未成年人犯罪
			起诉		免诉		不诉		公安撤回		移送市检察院		
	件	人	件	人	件	人	件	人	件	人	件	人	
1979	11	11	13	13	0	0	0	0	0	0	0	0	0
1980	17	22	15	20	4	4	0	0	0	0	0	0	0
1981	33	58	29	51	3	6	0	0	0	0	0	0	0
1982	24	29	20	23	0	0	0	0	0	0	0	0	0
1983	56	151	43	95	0	0	0	0	0	0	0	0	0
1984	64	135	58	113	—	6	0	0	0	0	0	0	0
1985	35	50	36	52	—	4	—	2	0	0	0	0	0
1986	70	137	54	92	3	17	—	3	2	4	0	0	0
1987	32	71	26	51	—	11	—	1	1	1	2	2	0
1988	58	134	46	88	—	13	0	0	1	4	1	4	0
1989	83	180	73	137	—	21	1	1	1	7	2	4	0

续表 2—2

年度	公安机关移送起诉		审查情况										未成年人犯罪
			起诉		免诉		不诉		公安撤回		移送市检察院		
	件	人	件	人	件	人	件	人	件	人	件	人	
1990	91	220	74	161	—	15	0	0	—	5	4	14	0
1991	83	149	74	127	1	11	0	0	—	1	4	12	0
1992	60	147	55	100	3	15	0	0	1	1	4	6	0
1993	85	182	71	123	3	20	0	0	3	12	9	66	14
1994	127	217	116	184	1	5	0	0	2	10	5	13	9
1995	104	168	90	130	2	4	0	0	0	0	4	17	1
1996	139	211	129	191	4	7	0	0	0	0	6	11	13
1997	107	162	104	149	—	—	0	0	0	0	4	13	3
1998	113	155	109	151	—	—	0	0	0	0	2	2	3
1999	150	225	146	218	—	—	0	0	1	—	2	4	8
2000	156	236	142	211	—	—	0	0	0	0	6	7	9
2001	217	311	211	311	—	—	0	0	0	0	8	8	19
2002	300	442	288	420	—	—	0	0	4	4	5	6	29
2003	301	465	293	448	—	—	0	0	4	4	5	9	1
2004	365	569	360	561	—	—	0	0	2	2	2	2	1
2005	405	673	396	660	—	—	0	0	—	1	9	12	66
2006	365	639	359	631	—	—	0	0	—	1	4	4	40
2007	410	695	384	644	—	—	—	2	1	1	7	19	45
2008	398	671	401	676	—	—	0	0	—	1	6	7	38
2009	373	670	327	597	—	—	3	4	0	0	4	6	36
2010	374	646	381	649	—	—	4	4	1	2	4	7	21
2011	426	680	471	669	—	—	12	12	5	7	5	20	21

第三节　出庭支持公诉

出庭支持公诉，是人民检察院对提起公诉的案件，在人民法院开庭审理时，由人民检察院检察长或检察员以国家公诉人的身份出席法庭，根据事实和法律对被告人进行公诉，并监督审判活动是否合法的诉讼活动。

1956 年 10 月，县检察院开始出庭支持公诉准备工作。

1957 年，县检察院全年出庭率 96.87%，出席法院自诉案件审判庭 1 次，巡回审判庭 7 次，89%的干部得到了锻炼。

1962 年，县检察院出庭支持公诉 17 件(次)，占起诉案件 33.3%。1963 年出庭支持公诉 30 件，占已审结案件的 93.3%。1964 年出庭支持公诉 12 件，做到了件件出庭支持公诉。随后几年，出庭支持公诉工作几经起伏，到"文化大革命"被彻底取消。

1979 年 10 月 22 日，县检察院指派王金海、蒋钰祥对钱某涉嫌伤害一案出庭支持公诉。这是县检察院恢复重建后第一次出庭支持公诉。10 月 22 日至 12 月 11 日，县检察院共 3 次出庭支持公诉，县法院聘请辩护人出庭辩护，旁听群众 3000 余人。

1980 年，县检察院出庭支持公诉 15 件，发表公诉词 15 次，有辩护人参加 8 次，出庭支持公诉质量不断提高。公诉人在出庭前认真阅卷，熟悉案情，精心制作公诉词和答辩提纲，在庭审中实事求是分析论证，在法庭辩论中灵活机动取得主动。

1983 年"严打"整治斗争中，县检察院重视提高出庭支持公诉工作，总结出庭支持公诉的经验与教训，开展起诉书、公诉词的评选，增强公诉人的责任感，提高出庭支持公诉的水平。

1986 年，县检察院开始执行最高人民检察院《人民检察院出庭工作试行规定》。

1987 年，检察机关开展评选"优秀公诉人"和"优秀公诉词"活动，通过抓考核庭，掌握公诉人出庭表现；抓内卷材料检查，了解内卷质量，为评比打基础；抓随庭和定期征求意见，提高公诉人出庭支持公诉的水平，提高办案质量。

1989 年，开展"优秀公诉人"评选，对 12 起公诉案件出庭进行了旁听考核。

1998 年 7 月，公诉人对卢某受贿案出庭支持公诉

公诉人的出庭经验、适用法律、应变能力有明显提高，参加评选人员平均得分 96.2。检察员张普成被评为 1989 年度优秀公诉人。

1996 年 4 月，首次开展控辩式庭审方式的尝试，公开审理 1 件受贿案。副检察长袁菊生出庭担任第一公诉人，改变了长期以来公诉人处于配合法庭调查的被动地位，掌握了法庭调查的主动权。

1996 年 10 月 20 日，县检察院党组发文《关于加强出庭公诉工作的意见》。

1999 年，县检察院制定庭审旁听制度和出庭考核制度。在出庭公诉县技术监督局原局长朱某受贿案件时，被告人庭上全面翻供，旁听席被告人家属起哄闹事，扰乱法庭并威胁阻挠检察人员依法执行公务。公诉人在对被告人进行政策法律教育的同时，要求法庭制止违法人员行为，维护了国家公诉人形象。后该案得到公正判决，社会效果良好。

2002 年 4 月 3 日，县检察院在出席朱某挪用公款一案的庭审中，首次应用多媒体示证系统。主诉检察官通过多媒体将起诉书、被告供述、证人证言一一在大屏幕上呈现，生动、直观，效果良好。县法院当庭判决，朱某某因挪用公款 13.43 万余元，被判处有期徒刑 7 年。5 名县政协委员参加旁听。

2005 年 4 月 20 日，公诉人在庭审徐某、张某贪污受贿案时发表公诉词

2004 年至 2007 年，县检察院积极推行主诉检察官制度，组织观摩庭，邀请县人大代表、政协委员参加旁听。参加市检察院组织的“优秀公诉人”“优秀观摩庭”比赛，获得多项优秀名次。

2009 年，县检察院强化证据观念，规范办案程序，开展对公诉案件出庭考核。从构建和谐社会大局出发，切实保障未成年犯罪嫌疑人的合法权益，同时选择有典型教育意义的案件组织庭审观摩旁听活动。6月2日，县法院对被告人沈某盗窃一案开庭审理，县检察院派员出庭支持公诉。这是一起被告人“零口供”的案件。庭审中，被告人沈某不断狡辩，检察人员运用大量人证、物证，环环相扣，相互印证，互为吻合，证实该案事实存在。县法院最终判处沈某犯盗窃罪，获刑2年8个月。

2010年，县检察院出庭工作注重和谐司法工作目标，坚持宽严相济的刑事司法政策，特别是对女性犯罪和年轻人犯罪案件出庭支持公诉更加人性化。11月，在县职业中学公开庭审一起寻衅滋事案，公诉人思路清晰，逻辑严密，宣读证据详略得当，公诉词动之以情，晓之以理，充分展示了公诉人的公正形象，受到旁听师生一致好评。

附录

关于一九六三年度起诉出庭工作情况报告

1963年，县检察院共受理县公安局移送起诉案55件，被告人65名(其包括审查后增列被告1名)，其中惯盗惯窃分子25名，盗窃分子17名，惯赌分子6名，纵火犯3名，投机倒把5名，行凶2名，抢劫、打死人命、破坏粮食双统、流氓、诈骗、巫婆各1名。经审查后向法院提起公诉53件63名，审查后免予起诉和不予起诉各1件1名，起诉后申请撤回1件1名。向法院提起公诉后处理的结果：判处1—5年徒刑的13名，判处缓刑的4名，判处依法管制的1名，免予刑罚处罚的1名，案情以外有发展变化特移外地处理的1件1名。上述案件共提审了被告人63名，开庭支持公诉17次。

起诉出庭，既适时地惩罚罪犯，又扩大了办案的政治效果。全年配合县公安、县法院选择了14个比较典型的案例，参加了四次宣判大会，到会受教育的群众13800余人次，起到良好的震慑效果，充分调动了人民群众与犯罪作斗争的积极性。如在于城公社举行宣判大会，后收到群众举报材料62份，坦白交代材料21份。该公社南圣大队宋某、蔡某等人偷窃稻谷4600余斤，会后向大队干部坦白交代，归还了赃物，请求从宽处理。星火大队陆家生产队偷窃分子沈某不但交代了自己偷窃农船等犯罪行为，还举报了陆某偷窃粮食1900斤，有力地保障了集体经济，维护了城乡治安秩序。

面对一年来的起诉出庭工作，县检察院充分认识到还存在许多问题和不足：一是出庭支持公诉次数很少，只是起诉案件的三分之一。究其原因，客观上受力量上的限制，思想上重视不够，认为一般的案件被告人已经供认，出庭也只有读读起诉书，十分枯燥、没什么作用。二是县检察院分县建制配备的干部没有受过出庭公诉工作的培训，技能生疏、缺乏习惯，因此出庭公诉工作还相当困难。

起诉出庭工作中的几点做法：

一、根据上级的指示和有关文件精神，起诉案件审查时要核实全部犯罪事实。审查证据和被告人口供是否相符合，通过核实讯问，认为事实清楚、证据确实的，对照政策法律，已经构成犯罪，摘好证据、供词主要内容，审查人员制作起诉书文稿，交检察长审核决定后，向法院发出起诉书，提起公诉。在审查中发现认定的犯罪事实证据含糊，罪责不明，对照政策法律认为未构成犯罪或犯罪轻微的，承办人员认为可以不需法律惩处起诉的，写出审查意见报告，由检察长核批后，再报党委审查批准，按照党委指示执行。

二、出庭公诉工作，首先要认真审查案件，熟悉案件，并通过提审被告人，掌握被告人思想动态和认罪态度。要认真分析发展规律，摘好问答笔录，充分做好准备，以便在法庭审理过程中有据有理有节地提起公诉。对于有教育意义的、需要公判和宣判的案件，事先拟好公诉词，发表公诉词，全面揭露犯罪行为，达到打击犯罪、教育群众的目的。

我们认为，对于起诉出庭工作，首先要提高案件质量，做到罪责分明，运用政策法律准确。对于比较复杂的和集团案件的起诉书、公诉词，应该组织集体讨论。此外按照规定，在执行审查过程中发现判刑过轻过重或者认定事实有相当出入的，应坚持从共同对敌出发，事先相互沟通，或报告党委同意，根据需要制作必要的意见文书，予以正确纠正。

上述报告，当否，请予指正。

海盐县人民检察院

1963年2月17日

第四节　立案监督、侦查监督、审判监督

一、立案监督

刑事立案监督是人民检察院依法对公安机关、人民检察院自侦部门的刑事立案活动实行监督。

1996年以前,《中华人民共和国刑事诉讼法》未对刑事立案监督作明确规定,在实践中检察机关主要通过检察建议、自行立案、跟踪监督行使检察职能。1994年6月7日,县检察院决定,对在办案中刑讯逼供致犯人死亡的一派出所民警以刑讯逼供罪立案侦查。

1997年1月,修改后的《中华人民共和国刑事诉讼法》赋予检察机关对以公安机关为主的刑事立案活动监督权,从立法上完善和强化了检察机关的法律监督职能。人民检察院的侦查监督权从刑事诉讼程序的开始阶段立案时就开始行使,与刑事诉讼程序的结束阶段执行的法律监督权相对应,使检察机关的行使法律监督的职权贯穿刑事诉讼程序始终。刑事立案监督从诉讼制度上解决了公民尤其是被害人告状难的问题,从而保证正确、及时惩罚犯罪,维护社会公共利益。

1998年,县检察院成立立案监督领导小组。全年受理立案监督线索3件,依法向公安机关发出《说明不立案理由通知书》2份,《通知立案书》1份,并办理了首起立案监督案件。是年3月,县检察院受理被害人控告杨某故意伤害他人而未受到法律制裁的线索。经认真调查、核实证据,在查清案件基本事实和掌握充分证据的情况下,依法向县公安局发出说明不立案理由通知书。县公安局认真接受监督,对杨某予以侦查并提请县检察院批准逮捕,县检察院依法对杨某作出批准逮捕的决定。

2000年,县检察院重点加强刑事立案监督,对可能被判处有期徒刑以上刑罚、依法应当立案而侦查机关未予立案的案件进行监督。同时,进一步加强对自身执法活动的监督制约,完善了审查批捕、审查起诉和自侦部门执法情况的监督机制。全年立案监督5件,办理的孙某诈骗案是全市检察机关立案监督案件中唯一被处以五年以上有期徒刑的典型案件。

2005年,县检察院侦查监督部门首次尝试向反贪局移送自侦案件线索,全

年共移送2条,经侦查均成案。

2006年,县检察院对往年立案监督的“立而不侦、久侦不结”案件,向公安机关发出案件催办单,要求抓紧组织抓捕工作。公安机关接到县检察院的催办单后,马上在网上发布信息,组织抓捕。

2009年,县检察院要求公安机关说明不立案理由5件,监督立案5件11人,建议公安机关撤案2件5人,建议行政执法机关向公安机关移送涉嫌犯罪案件且立案4件4人。所有监督立案的犯罪嫌疑人均被县法院处以有期徒刑以上刑罚,当年结案率达100%。同时,与行政机关建成网上信息平台,并确定6个部门为试点单位,实现“网上衔接,信息共享”,促进行政执法与刑事司法的衔接,拓展立案监督的视野。

2010年10月,县检察院组织召开全县行政执法与刑事司法相衔接工作机制联席会议,完善行政执法信息与刑事司法信息共享机制,将信息共享范围由原来的6个部门扩大至17个部门,共同出台《关于完善行政执法与刑事司法信息共享的实施意见》,推动法律监督信息平台建设,促进行政执法、行政审批活动规范。是年,县检察院继续严把案件事实关、证据关、程序关,重点对有案不立、有罪不究、以罚代刑、退查不查等情况进行监督,全年共监督侦查机关立案11件21人;监督撤案11件20人。建议行政执法机关向公安机关移送涉嫌犯罪案件4起,后公安机关均立案侦查。

二、侦查监督

侦查监督是人民检察院对公安机关的刑事侦查工作、人民检察院自侦部门的职务犯罪侦查工作所实行的法律监督。侦查监督主要包括:对公安机关、人民检察院自侦部门提请逮捕犯罪嫌疑人进行审查,决定是否批准逮捕;对侦查终结移送起诉的案件进行审查,决定是否提起公诉;通过审查批捕、决定逮捕、审查起诉以及受理申诉,对公安机关、人民检察院自侦部门侦查活动是否合法,实行监督。

解放初期,县检察院的侦查监督工作的主要任务是:配合党的中心工作,检察公安机关在惩治反革命的运动中侦查的案件是否正确,侦查活动有无违法,以确保法律的正确实施。但县检察院处于“边建设、边工作”阶段,法律监督机制不完善,监督职能的履行并不充分。

1955年3月,县检察院全面承担审查批捕、审查起诉工作,开始受理公安机关提请逮捕、移送起诉的案件，侦查监督权开始较全面行使并逐步被纳入法律监督的轨道。

1956 年，县检察院加强机制建设以强化侦查监督工作。如要求县公安局拘留任何犯罪嫌疑人或将犯罪嫌疑人逮捕后，在 24 小时以内必须和县检察院联系；对凶杀、纵火和重大案件的现场勘查工作中，要求县公安局应告知县检察院或请县检察院派员参加。

1957 年，随着“整风反右”运动的开展，县检察院受到冲击，检察机关的侦查监督被批判为“矛头对内”，致使侦查监督职能被削弱。

1961 年，削弱检察机关职能的错误逐步得到纠正，县检察院的法律监督职能得到加强，侦查监督工作又得以展开。1963 年 8 月，执行最高人民检察院下发的《关于审查批捕、审查起诉、出庭公诉工作的试行规定(修改稿)》，侦查监督职能得到正确的行使。

1964 年 5 月，最高人民法院、最高人民检察院、公安部《关于必须及时地有力地打击现行犯的通知》下发后，县检察院与县公安局、县法院密切配合，严厉打击各类现行刑事犯罪分子。办案中坚持个人阅卷、集体讨论、检察长审查、党委批准的办案制度，通过审查批捕、审查起诉，依法定程序开展侦查监督。

“文化大革命”运动开展后，检察机关受到严重冲击，侦查监督职能随着检察机关的撤销而被取消。

1978 年 7 月，县检察院恢复重建，法律监督职能恢复。1979 年，普通刑事犯罪嫌疑人的批准逮捕权由县检察院行使。是年 11 月，县检察机院将杀人、放火、抢劫、强奸和其他严重破坏社会治安秩序的犯罪分子作为打击重点，实行从重从快惩处的方针，通过批捕、起诉工作履行侦查监督职能，对促进公安机关严格按法定程序开展侦查工作，确保案件质量起到了重要作用。

1980 年 1 月，《中华人民共和国刑法》《中华人民共和国刑事诉讼法》正式实施，侦查监督工作得到进一步加强。在 1983 年“严打”斗争中，县检察院侦查监督工作的重点是：从团伙犯罪、共同犯罪和流窜犯罪案件中深挖余罪和漏犯，从流氓团伙犯罪中深挖其中与另一团伙的共同犯罪和犯罪团伙，对重大案件、团伙犯罪案件坚持提前介入，旁听公安预审，参与重要证据的调查等。同时，对严重刑事犯罪中的累犯、惯犯注意其反改造的顽固性及其作恶多端的本质和对社会危害的严重性，灵活运用法律，揭露犯罪本质，严厉打击累犯、惯犯。

1984 年和 1985 年的“严打”斗争中，县检察院坚持依法从重从快方针，加强侦查监督职能，追捕各类犯罪嫌疑人 128 人，不批准逮捕 19 人，追诉案犯 3 人，不起诉 2 人，退回公安补充侦查 13 人。是年，对 1 起流氓案件进行侦查监督，发现犯罪嫌疑人患有精神分裂症，作案时无刑事责任能力，从而纠正了 1 起错案。

1986 年至 1990 年，县检察院通过审查批捕、审查起诉，共不批准逮捕 52 人，逮捕 473 人，退回公安补充侦查 50 人，口头纠正违法 99 次；追诉 12 人，不诉 5 人，确保了案件质量。

1991 年和 1992 年，县检察院对 5 件 15 人不构成犯罪或虽构成犯罪但无逮捕必要的依法作出不批准逮捕的决定；决定退回公安补充侦查 18 起 24 人，建议公安撤回起诉 1 人，撤回逮捕 1 件 1 人；改变公安定性和适用法律条款 1 件 4 人，改变公安处理意见 3 人；决定增列被告人 6 人，决定增捕犯罪嫌疑人 1 人。

1993 年，县检察院通过对 1992 年至 1993 年 9 月所办理的 121 件 243 人批捕案件进行跟踪监督，发现从批准逮捕到宣布执行逮捕超过 50 天 1 件 2 人，超过 30 天 2 件 2 人；发现虽没有批准逮捕，但已构成犯罪的案犯，公安没有移送审查起诉或免诉 1 名，公安作另案处理，事实上没有处理 1 名。是年，县检察院针对县公安局侦查、预审，县法院审判活动中的一些违法行为，提出纠正违法建议 10 次。

1994 年，针对刑事犯罪特别是重特大案件、结伙犯罪案件、暴力犯罪案件突出等特点，县检察院提前介入重特大案件，做到切实防止错捕、错诉和漏捕、漏诉，依法追捕、追诉一批犯罪分子，对不构成犯罪或不需要逮捕的犯罪嫌疑人依法不批准逮捕。如在对批捕案件的跟踪监督中，发现一名漏网犯罪嫌疑人于 1989 年至 1991 年间单独或结伙盗窃 7 次，窃得财物 3000 多元，遂建议公安机关报捕。公安报捕后即予批准逮捕。该名犯罪嫌疑人于 1994 年 7 月被县法院判处有期徒刑两年。全年在侦查监督中共补证 317 份，改变定性、定罪适用法律条款 19 件（人），增列被告 2 人，跟踪监督 14 件（人），向县公安局、县法院提出纠正违法建议 34 件次。所办案件，起诉到法院都作了有罪判决，免诉的没有人提出申诉，不捕的没有提出复议。

1997 年，县检察院在春季“严打”集中整治和“禁毒、禁赌”等专项打击活动中，严厉打击杀人、抢劫、强奸及团伙犯罪，严格执行修改、修订后的刑事诉讼法、刑法，履行对刑事案件的侦查和监督职能，保持不枉不纵，维护法律公正。全年共提前介入案件55件，不批准逮捕案件11件20人，改变侦查机关定性、定罪、适用法律条款案件11件11人，增列罪名5件5人，建议公安机关撤回案件1件3人。

1998年，县检察院正确处理配合与制约的辩证关系，及时对侦查过程中出现的违反程序法现象提出纠正意见，对侦查活动实行法律监督，维护执法的严肃性。全年共决定不批准逮捕15件24人，改变侦查机关定性、适用法律条款案件42件，增加罪名、增列被告人2件3人，退回补充侦查5件。

1999年1月，《人民检察院刑事诉讼法规则》正式实施。根据规定，检察机关可以“对犯罪嫌疑人刑讯逼供、诱供的”“对被害人、证人的体罚、威胁、涉骗等非法手段收集证据的”“伪造、隐匿、销毁、调换或者私自涂改证据的”等11种违反刑事诉讼法有关规定的行为进行侦查监督，提出纠正意见。县检察院为强化侦查监督职能的履行，切实打击严重刑事犯罪，做到领导重视，增强监督意识；跟踪督办，确保监督实效；加强宣传，拓宽监督途径；理顺程序，提高监督效率；加强研究，探索监督手段。

2003年，县检察院侦查监督部门将引导侦查取证时间提前至提请批准前的侦查过程中，引导侦查人员收集和保全证据，充分发挥引导侦查效能，形成打击合力。如6月初公安机关对全县石料行业偷漏税集中整治行动开始之前，侦查监督部门就案件办理时需取得哪些证据材料，提出了具体意见。在公安机关成功抓获3名犯罪嫌疑人后，侦查部门又提前介入办案一线，查阅案卷材料，提出补证要求，保证了3起偷税案件在最短时间内批捕，对震慑犯罪、规范海盐石料行业的依法纳税起到了良好的社会效果。

2003年至2007年，县检察院以科学发展观为指导，以“强化法律监督，维护公平正义”为主题，把维护司法公正作为强化法律监督工作的基本目标，落实到检察执法监督的各个环节。侦查监督部门认真贯彻“以法律为准绳，以事实为根据”的法律规定，认真执行宽严相济刑事政策，坚持严审细查，防错防漏，对侦查机关的侦查活动进行严格监督。对犯罪证据不足、犯罪事实不清、轻伤犯罪、未成年人犯罪和初犯、偶犯、主观恶性小的，因犯罪嫌疑人不构成犯罪或无逮捕必要而建议公安机关撤回案件15件17人，依法不批准逮捕17件45人，监督公安机关追捕犯罪嫌疑人1人。在审查起诉工作中，改变公安机关定性18件21人，改变、增加适用法律条款177件，建议公安机关撤回作无罪处理7件9人，追诉漏罪漏犯5件7人。在审查批捕中,针对未成年人犯罪增多的特点,严格把握犯罪年龄关和犯罪情节关,对处于刑事责任年龄边缘的未成年犯罪嫌疑人,做到千方百计搞清真实年龄。如2005年,对一名户籍证明年龄已达16周岁的犯罪嫌疑人,在取证证明其真实年龄是15周岁后,作出不批准逮捕的决定。

2009年1月,县检察院为保障未成年当事人的合法权利,规范未成年人参与刑事诉讼的程序,制定《关于合适成年人参与刑事诉讼暂行规则》。合适成年人参与刑事诉讼,能为检察机关办理未成年人犯罪案件提供支持和帮助,也能够加强对检察机关诉讼活动的外部监督,全面维护涉罪未成年人的诉讼权利。是年,审查逮捕中全面推行讯问犯罪嫌疑人制度,拓宽发现刑讯逼供等违法侦查活动的渠道。和公安机关共同制定《关于开展刑拘监督工作的实施意见》,同时建立对不批准逮捕案件的跟踪机制,深化对侦查工作的监督。充分运用和发挥公、检、法"三长"联席会议制度等形式,加强对侦查机关漏罪漏犯、另案处理、退回补充侦查后消化处理等案件的监督。县检察院在审查逮捕和审查起诉工作中,坚持客观公正立场,从严把握案件事实关、证据关和程序关,把好批捕关和起诉关,全年共决定不批准逮捕5件15人,依法追诉漏罪漏犯5件5人;共发出书面纠正违法通知书5份。

2010年5月,市检察院确定县检察院为刑事拘留监督试点单位。经与县公安局磋商,成立专门领导小组,县检察院侦查监督科与县公安局法制室为工作部门,双方于5月26日共同会签《关于开展刑事拘留监督工作的实施意见》,正式启动试点工作。是年7至12月间,县检察院共审查公安机关报送刑事拘留后下行案件共计57人,其中转取保候审47人,被治安处罚5人,被直接释放5人。县检察院审查后,立案监督2件2人,监督撤案5件10人,县公安局均采纳。是年9月,县检察院在刑拘监督工作中,发现公安机关对犯罪嫌疑人唐某等3人以涉嫌敲诈勒索罪刑拘后又全部下行转取保候审。经审查,发现本案双方当事人系直系亲属关系,因家庭纠纷引发误会激化矛盾后,犯罪嫌疑人唐某等3人对被害人周某采用暴力殴打的手段并索要赔偿。但其赔偿要求具有一定的合理性,暴力手段和索要赔偿之间没有直接联系,其主观上非法占有故意不明显,欠缺敲诈勒索犯罪构成方面的主观要件,且案发后该矛盾已在公安机关的调解下得到解决。县检察院认为对唐某等3人的行为不应再作为犯罪处理,建议公安机关撤销案件,后公安机关采纳了建议,及时撤销对该3人的刑事立案。是年，县检察院出席现场勘查5次，参与重大案件讨论92件179人，及时提出侦查取证的意见和建议，协助和引导侦查机关正确、全面收集和固定证据，确保案件在批捕环节的畅通。全年共审核改变强制措施21人，办理延长侦查羁押案件5件9人，对侦查活动中的违法情形提出口头纠正34次，发出书面纠正违法通知书3份。

三、审判监督

审判监督是法律赋予检察机关的一项重要职能，是法律监督的重要组成部分。在刑事诉讼中，检察机关既是公诉人，代表国家指控犯罪；又是审判监督者，代表法律监督机关对法庭审判活动实行监督，同时对法院的判决、裁定进行监督。

清光绪三十三年(1907年)，清政府制定的《各级审判厅试办章程》规定："预审或公判时，均须检察官莅庭监督，并得纠正公判之违误"，检察官未莅庭监督，其法院所作判决无效。同时明确："检察官得随时调阅审判厅一切审判案卷"，以便实行监督，"凡判决之执行，由检察官监督指挥之"，"死刑由起诉检察官监视行刑"，明确规定了检察官的审判监督职权。

新中国成立以后，检察机关建立之前，审判监督工作由公安机关行使职权。检察机关建立之初，按《各级地方人民检察署组织通则》规定"不论其为判决或裁定，凡有违法或不当之处，人民检察署均应提出抗诉"。

1955年3月，全省检察长会议后，县检察院逐步承担审判监督工作。当时，审判监督程序是：审查起诉，参加预备庭，出席审判庭支持公诉，并对审判活动是否合法实行监督，对人民法院的错误判决或裁定提出抗议，对判决的执行是否合法进行监督。

1956年，县检察院全面承担审查起诉工作后，审判监督工作有了进一步的开展。"整风反右"运动开展以后，审判监督职能被削弱。1960年，由于受"左倾"思想的冲击，实行"一长代三长""一员顶三员""一竿子插到底"等办案方式，县检察院审判监督的职能得不到正确行使，从而导致了办案质量下降和违法乱纪案件上升。1961年9月后，县检察院审判监督得以恢复行使。"文化大革命"运动开展后，审判监督职能随着检察机关被撤销而取消。

1978年7月，县检察院恢复重建。1980年，《中华人民共和国刑法》《中华人民共和国刑事诉讼法》全面实施后，法律监督职能得到恢复。1982年，县检察院对1起强奸案依法向嘉兴地区中级人民法院提出抗诉，得到采纳。

按照检察机关内部分工，监管和保障人民法院刑事判决、裁定正确执行是各级人民检察院监所检察的一项重要职能。其中对执行死刑临场监督的职能由审查起诉部门承担。根据案件管辖规定，一般由分（市）院审查起诉部门承担对执行死刑的临场监督任务。1983年8月，"严打"斗争开展后，执行最高人民法院、最高人民检察院、公安部联合下达的《关于判处无期徒刑、死刑的第一审普通刑事案件管辖问题的通知》，县法院承担审判某些应判处无期徒刑、死刑的第一审普通刑事案件，县检察院审查起诉部门承担对死刑立即执行的临场监督职责。

1983年11月21日，县法院对判处的9名死刑犯，在武原镇人民广场召开公判大会后，押送刑场，交付执行死刑。县检察院派员执行临场监督任务。

1984年，县检察院通过对法院判决或裁定文书的审查，监督县法院违法审理案件和判决中出现罪名、刑期计算等方面错误7件。1985年，县检察院对1起强奸案提出抗诉，经市中级法院审理后，被告人由有期徒刑四年被改判为有期徒刑六年。

1986年，县检察院不断健全和完善开展审判监督工作措施和制度，提起抗诉1件3人。

1995年，县检察院在上级检察机关的支持下，大胆行使抗诉权，重点做好对法院确有错误的判决和裁定提出抗诉，全年共依法提起抗诉2件，维护了法律的威严，保证执法的严肃性，强化法律的监督作用。

1997年1月1日，修订的《中华人民共和国刑事诉讼法》开始实施。3月，最高人民检察院下发《人民检察院实施〈中华人民共和国刑事诉讼法〉规定（试行）》和《人民检察院刑事诉讼规则》，对刑事审判监督内容、范围、方法等作了进一步的明确规定。县检察院突出刑事审判监督，着重抓好对确有错误的刑事案件判决、裁定的抗诉工作，全年共审查县法院刑事判决书、裁定书97份。

1998年，县检察院对1起轻罪重判的交通肇事案件及时提出纠正意见被县法院采纳；对1起事实认定错误的一审刑事判决及时提出抗诉，经市中级法院开庭审理，案件得到改判。

2003年至2007年，在刑事审判监督中，县检察院认真细致地审查法院刑事判决，重点加强对有罪判无罪、量刑畸轻畸重等案件的抗诉工作，对在适用法律、认定事实等方面认为确有错误的判决依法提起抗诉。此外,县检察院还重视做好办案的后续工作,积极运用“检察建议”,加强法律监督工作,向自侦案件、青少年犯罪等发案单位和部门提出检察建议,改进发案单位和部门的工作,使监督取得实效。

2008 年,对 1 起应当起诉而未移送起诉案件,决定追加起诉 3 人。对 1 起刑事案件提请市检察院向市中级法院抗诉,在发回重审后获改判。8 月,检察长、分管副检察长首次列席县法院院审判委员会会议,就 1 起受贿案件情况作了说明和沟通。该案在被告人对犯罪事实全面翻供、部分证人也翻供的情况下最终得到有罪判决。

2009 年,县检察院会同县法院制定《检察长列席审判委员会会议制度的实施意见》和《量刑建议制度的实施意见(试行)》,对 1 起判决错误案件向市中级法院提出抗诉并获改判。

2010 年,对桐乡市法院办理的 1 起适用法律不当,诉讼程序违法的案件,县检察院依法向市中级法院提请抗诉,最终该案获得改判。

2011 年,认真履行审判监督职能,全年追诉 21 件,发出 5 份纠正违法通知书。推进量刑建议制度,3 月 27 日,县检察院对一信用卡诈骗犯罪案件提起公诉时,首次建议法庭对被告人宣告禁止令,禁止其在一年内申领信用卡。

第三章　经济检察

《中华人民共和国刑事诉讼法》规定：国家工作人员利用职务之便，实施的贪污、受贿、挪用公款等犯罪行为和向国家工作人员、国家机关、国有公司、企业、事业单位、人民团体行贿的犯罪行为，由人民检察院立案侦查。这类案件，通常称为贪污贿赂案件。经济检察的任务是：通过行使检察权，同破坏国家机关正常活动、社会主义经济秩序及其他危害社会主义经济的行为作斗争，惩治贪污贿赂等违法分子，维护国家法律、法令、政令的统一实施，维护国家机关的正常活动和社会主义市场经济秩序，保护社会主义经济的发展，保障社会主义现代化建设的顺利进行。

县检察署成立初期，虽有侦查职权，但在经济检察工作中，还不具备依法独立惩治贪污贿赂犯罪行为的能力。在20世纪50年代开展的“三反”（即反贪污、反浪费、反官僚主义）、“五反”（即反行贿、反对盗窃国家财产、反对偷工减料、反对偷税漏税、反对盗窃国家经济情报）运动中只是配合公安、法院等有关部门，依据《中华人民共和国惩治贪污条例》，参与办案工作，行使有限的法律监督职能和侦查职能。

1956年7月，最高人民检察院召开全国侦查工作会议，初步确定检察机关担负侦查案件的范围是：侵犯人身权利、贪污、渎职、破坏公共秩序等犯罪案件。检察机关办理经济案件有了基本的依据。县检察院设置了侦查组，配2名干部，逐步开展经济检察工作。

1958年，在“左倾”思想的冲击下，以“公、检、法”联合办案办法代替了最高人民检察院制订的《侦查工作试行程序》，经济检察工作实际大为削弱。

1962年，最高人民法院、最高人民检察院、公安部联合出台《关于公、检、法三机关受理普通刑事案件的职责范围的试行规定》，明确国家机关工作人员、基层干部和企业职工中的贪污、侵吞公共财产、侵犯人身权利等行为，已构成犯罪需依法处理的，由检察机关受理侦查。县检察院在县委的统一安排下，受理部分经济犯罪案件。

1964年，经济检察工作的重点是办理基层干部的贪污、盗窃等犯罪案件。基层干部的盗窃犯罪被纳入检察机关的办案范围。

1968年，经济检察工作随着检察机关停止行使检察职能而被中断。直至1978年，县检察院重建后才恢复和行使经济检察职能。

1979年12月，县检察院设置经济检察科，负责经济案件的办理，经济检察工作逐步走上正轨。1982年，全国人大常委会和中共中央、国务院先后作出《关于严惩破坏经济的罪犯的决定》和《关于打击经济领域中严重犯罪活动的决定》。经济检察工作的力量不断加强，经济检察工作得到迅速发展。

1987年，县检察院开始对自行侦查的案件，经侦查终结后需要提起公诉或作免予起诉的，移送刑事检察部门审查决定，改变了原来由侦查部门直接受理审查起诉或作免予起诉的做法，加强了内部的监督制约，提高了案件质量。

1988年，县检察院成立"经济罪案举报中心"，全面受理经济罪案的举报。举报中心成为贪污贿赂等经济违法犯罪案件线索来源的主渠道。

1990年3月，经济检察科更名为贪污贿赂侦查局。1996年5月，贪污贿赂侦查局更名为反贪污贿赂局，明确经济检察工作的重点就是查处贪污贿赂案件。

1997年，修改后的《中华人民共和国刑法》和《中华人民共和国刑事诉讼法》相继实施，对贪污贿赂犯罪的立案、强制措施采取、办案期限和文明执法的规定更加明确和严格。县检察院结合集中教育整顿，实行"检务公开"。建立和健全《侦查工作纪律规定》《办案工作制度》《扣押物品管理办法》等规章制度。加强内部制约，接受社会监督，严格规范执法行为。

1999年，贯彻"公正执法、加强监督、依法办案、从严治检、服务大局"的检察工作方针，把查办有影响、有震动的贪污贿赂大要案作为工作重点。

2001年至2004年，任命主办检察官，实行主办检察官责任制。在侦查方法上重视运用谋略，提高科技含量，发挥视听资料在侦破案件和固定证据中的作用。探索侦诉一体化，制定《海盐县人民检察院侦诉协作规则》，依法独立办案能力不断提升。

2006年，贯彻省检察院《关于贪污贿赂案件首次讯问全程同步录音录像的规定》，完善讯(询)问室硬件设施，加强安全办案、文明办案的保障，查办窝案、串案，依法独立办案能力全面提高。

2009年至2011年，坚持依法、文明、公正、安全办案，注重侦查队伍建设，抓“讲政治、钻业务、乐奉献、重自律”，强化实体法与程序法并重的执法理念，保证案件质量，努力实现法律效果、政治效果和社会效果的有机统一。

第一节　初建时期的经济检察

1951年，县检察署配合公安审理反革命案件，重点检察破坏经济建设与公务人员违法乱纪、贪污渎职等案件。

1952年“三反”“五反”运动开展后，检察机关依据《中华人民共和国惩治贪污条例》，参与“三反”“五反”运动中的办案工作，惩治国家机关、企事业单位中的侵吞、盗窃、收受贿赂等重大违法犯罪分子。县检察署办理了1件集体贪污案，移交县法院判决。1953年，中国进入社会主义改造和有计划的经济建设时期，经济检察工作主要是配合公安机关查处经济领域里的违法犯罪案件。县检察署重点查处国家机关、企事业单位内的贪污、盗窃犯罪、破坏粮食统购统销政策的违法犯罪和抗拒缴纳税金和销售伪劣产品情节严重的违法犯罪行为等。

1956年，县检察院根据党的中心工作和全省侦查工作会议要求，加强了对经济领域的检察工作，采取依靠有关部门和广大群众协助办案与办案人员按程序办案相结合的方法，重点打击了国家机关、工矿企业和农业合作社内部工作人员的贪污、盗窃等犯罪活动。年内，共侦查各种刑事案件12件，侦结8件。

1957年，县检察院充分运用侦查职能，密切配合县公安局，共同打击各种刑事犯罪分子。全年受理群众检举告发刑事材料67件109人，经审查后，追究刑事责任57件98人，侦查终结37件63人。其中，决定起诉30件53人，不起诉1件，免予起诉2件，中止侦查4件。起诉的53名被告人涉嫌贪污侵吞公共财产14人、涉嫌侵犯人身权利4人、涉嫌破坏粮食统购统销政策和投机贩卖捣乱市场管理35人，共造成国家财产损失2113.76元、集体财产损失3489.79元。是年3月，县检察院接到群众来信，反映不少地方存在粮食、粮票黑市投机贩卖情况，经调查核对，发现全县19个乡镇中有9个乡镇存在此类问题，遂向县委作了汇报，并与有关部门研究制定出具体措施以制止粮食、粮票黑市投机贩卖违法犯罪行为的发生。4月26日，副检察长高自然在县有线广播上作《关于制止以粮食、粮票黑市投机贩卖的违法行为》的讲话。随后，县检察院批捕了2名涉嫌破坏粮食双统贩卖稻谷计1万余斤的犯罪嫌疑人，各地黑市交易及贩卖粮食的行为得到有效制止。

1958年，县检察院结合办案总结了官堂乡新光农业合作社无贪污的先进经验，于4月10日以《官堂乡新光社堵塞贪污漏洞的几点体会》发了工作简报，嘉兴分院、省检察院随后进行了转发。6月，县检察院与武原供销社签订安全联系制度，并向县委呈送关于在县级各机关单位建立安全联系制度的意见的报告。

1960年，在“左倾”思想影响下，检察职能削弱，检察干部大部分调离，只留少数担负审查批捕和审查起诉工作，经济检察工作实际上渐趋停止。

1961年12月，县检察院接到长川坝公社宋塘桥大队黄田坂生产队社员群众联名来信控告该队会计贪污。经调查后，挖出该公社10件严重贪污案。县检察院将《关于长川坝公社在秋收分配中发现贪污盗窃情况的调查报告》送县委和嘉兴分院，提出“对那些少数个别严重的、情节恶劣的贪污犯罪分子，给予严肃的打击，依法制裁；对其余的贪污人员分别情节、分别情况，分期分批追回贪污赃款、赃物；对大多数财务人员，应进行加强政治思想教育”等建议。县委、嘉兴分院和省检察院先后转发了该报告。

1962年，经济检察工作有所恢复，受理范围有了明确规定，重点是查办国家机关、企事业单位内部职工贪污、盗窃、投机倒把案件。是年1月10日，县检察院查办多件国家仓库盗粮案件后，发现粮食部门吸收雇佣人员政治考察不严、平时缺乏教育及监督检查、制度松弛、管理不严，给犯罪分子有机可乘，遂向县委呈送《关于当前内外勾结盗窃国家粮食情况》的报告，建议粮食部门加强人员政治审查和政治思想教育、强化督促检查、建立健全封仓、交接等制度，以保障粮食安全。县委和嘉兴分院先后转发了该报告。

1963年，县检察院查办了5件农村诈骗犯罪案件。如海塘公社方家埭大队方某冒充市管会干部，先后骗得现金35元和大米两袋；官堂公社红光大队许某，借修船代购桐油、木材、购买家具床铺等先后骗得现金635元及蚕豆500余斤。2月19日，县检察院针对办案中发现的部分农村诈骗犯罪活动突出、受骗群众较多，严重侵犯集体经济和人民财产，危害社会治安秩序，直接影响春耕生产的情况，向县委作了专题报告。县委和省检察院先后批转了该报告。是年7月25日，县检察院在查处6件总量达23800余斤的盗粮案件基础上，向县委提出关于加强粮食保卫工作的建议。主要内容为：要结合抢收抢种，加强广大干部群众政治教育，加强粮食管理；在收、晒、运、藏、管的关键环节，建立必要的入仓、出仓登记、检查、验收等制度；粮仓选择房屋牢固、干燥、通风，不要远离群众居住地；粮食购销部门要加强用人制度，加强有关票证、单据、付款等收发制度，加强审查、校对、复合、保管等责任制，加强仓库的督促检查，切实防止霉烂变质、虫蛀等不应有的损失。

1964 年至 1965 年，在社会主义教育运动中，县检察院经济检察工作与“四清”运动相结合，办案重点是基层干部的贪污、盗窃、投机倒把等违法犯罪案件，共办理“四不清”干部打击报复贫下中农，进行反攻倒算的现行反革命案件和基层干部贪污侵吞公共财产等违法犯罪案件 10 件。

1968 年，经济检察工作随着检察机关停止行使检察职能而被迫中断。

第二节 重建时期的经济检察

1978 年 3 月通过的《中华人民共和国宪法》重新确认中国检察制度。是年 12 月，县检察院执行《第七次全国检察工作会议纪要》，恢复经济检察工作，设置经济检察科，充实办案力量，负责受理贪污案、贿赂案、挪用公款案等八类经济案件。

1980 年 1 月，《中华人民共和国刑法》和《中华人民共和国刑事诉讼法》正式实施，最高人民法院、最高人民检察院、公安部下发《关于执行刑事诉讼法规定的案件管辖范围的通知》，对各类案件的管辖作出分工。县检察院根据上级规定，对贪污、受贿立案标准，以 1000 元为“较大”的起点。是年，县检察院受理 2 件经济管理人员贪污案，贪污金额 6234.79 元。县检察院于 10 月 31 日向县委作《关于加强社会主义法制维护社会主义经济秩序的报告》。县委及时批转给社、镇、县属工厂企业等基层党组织，要求联系实际，认真研究，严加防范。

1981 年，县检察院执行省检察院《关于办理经济检察案件的几点试行规定》，共查处一般经济案件 14 件，追回赃款 5276.30 元。其中，贪污 4 件，重大责任事故 6 件，投机倒把 1 件，其他 3 件。走访调查 20 次 15 个单位，报送专题报告 3 份，其中 2 份由县委办公室以文件形式转发到各公社、镇和县属各单位、各部门。

1982年1月，中共中央发出《关于严厉打击走私贩私、贪污受贿等经济犯罪活动的紧急通知》。3月和4月，全国人大常委会和中共中央、国务院先后作出《关于严惩严重破坏经济的罪犯的决定》《关于打击经济领域中严重犯罪活动的决定》(简称"两个决定")。县检察院全面展开打击经济犯罪。4月，县委转发县检察院党组《关于加强经济检察工作，打击经济犯罪活动的报告》。4月13日，检察长党彦瑞通过县广播站发表《坚决贯彻全国人大常委会〈关于严惩严重破坏经济的罪犯的决定〉》的讲话。是年，县检察院坚持"按照法律规定，对照党的政策，集体讨论请示汇报，最后定性"的做法，受理经济案件线索36件，立案侦查5件，起诉2件，作免诉处理4件。

1983年至1984年，县检察院贯彻执行中共中央"严打"决定，同时继续抓好打击严重经济犯罪的斗争，共受理经济案件线索32件，立案侦查3件，转有关部门查处3件，建议行政或经济处理4件。在办理经济案件的同时，配合粮食系统开展"三清十查"，查处经济案件线索9件。

1985年，县检察院执行最高人民法院、最高人民检察院联合下发的《关于当前办理经济犯罪案件具体应用法律的若干问题的解答(试行)》，突出查办贪污贿赂等大要案，受理经济案件线索22件，立案侦查8件，逮捕犯罪嫌疑人3人，起诉3人。经法院审理，2件2人作有罪判决，10件不构成犯罪转有关部门处理。先后两次加强经济检察工作力量，经济检察科从年初4名干警，增加到年底6名干警，从外单位借调4名干部充实办案力量。经县委同意，先后在各乡、镇、县属厂矿、企业和重点部门设立兼职检察联络员，形成一支56人的检察联络员队伍，收到经济问题线索9件。12月28日，检察长刘根华向县委人大常委会作《关于深入开展打击严重经济犯罪活动的工作汇报》。

1986年，县检察院共受理经济案件线索29件，立案侦查10件12人，转有关单位处理14件，提起公诉8件9人，决定免诉2件3人，挽回经济损失7.98万余元。执行市检察院《打击犯罪，保护乡镇企业发展》的6条措施。与纪检、财税、工商等有关部门密切配合，做到"三结合三促进"，即自觉地把打击经济犯罪同端正党风紧密结合起来，促进党风的不断好转；把打击经济犯罪同改革、开放、搞活紧密结合起来，促进经济建设和经济体制改革的顺利进行；把打击经济犯罪同社会主义法制建设紧密结合起来，促进社会主义法制的健全和完善。3月1日，县检察院会同县纪检委、县审计局历时14小时突破县设计室虞某受贿万元大案。5月12日，在海盐电影院召开公开审判经济犯罪分子大会，对3人作出公开宣判。县检察院坚持“抓系统、系统抓”，把供销系统“深入开展打击经济犯罪活动的斗争”作为经济检察工作的一个重点。10月25日，县供销联社召开“经打”斗争动员大会，会后有7个单位21人交代了经济问题，其中9人主动投案自首，12人经过敦促后投案自首，共涉及赃款6278元。11月30日，县供销联社、县检察院联合召开全县供销系统自首、坦白从宽政策兑现大会，对涉嫌受贿、贪污犯罪，但主动投案、讲清问题、退清赃款并表示悔改的3人作出不作处理的决定。

1987年，县检察院共受理经济违法犯罪线索22件，立案侦查7件9人，决定逮捕经济犯罪嫌疑人2人，转有关部门处理10件，提起公诉4件4人。把“财税”“商业”系统作为“经打”重点系统，9月25日，县检察院联合县财税局召开打击严重偷税抗税犯罪活动大会，对3件偷税漏税案件作出处理。8月31日，县检察院和县商业局联合下发《关于进一步发挥政策、法律威力，严厉打击严重经济犯罪活动的联合通知》。此外，县检察院为乡镇企业提供法律服务，帮助解决澉浦镇扇子山石厂承包合同纠纷，使其恢复生产。

1988年，县检察院受理经济案件线索42件，立案侦查13件13人，决定逮捕经济犯罪嫌疑人6人，起诉7件7人、免诉6件6人；通过办案，为国家和集体挽回经济损失14.17万元，帮助有关单位收回应收未收款5.1万元。其中，办理的核工业部二二公司二公司材料科材料员魏某受贿、贪污3万余元案是海盐县1982年以来查获的最大经济犯罪案件。办理的官堂联合橡胶五金厂（合作经营企业）厂长姜某假冒商标一案是县检察院办理的首起假冒商标案件。6月21日，县检察院《关于设置经济罪案举报箱的报告》得到县委批转。7月1日，县检察院在武原、沈荡、澉浦、西塘桥等五个镇设置“举报箱”，为全市首次。10月10日，县检察院成立“经济罪案举报站”，并将每月10日、20日确定为领导接待日。

1989年，受理经济违法犯罪案件线索55件，立案侦查27件30人，决定逮捕经济犯罪嫌疑人14人，移送起诉16件18人，免诉5件6人，为国家和集体挽回经济损失100.42万元，帮助有关单位催讨应收款35.97万元。8月15日，最高人民法院、最高人民检察院颁发《关于贪污、受贿、投机倒把等犯罪分子必须在限期内自首坦白的通告》（简称“两高”《通告》，限期1989年8月15日至10月31日）。9月25日上午，县委、县政府召开打击经济犯罪分子宽严大会，县检察院

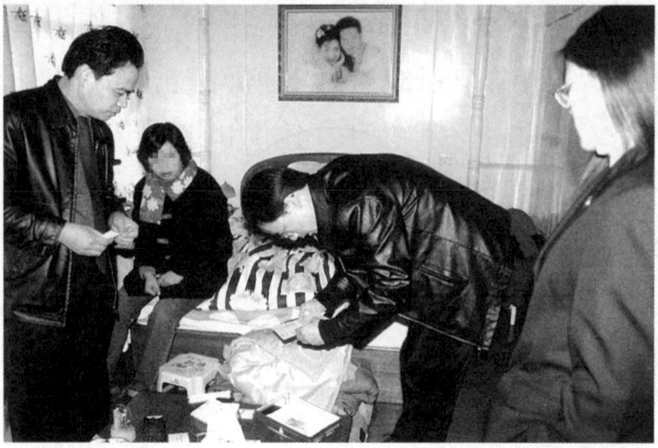

2004年2月10日，检察人员对涉嫌受贿犯罪嫌疑人鲁某住宅进行搜查

和县法院对3名犯有贪污、受贿罪的经济犯罪分子依法作出从宽处理和从严惩处决定。两高《通告》期限内，到检察机关或主管部门自首坦白贪污、受贿犯罪人员24名，交代违法犯罪金额4.6万余元，退出赃款4万余元；县检察院接受人民群众举报272件，立案侦查贪污、受贿等经济犯罪案件8件；9名在押人犯检举揭发有关贪污、受贿、投机倒把等经济违法犯罪线索40件。11月21日上午，县检察院对“两高”《通告》期限内拒不投案自首、案发后不彻底坦白交代，认罪态度不好、搞假自首，企图蒙混过关、限期内顶风作案的5名贪污、受贿经济犯罪嫌疑人依法逮捕归案。是年，县检察院就开展反贪污、贿赂斗争的情况先后2次向人大常委会例会作报告，自觉接受人大监督。

第三节　反贪污贿赂

1990年3月26日，县检察院将“经济检察科”更名为“贪污贿赂侦查局”（1996年5月，更名为“反贪污贿赂局”），经济检察随之改称为反贪污贿赂。全年受理案件线索41起，立案侦查19件25人，移送审查起诉9件13人，法院均作有罪判决；决定免予起诉7件9人，无人提出申诉；通过办案，为国家集体挽回经济损失35.96万元。此外，对1名举报有功人员给予奖励。是年2月10日，县委常委会集体听取检察长刘根华关于全国、全省检察长工作会议精神汇报。26日，县委批转县

1990年6月，市检察院检察长朱立乔在县检察院贪污贿赂侦查局成立大会上讲话

检察院《关于深入扎实地开展反贪污、贿赂斗争意见的报告》。7月30日，县检察院配合县法院在石泉乡召开宣判大会，对6名经济罪犯公开宣判。

1991年年初，坚持“抓紧、抓早、抓实、抓细”的反贪工作指导思想，共受理案件线索43件，立案侦查20件25人，决定逮捕罪犯5人；通过办案，共追回赃款、赃物价值38.13万元，协助发案单位催讨应收款9.12万元。8月20日，县检察院首次在县教育系统立案侦查一起贪污贿赂案，被告人万某在1986年8月至1991年3月期间，利用担任校长职务之便，共贪污国家、集体财物计人民币3.2万余元、向校办工厂索取贿赂款物计人民币0.3万余元。是年，在金融系统开展反贪污、贿赂斗争，立案侦查贪污案2件4人。

1992年2月，县检察院反贪污贿赂工作把主攻方向放在党政机关内部、建筑领域、“穷庙富方丈”的企业和干部群众反映强烈及党委、政府要求查办的案件上，受理案件线索28件，立案侦查19件25人，侦查终结18件23人，决定免诉9件12人，不诉1人，起诉9件10人，经法院审理，均作有罪判决；通过办案追回赃款、非法所得32.31万元，协助有关单位催讨各类欠款、应收款等27.03万元。9月28日，县检察院根据群众举报，依法对海塘乡海塘村服装二厂厂长周某受贿一案立案侦查。在办案过程中，坚持为经济服务的指导思想，注重听取各方面意见、建议。根据被告人周某的受贿事实、认罪态度、积极退赃的情况，从该厂生存和该村集体经济发展着眼，决定在侦查阶段对周某不采取逮捕强制措施，让其在原岗位上继续履行厂长职权。提起公诉后，县法院依法从轻判处其有期徒刑二年，宣告缓刑2年6个月。判刑后，为继续发挥其作用，乡、村两级组织根据县检察院的建议，安排其担任厂长助理，主管生产和经营业务，取得良好的社会效果。

1993年，县检察院受理案件线索45起，立案侦查12件13人，决定逮捕经济犯罪嫌疑人6人，决定起诉8件8人，免予起诉1件1人，通过办案，为国家和集体挽回经济损失230余万元。集中力量查处党政机关、司法部门、行政执法部门和经济管理部门（简称“一机关三部门”，1994年后称为“三机关一部门”，即党政机关、司法机关、行政执法机关、经济管理部门，为前后一致，均称“三机关一部门”）的工作人员中贪污贿赂等犯罪案件。中纪委二次会议后，县检察院重新公布举报电话，使群众进一步看到党和政府清除腐败的决心，8月至12月，共受理群众首次举报77件。在立案查处的贪污贿赂等经济犯罪案件中，来自群众举报

9件，占立案数的75%。

1994年，县检察院受理案件线索139件，立案15件18人，侦结16件20人，起诉8件11人，免予起诉4件4人；通过办案为国家和集体挽回经济损失124万余元。先后查办了百步乡影剧院原经理吴某、放映员薛某共同贪污公款5万余元、县商业物资公司原业务员吴某挪用公款50万余元的特大案件。5月5日，县检察院结合本县毛巾厂假冒上海萃众毛巾厂注册钟牌414商标、澉浦钱江皮件厂擅自制作上海市畜产品公司皮件厂金叶牌注册商标和六里乳胶涂料厂的春笋牌注册商标被浙南地区厂家假冒的举报，向县政府提出《关于加强对本县产品商标管理的意见》。

1995年，县检察院受理、初查案件线索43起，依法立案16件23人，决定逮捕贪污贿赂犯罪嫌疑人12人，提起公诉14件20人；通过办案，为国家和集体挽回经济损失108万元。是年，县检察院查办大案、要案和贿赂案件工作取得突破，先后查处了核工业总公司二三建设公司第三工程公司第四分公司原经理、正科级干部刘某贪污、受贿24万元大案和于城乡原党委书记、县十届人大代表盛某受贿8万余元大案。

1997年1月和7月，修订后的《中华人民共和国刑事诉讼法》《中华人民共和国刑法》(简称《两法》)先后实施。最高人民检察院修订的《人民检察院实施〈中华人民共和国刑事诉讼法〉规定(试行)》(简称《规定》)中对检察机关原经济检察受理案件范围调整为贪污贿赂犯罪受理案件范围，涉税、假冒商标等其他经济犯罪案件由公安机关管辖，人民检察院不再受理。县检察院严格执行《两法》和《规定》，共立案查处贪污贿赂案件13件13人，依法逮捕犯罪嫌疑人7人，通过查办案件为国家和集体挽回直接经济损失113万元。查处了官堂乡原党委书记鲁某特大受贿案、沈荡房管所原所长王某贪污贿赂大案、武原房管所原副所长徐某受贿大案、沈荡房管所原技术员林某受贿案等3起案件。

1999年，县检察院坚持“公正执法、加强监督，依法办案，从严治检，服务大局”工作方针，立案侦查贪污贿赂犯罪案件15件18人，“三机关一部门”重点部位案件5件5人。自侦案件立案准确率、批准逮捕率、提起公诉案件有罪判决率均达100%。通过办案，为国家和集体挽回直接经济损失160万元。配合市检察院查处县政协原主席孙某受贿价值8.2万余元案件，查处建行海盐支行原行长黄某受贿11万余元、县技术监督局原局长朱某受贿8万余元、农行海盐支行原副行长周某受贿 9 万余元、原城西乡工办副主任浦某贪污 70 余万元、县人民政府驻杭办事处原主任李某受贿 7.5 万余元等案件。反腐败斗争取得了良好效果：一是强化侦查意识，注重运用侦查谋略，深挖细查，扩大战果，震慑和遏制贪污贿赂等职务犯罪；二是强化服务大局意识，在侦查案件中自觉服从和服务于全县工作大局，处理好办案与服务大局的关系；三是提高办案效率，做到环环相扣，当年查办的案件当年起诉完毕。

1999 年 10 月，反贪局在办理黄某受贿案时分析案情

1999 年 11 月，检察人员在办理朱某受贿案时查看监控录像

2000 年，县检察院立案查办贪污贿赂案件 16 件，通过办案为国家和集体挽回经济损失 180 万元。2 月 18 日，县检察院收到江苏省吴江市看守所移送的因涉嫌合同诈骗罪而被逮捕的武原镇粮管所经理部原负责人陆某检举材料，发现与 1996 年以来的举报材料相一致，挖出了粮食系统 7 起贪污、受贿串案：县粮食局原副局长朱某贪污 45.51 万元，因有自首情节从轻处罚，被判处有期徒刑 15 年；县粮油食品工业公司原经理祝某等 5 人犯受贿、贪污罪，数罪并罚被判处 5 至 11 年不等的有期徒刑；武原粮管所原所长胡某受贿 6.84 万元，因有自首情节减轻处罚，判处有期徒刑 4 年。省检察院以《加强初查，注重深挖，海盐县院在粮食系统依法查处一批串案》为题，出了一期简报。8 月，县检察院反贪污贿赂局被市检察院荣记集体二等功。

2001 年，县检察院查办职务犯罪案件 15 件 17 人，通过办案，为国家和集体挽回直接经济损失 200 万元。先后查办了县机关事务管理局原局长、县物价局副局长卢某受贿 14 万余元、核工业总公司二三建设公司秦山坎杜项目部人事部

2001 年 5 月，涉嫌贪污犯罪嫌疑人贺某被从贵阳抓捕归案

2001 年 10 月，检察人员在办理兰某贪污案时调查取证

原经理兰某(副处级)贪污公款 20 余万元案件等一批大案要案。5 月，县检察院根据上级部署，开展“追逃”工作，将贪污 20 余万元后潜逃近 4 年之久的原财政税务局干部贺某从贵阳捉拿归案，在全市率先完成省检察院挂牌督办“追逃”案件任务。

2002 年，县检察院立案侦查贪污贿赂等职务犯罪案件 14 件 15 人，其中受贿案件 10 件 10 人，贪污案件 2 件 3 人，挪用公款案件 2 件 2 人，通过办案，为国家和集体挽回直接经济损失 120 万元。执行最高人民检察院《关于开展清理积压线索、清理久侦不结案件和案件质量大检查专项行动的通知》精神，在核电系统查处了秦山核电公司计划处处长陈某(正处级)、核工业总公司二三建设公司坎杜项目部经理吴某(副处级)、二三建设公司社会事务部主任彭某等 4 起大要案，将挪用公款达 140 余万元的海盐农业投资开发公司原业务员顾某抓获归案。

2003 年，县检察院立案侦查贪污贿赂案件 13 件 13 人，其中“三机关一部门”职务犯罪案件 5 件 5 人，通过办案，为国家和集体挽回直接经济损失 140 万元。县检察院突出查办大案要案，立案查处了原城建局副局长、县开发区管委会正局级巡视员姚某受贿等5 件科局级干部受贿大案要案。深挖细查窝案串案，查处县拆迁办原主任(原拆迁事务所所长)陆某等 3 人受贿案串案、县广电局原局长施某等 4 人贪污串案。突出依法独立办案，自行发现并查办的职务犯罪案件数达 84.6%，且均在 12 小时内突破犯罪嫌疑人的口供。

2005 年至 2006 年，县检察院立案查处贪污贿赂案件 19 件 25 人，通过办案，为国家挽回直接经济损失 170 余万元。查办了建设银行秦山核电专业支行原副行长徐某贪污受贿案和其妻(中国人民财产保险股份有限公司海盐支公司原财务科长张某）贪污案。把查处涉农案件作为重点工作，以农村土地整理系统作为突破口，在沈荡镇查处包括2名村支部书记和2名镇站办负责人在内的4件涉农案件。同时，县检察院加大查处国有企业中商业贿赂案件力度，立案侦查发生在国有企业中的贪污贿赂案件4件8人。县检察院严格执行上级院有关讯问全程同步录音录像制度，完善讯（询）问室的硬件设施，对犯罪嫌疑人的讯问全过程进行录音录像。

2007年，县检察院立案侦查贪污贿赂等犯罪案件12件12人，通过办案挽回直接经济损失65.9万元。坚持依法独立办案，深挖窝案串案，先后立案查处了核电系统5起受贿犯罪串案，通元镇3起镇、村、站办干部受贿案和县劳动和社会保障局4起贪污受贿窝案串案，将涉及多起受贿案件的行贿人陈某某以行贿罪进行了严厉查处，将潜逃在外的特大贪污犯罪嫌疑人、县劳动就业管理处失业保险股工作人员徐某抓获归案。在法律震慑和政策感召下，核电系统、建设系统、劳动保障系统有关涉案人员分别到县检察院投案自首。

2008年，县检察院立案查处贪污贿赂案件9件14人，其中贪污案4件5人，受贿案4件8人，挪用公款案1件1人，通过办案为国家挽回经济损失75.74万元。先后在县安监局立案查办了原副局长朱某、赵某等1件5人受贿窝案，在秦山镇立案查办了原副镇长顾某、交通管理站原站长陶某、落塘村原党支部书记林某等4件5人镇、村及站办干部贪污受贿案。

2010年，县检察院共立案侦查贪污贿赂犯罪案件13件16人，挽回经济损失84.5万元。立案查办了秦山第三核电有限公司办公室副主任兼驻京办事处主任（正处级）赵某贪污案。在查办发生在相关镇自来水站的受贿窝案、串案过程中，会同县纪委及时召开警示教育大会，敦促有关人员投案自首，最终6名原水站站长和1名行贿人被追究刑事责任。其中，原西塘桥镇自来水站站长刘某受贿案数额达84.36万元，最大单笔受贿25万元。该系列案件的查办保障了海盐县水务体制改革的顺利进行，被省检察院列为全省检察机关“反贪办案效果好案件”。

2011年，县检察院立案查办贪污贿赂案件10件11人。先后立案查办了核工业总公司第二四建设公司核电项目部原副经理黄某（正科级）贪污受贿大要案和市检察院交办的嘉兴市广播电视局原广告部主任徐某（正科级）等3人受贿大要案。注重维护民生民利，在关系群众切身利益的安置房建设领域先后立案查处了县经济开发区原资产管理部经理沈某受贿案和县城市投资集团有限公司城市置业有限公司原安建一科副科长、工程师(副科级)蔡某受贿案。

表 3—1 1979—2011 年海盐县人民检察院经济(反贪污贿赂)案件统计表

年份	立案侦查		贪污贿赂		三机关一部门		科(局)级以上		大案		提起公诉		免诉(不诉)		逮捕(人)	挽回经济损失(万元)
	件	人	件	人	件	人	件	人	件	人	件	人	件	人		
1979	—	—	1	1	—	—	—	—	1	1	1	1	—	—	—	0.46
1980	—	—	2	2	—	—	—	—	—	—	2	2	—	—	—	0.62
1981	1	1	1	1	—	—	—	—	—	—	—	—	—	—	—	—
1982	5	7	4	4	—	—	—	—	—	—	2	4	4	4	—	0.90
1983	1	1	1	1	—	—	—	—	—	—	1	1	—	—	—	0.22
1984	2	2	2	2	—	—	—	—	—	—	2	2	—	—	—	2.79
1985	8	—	3	3	—	—	—	—	—	—	3	3	—	—	3	4.48
1986	10	12	10	12	—	—	—	—	2	2	8	9	2	3	7	7.98
1987	7	9	6	8	—	—	—	—	3	3	4	4	—	—	2	3.7
1988	13	13	10	10	—	—	—	—	3	3	7	7	6	6	6	14.17
1989	27	30	24	24	—	—	—	—	5	5	16	18	5	6	14	100.42
1990	19	25	18	24	—	—	1	1	5	5	9	13	7	9	6	35.96
1991	20	25	17	22	—	—	—	—	5	5	9	10	4	6	5	38.13
1992	19	25	14	18	—	—	1	1	7	7	9	10	9	12	6	32.31
1993	12	13	9	9	—	—	—	—	6	6	8	8	1	1	6	230
1994	15	18	9	11	—	—	1	1	9	9	8	11	4	4	8	124
1995	16	23	14	21	—	—	6	6	16	23	14	20	—	—	12	108
1996	15	16	15	16	5	5	3	3	15	16	15	16	—	—	11	76.3
1997	13	13	11	11	4	4	1	1	13	13	13	13	—	—	7	113
1998	13	13	13	13	6	6	5	5	13	13	13	13	—	—	11	176

续表 3—1

年份	立案侦查		贪污贿赂		三机关一部门		科(局)级以上		大案		提起公诉		免诉(不诉)		逮捕(人)	挽回经济损失(万元)
	件	人	件	人	件	人	件	人	件	人	件	人	件	人		
1999	15	18	15	18	5	5	4	4	11	11	15	18	—	—	11	160
2000	16	16	16	16	5	5	4	4	14	14	16	16	—	—	14	180
2001	15	17	15	17	7	7	3	3	11	11	14	16	—	—	10	200
2002	14	15	14	15	6	6	4	4	9	10	14	15	—	—	8	120
2003	13	13	13	13	5	5	5	5	6	6	13	13	—	—	11	140
2004	13	13	13	13	6	6	3	3	10	10	13	13	—	—	9	240
2005	11	12	11	12	2	2	3	3	5	5	9	9	—	—	12	92
2006	8	13	8	13	—	—	3	3	5	5	9	14	—	—	8	78
2007	12	12	12	12	3	3	7	7	10	10	12	12	—	—	10	65.9
2008	9	14	9	14	4	4	5	5	8	8	10	14	—	—	11	75.74
2009	10	10	10	10	4	4	7	7	10	10	9	9	—	—	9	105.63
2010	13	16	13	16	1	1	4	4	12	12	12	15	—	—	14	84.5
2011	10	11	10	11	2	2	7	7	9	10	9	10	—	—	9	95.3

第四章　法纪检察

法纪检察是人民检察院实行法律监督的一个组成部分，是对国家工作人员在执行职务中是否遵守宪法和法律，或者利用职务进行违法犯罪的行为行使检察权。人民检察院通过法纪检察，依法追究渎职犯罪、国家机关工作人员利用职权实施的侵犯公民人身权利民主权利的犯罪、国家机关工作人员利用职权实施的其他重大犯罪的法律责任，以维护社会主义民主与法制，保障社会主义现代化建设的顺利进行。

法纪检察的职权和任务，是随着国家法律在各个不同历史时期赋予检察机关的不同任务而变化和发展的。海盐县检察机关创建初期，由于法纪检察管辖的犯罪案件、受理范围等尚无明文规定或不够明确，法纪检察未正式开展工作。

1953 年，海盐县检察机关根据中共中央“新三反”的指示，对国家工作人员中的严重违法乱纪，侵犯公民人身、民主权利的犯罪行为行使检察权。

1954 年，《中华人民共和国宪法》和《中华人民共和国人民检察院组织法》颁布后，县检察院逐步开展一般监督工作，法纪检察工作除继续承担有关侵犯公民人身权利与渎职犯罪等检察外，还对国家机关的决议、命令和措施是否合法，国家工作人员是否遵守法律实行监督。

1956 年，县检察院贯彻省检察院提出的“积极建设，全面负担”的自行侦查工作方针，配合公安机关和有关部门查处了一些国家工作人员利用职权侵犯公民人身权利、民主权利案件和违法乱纪案件，但由于机构设置尚不完备、人员不足，法纪检察受理案件范围不明确，法纪检察工作仍未全面开展，依法独立查办法纪案件还没有走上正轨。

1958 年整风运动后期，检察机关自行侦查工作被批判为“矛头对内，搞凌驾于一切之上”，一般监督被取消，刚起步的法纪检察工作被中断。海盐县检察机关法纪检察职能实际上已被取消。

1962 年至 1963 年，县检察院刚恢复建立，人员较少。法纪检察工作仍然是配合公安机关查处国家工作人员利用职权违法乱纪的案件，但同时也开展了对基层干部违法乱纪情况的调查。

1964 年，县检察院将主要精力投入农村社会主义教育运动，法纪检察职能也未能真正恢复。1966 年，“文化大革命”运动开展，法纪检察随检察机关被砸烂而中断。

1978 年，《中华人民共和国宪法》颁布后，县检察院恢复重建。1979 年 12 月，县检察院设置法纪检察科，选配法纪检察干部，开始履行法纪检察职能。

根据 1979 年 12 月最高人民法院、最高人民检察院、公安部《关于执行刑事诉讼法规定的案件管辖范围的通知》规定，检察机关受理的案件范围共 21 种，其中由法纪检察受理的有：(1)刑讯逼供案；(2)诬告陷害案；(3)破坏选举案；(4)非法拘禁案；(5)非法管制、非法搜查、非法侵入他人住宅案；(6)报复陷害案；(7)非法剥夺宗教信仰自由和侵犯少数民族风俗案；(8)伪证案；(9)侵犯公民通信自由和妨碍邮电通讯案；(10)泄露国家重要机密案；(11)徇私枉法案；(12)体罚虐待人犯案；(13)私放罪犯案；(14)人民检察院认为需要直接受理的其他案件。

1983 年，最高人民检察院《关于检察院自侦案件内部分工的意见》将原由经济检察部门办理的重大责任事故案、玩忽职守案划归法纪检察部门办理。根据最高人民法院、最高人民检察院、公安部《关于重婚案件管辖问题的通知》第 2 条规定，检察院直接受理的重婚案件也由法纪检察部门办理(重婚案件于 1989 年划归控告申诉部门办理)，法纪检察管辖案件范围共 16 种。

1979 年至 1983 年，法纪检察机构处于初建阶段，法纪检察工作主要是充实、稳定办案力量，加强业务培训，边学习、边办案，并以办案为突破口，重点查处“侵犯公民人身权利”犯罪案件，逐步开创法纪检察工作的新局面。

1984 年，县检察院的法纪检察工作，以查处重大责任事故案、玩忽职守案和严重侵犯公民人身权利、民主权利案“三类”犯罪案件为重点。

1985 年 3 月，最高人民检察院转发全国检察机关自侦工作会议《关于加强法纪检察工作的意见》。县检察院围绕经济体制改革，结合整党，加强法纪检察工作。8 月，建立了检察联络员队伍，开展对法纪检察工作的宣传。

1986 年，县检察院受理各类法纪案件线索 23 件，立案 4 件，免诉 1 件，向法院提起公诉 3 件。撰写调查报告 10 篇，发书面检察建议 4 次，口头检察建议

22次。

1990年2月，县检察院贯彻最高人民检察院下发《关于学习宣传〈人民检察院直接受理的侵犯公民民主权利、人身权利和渎职案件立案标准的规定〉的通知》(简称《立案标准》)，将打击玩忽职守、侵权、渎职等犯罪分子，治理经济环境，整顿经济秩序，维护党政机关的廉洁作为主要任务。是年，县检察院走访调查、座谈104个单位和部门，调查158天，受理法纪案件线索14件，调查处理14件，立案2件3人。

1992年，县检察院受理法纪案件18件，立案调查4件6人，1件玩忽职守案件因被告病故撤销案件，3件3人免予起诉。

1994年，县检察院查处了海盐县历史第1起公安执法人员刑讯逼供案件，并依法向县法院提起公诉。

1995年5月，县检察院贯彻全省徇私舞弊侦查工作会议和全市法纪检察工作会议精神，受理法纪线索11件，立案侦查3件，提起公诉2件，免予起诉1件。法院对起诉案件均作了有罪判决。

1997年，根据新修订的《中华人民共和国刑事诉讼法》和最高人民检察院《人民检察院实施〈中华人民共和国刑事诉讼法〉规定(试行)》，法纪检察受理案件的范围为：国家工作人员利用职权(共33种犯罪案件)、国家机关工作人员利用职权实施的非法拘禁、刑讯逼供、报复陷害、非法搜查、暴力取证的侵犯公民人身权利的犯罪以及侵犯公民民主权利的犯罪(共7种犯罪案件)，以上两类共40种犯罪案件。

2001年，县检察院共初查渎职侵权犯罪案件线索2件，立案查办2件国家机关工作人员渎职犯罪案件。其中1起滥用职权罪案移送法院，被告人被判处有期徒刑1年6个月，追回矿产资源补偿费39万元。

2002年至2003年，县检察院注重法纪案件线索的排摸，对获取的点滴信息进行汇总、分析、分类、储存，建立渎职侵权案件线索档案。立案查处了俞某滥用职权案和施某玩忽职守案。

2007年，县检察院贯彻省检察院《关于加强反渎职侵权能力建设的实施意见》，先后开展“反渎职侵权工作宣传日”和以“积极参与，反腐倡廉，服务和谐”为主题的举报宣传周活动，展出“惩治职务犯罪，维护公平正义”宣传图板，并结合广播、电视、报纸等新闻媒体广泛宣传渎职侵权案件的立案标准、举报方式。

2008年，县检察院与县公安局建立法纪检察工作联席会议制度，与县质量技术监督局建立惩治与预防渎职等职务犯罪联席会议制度。11月，县检察院出台监督制约机制，主要内容包括：制定内部工作制约机制、实行对犯罪嫌疑人讯问的同步录音录像制度、建立律师提前介入机制、实行侦诉一体化机制、完善侦查指导机制、实行内部讨论机制、坚持集体审批机制、建立对犯罪嫌疑人的回访机制、建立与行政执法部门的相应监督制约机制。

2010年，县检察院反渎职侵权局被省检察院记集体二等功。反渎职侵权局成立后，突出查办发生在社会关注、涉及人民群众切身利益的热点领域和重点部门的渎职侵权犯罪，立案查办的11件渎职侵权类犯罪案件，均得到法院有罪判决。

2011年，县检察院立案查处了吴某等4起动植物检疫徇私舞弊案件和市检察院交办的嘉兴市南湖区俞某受贿和滥用职权案。是年6月，开展以“加强渎职侵权检察工作，促进依法行政与司法公正”为主题的举报宣传周活动，接待群众咨询67人次，发放宣传资料250余份，制作宣传画板24块。

第一节　对侵犯公民人身权利、民主权利案件的检察

对侵犯公民人身权利、民主权利案件的检察，是检察机关法纪检察的重要内容，是人民检察院对国家机关工作人员利用职权侵犯公民的人身及与人身有关的权利、侵犯宪法和法律赋予公民管理国家、社会事务、进行社会活动等民主权利的违法犯罪行使检察权。检察机关建立以来，通过依法行使检察权，查处国家机关工作人员刑讯逼供、诬告陷害、破坏选举、非法拘禁、报复陷害、徇私舞弊等侵犯公民人身权利、民主权利的违法犯罪案件，惩罚犯罪，以维护社会主义民主与法制，保护公民的人身权利和民主权利。

县检察署在创建初期，主要是配合、协助当地政府监察委员会对一些国家机关及其工作人员，尤其是区、乡机关干部的侵犯公民人身权利、民主权利的违法乱纪进行调查处理。

1953年，县检察署全力投入“新三反”斗争运动，开展对国家工作人员中的严重违法乱纪、侵犯公民人身权利和民主权利的违法犯罪行为的检察，为运动中被害群众申冤平反。

1956年7月,盐官乡人民委员会函告县检察院:该乡东方村农业社社长、乡人民代表陈某以不见面粉袋一只为由,于4月19日搜查李某住宅。县检察院经研究后认为陈某该行为违反《中华人民共和国宪法》第九十条:"中华人民共和国公民的住宅不受侵犯……"规定,为此致函盐官乡人民委员会,提出对陈某的处理决定:1.陈某非法侵犯公民住宅,应公开向李某道歉,向群众检讨处分;2.建议盐官乡选举单位和选民依法律规定的程序根据选民意见,撤换陈某乡人民代表大会代表资格。

1963年,县检察院在调查处理人民来信来访及经常性工作中,发现部分社队干部在社会主义教育和处理社会治安问题中,执行政策上混淆两类不同性质的矛盾,不讲究斗争策略,甚至有乱捕、乱斗、乱搜查、乱体罚等违法乱纪现象。如石泉公社召开500余人干部社员代表大会进行社会主义教育,未经批准对地富子弟及虎康大队十队徐某等8名中贫农社员进行斗争。在斗争会中还出现用麻绳捆绑、罚跪拉头发等违法乱纪行为。10月6日,西塘公社大宁大队民兵连长何某等干部怀疑社员倪某偷窃棉花,叫至大队谈话,在大队关了两夜。海塘、横港、沈荡、百步等公社的部分社队干部和个别政法干部在处理偷窃、迷信等社会治安问题中也采用非法搜查、捆绑、关押、打人、扣口粮,甚至刑讯逼供的违纪情况。县检察院向县委作了报告,认为应当立即制止并预防类似情况再次发生,并请县委批转各级党委。

1964年至1965年,县检察院大部分检察干部参加农村社会主义教育运动。对违法犯罪案件的查处,以"社教"工作团为主,检察机关进行指导。

1979年11月,县检察院有2名干部负责法纪工作,12月设置法纪检察科,依据《法纪检察工作试行规定》,开展法纪检察工作。至1980年5月,受理自办自查来信来访18件,均不符合立案条件。

自1980年至1983年的4年中,县检察院的法纪检察虽处于初创阶段,但认真贯彻"充实、稳定办案力量,加强业务培训,边学习边办案"的指导思想,以办案为突破口,重点查处"侵犯公民人身权利、民主权利"的案件,逐步打开了法纪检察工作的局面。其间,县检察院受理各类法纪违法犯罪线索253件,办理了吴某非法拘禁案。

1984年,县检察院坚持"一要坚决,二要慎重,务必搞准"的原则,全年受理各类法纪案件线索15件,立案侦查1件2人。办理的秦山核工业部二二公司王某、莫某重婚案，向县法院起诉后，县法院作有罪判决。

1985 年，县检察院受理侵权类案件线索 8 件。10 月 30 日，横港乡万丰村小学民办教师沈某等 2 人，为寻找私人信件，将万丰村小学五年级学生姚某（11 岁）、夏某（12 岁）从课堂内叫到教师办公室罚站，随后又将两学生轮流关押在该校原教师宿舍内进行威逼、诱骗、拷问。沈某对两学生非法进行搜身并殴打姚某至脑震荡。县检察院立案侦查认定：沈某等 2 人的行为已触犯《中华人民共和国刑法》第一百四十三条的规定，构成非法拘禁罪，并依法向县法院提起公诉，沈某被依法判处拘役 3 个月，另一被告被判处拘役 3 个月，缓刑 6 个月。此外，根据办理的于城乡鸳鸯村俞某等 3 人非法捆绑他人案和海盐县国营渔场场长沈某等 2 人非法搜查、扣押运输挂机船案件中暴露出来的问题，县检察院编发检察工作简报《最近我县连续发生二起侵犯公民人身权利的严重违纪事件》。

1986 年，县检察院实行“承办人阅卷，集体讨论”的制度，受理各类法纪案件线索 23 件，立案侦查 4 件 6 人，提起公诉 3 件 5 人，免诉 1 件 1 人。

1987 年至 1990 年，受理各类法纪案件线索 86 件，立案侦查 12 件 17 人，其中侵权类案件 3 件 6 人。

1991 年，县检察院受理各类法纪案件线索 15 件，其中侵权类案件 6 起，立案侦查非法侵入他人住宅犯罪案件 1 件 3 人。8 月 1 日，沈荡乡吕冢村发生一起停尸闹事的严重事件。县检察院组织力量进行调查，认定吕冢村村民马某、马某、何某无视国家法律，非法强行侵入他人住宅，停尸闹事，毁损他人财物，严重影响他人的正常生活，触犯了《中华人民共和国刑法》第一百四十四条的规定，构成非法侵入他人住宅罪。县检察院于 8 月 15 日依法决定立案侦查，同时，在案发村召开大会，宣传法律，通过以案释法，澄清了部分群众的模糊认识。是年，共开展 7 次宣传教育大会，受教育人数达 200 余人。

1994 年，县检察院立案查处了海盐县首起公安机关执法人员刑讯逼供致人死亡的案件，对县公安局城西派出所民警徐某以刑讯逼供罪立案侦查。1992 年至 1996 年，受理各类法纪案件线索 79 件，立案侦查 13 件 17 人，其中侵权类案件 8 件 10 人，均作免诉。

1999 年 8 月，县检察院贯彻最高人民检察院制订的《关于人民检察院直接受理立案侦查案件立案标准的规定（试行）》，法纪检察工作得到进一步规范和加强。

第二节　对渎职案件的检察

渎职罪是国家机关工作人员利用职务上的便利，滥用职权、玩忽职守或徇私舞弊，侵害国家机关的正常活动，致使国家与人民利益遭受重大损失的行为。其社会危害性表现在：破坏国家机关的正常活动和国家机关法律法令的统一正确实施，直接或间接造成人民生命财产和国家经济利益的重大损失。同渎职犯罪作斗争，维护国家机关的正常活动和国家法律、法令的统一实施，保卫社会主义现代化建设的顺利进行，是检察机关法纪检察的一项重要任务。

1979年实施的《中华人民共和国刑法》对渎职罪进行了明确规定。按犯罪主体特征，渎职犯罪分为三大类：国家工作人员的贿赂罪、泄露国家机密罪和玩忽职守罪；司法工作人员的徇私枉法罪、体罚虐待人犯罪和私放罪犯罪；邮电工作人员私拆、隐匿、毁弃邮件、电报的侵犯公民通信自由罪和妨碍邮电通讯罪。县检察院调整充实法纪检察部门办案力量，把查处玩忽职守犯罪案件作为法纪检察工作的重点。

1991年7月25日，县检察院在武原镇开展侵权渎职罪案立案标准法律咨询

1991年至1992年，县检察院在深入开展反贪污贿赂斗争的同时，积极查处侵权、渎职案件，先后向县委呈送《关于深入反贪污贿赂犯罪斗争和加强查处侵权、渎职犯罪工作的报告》和《关于进一步深入开展反贪污贿赂斗争和加强对侵权、渎职等法纪案件查处工作的意见的报告》。1991年，县检察院首次立案查处1起在经贸活动中的玩忽职守案件，后因被告人病故而依法决定撤销案件。

1997年，修改后的《中华人民共和国刑法》实施后，县检察院加强了对查处徇私枉法等渎职犯罪案件的力度，调整充实了法纪检察部门的办案力量，在案件线索来源、线索受理和调查、案件突破等方面采取了一系列行之有效的措施。是年，向机关、企事业单位、学校等发放法纪检察宣传资料1600余份，受理法纪检察案件线索9件，初查6件。

1999年2月，县检察院对县技术监督局原局长朱某涉嫌徇私舞弊一案立案侦查，查明朱某在担任县技术监督局局长期间，利用职务之便，在查处企业无证生产、行使产品质量监督权等行政执法过程中，滥用职权为他人谋利，收受巨额贿赂。该案的查处实现了县检察院法纪案件立案零的突破。

2000年，县检察院对涉嫌滥用职权罪的县农业投资公司原经理朱某立案侦查。经查明，犯罪嫌疑人朱某在担任县农业投资开发总公司经理期间，滥用职权，致使国家利益受到损失，直接经济损失达105万余元。

2001年，县检察院初查渎职侵权犯罪案件线索8件，先后对县粮食局财务科原科长高某、县矿产资源管理委员会办公室原副主任许某的滥用职权罪立案侦查。许某在担任县矿产资源管理委员会办公室副主任期间，在征收矿产资源补偿费工作中，违反法律规定滥用职权，擅自减免矿产资源补偿费，致使国家利益遭受重大损失，计价值人民币52万余元，许某被以滥用职权罪判处有期徒刑1年6个月。是年，县检察院法纪检察科作为县安全生产事故调查组成员单位，参与全县重大责任事故调查。

2002年，县检察院立案侦查2件滥用职权罪案件。县经济开发区经济发展局原副局长俞某向海盐某燃料有限公司出让标准厂房过程中滥用职权，给国家造成直接经济损失80余万元，其因犯受贿罪被判处有期徒刑4年，因犯滥用职权罪被判处有期徒刑6个月，合并执行有期徒刑4年。

2004年，县检察院对县水利局原局长高某涉嫌滥用职权进行立案侦查。经查明，高某于1995年至1999年在担任县水机局局长期间，违反国家资金管理的有关规定，先后14次将本局及其下属县水利工程公司的资金共计人民币240万元出借给元通大型养猪场。该场于2003年倒闭，致使县水利局88万元资金无法收回，造成国家重大直接经济损失，其行为涉嫌滥用职权罪。县检察院在办案过程中，发现高某还利用职务之便，在水利发包等过程中，收受他人贿赂，并为他人在工程上提供帮助，其行为涉嫌受贿罪。高某因犯受贿罪，被判处有期徒刑10年，并处没收财产人民币2万元，因犯滥用职权罪，被判处有期徒刑1年，决定执行有期徒刑10年3个月，并处没收财产人民币2万元。是年，县检察院通过所办案件挖线索，掌握了县水利局工程管理站原站长何某在担任水利局工程管理站站长期间，在水利工程招标过程中，将标底资料泄露给投标单位，构成故意

2005 年 2 月，公诉人在周某某泄露国家机密案庭审中质证

泄露国家秘密罪的证据，遂对何某故意泄露国家秘密罪一案进行立案侦查。何某因犯故意泄露国家秘密罪被判处有期徒刑 1 年 6 个月，因犯受贿罪被判刑有期徒刑 5 年，决定执行有期徒刑 6 年。

2005 年，县检察院立案查处周某故意泄露国家秘密罪一案。原县黄沙坞治江围垦工程指挥部工程管理科科长周某，在负责黄沙坞治江围垦工程的招标过程中，为帮助浙江省钱塘江水利建筑工程公司第一分公司中标，先后 3 次故意将该工程的标底资料透露给该分公司经理俞某，并收受俞某所送的三星牌手机一部，全家福大酒店消费券等财物。周某因犯故意泄露国家秘密罪被判处有期徒刑 1 年，宣告缓刑 1 年 6 个月。

2006 年，县检察院坚持查办对社会、对国家、对集体、对人民群众的生命财产造成重大损失的渎职侵权类犯罪案件，从土地整理系统初查线索，立案侦查县国土资源局沈荡国土资源所原副所长王某受贿、滥用职权一案。

2007 年，县检察院立案侦查渎职类犯罪案件 3 件，通过办案，为国家挽回经济损失 26 万余元。2004 年 10 月，县检察院从新闻中获得通元镇在实施民间桥梁改造中，发生 1 起因桥梁断裂致 1 人死亡的事故信息。通过多年跟踪调查发现，通元镇交通管理站原站长王某违反旧桥拆除及新桥建设必须具有由一定资质建设单位承接的规定，明知承接桥梁改建工程的个体包工头将该工程转包给没有资质的农民，却不加制止，导致在拆桥的过程中拱形桥梁倒塌，一拆桥民工死亡的严重后果，遂于 2007 年 4 月对王某玩忽职守罪立案查处。随后，又深挖出包括 2 名科局级领导干部在内的 5 起贿赂案件。是年，县纪委对海盐县失地农民技能培训组织专项监察，县检察院对专项监察的情况同步跟踪，立案查处 2 件滥用职权渎职犯罪案件。

2008 年，县检察院建立健全案件发现、移送和协作查处等机制，立案查办了城建拆迁系统等有关国家工作人员滥用职权犯罪案件 2 件 6 人。10 月 27 日，根据最高人民检察院、国家质量监督检验检疫总局《关于在查处和预防渎职等职务犯罪工作中加强联系协作的若干意见(暂行)》等精神,县检察院和县质量技术监督局经协商,建立惩治与预防渎职等职务犯罪联席会议制度。

2009年,县检察院立案查办滥用职权犯罪案件2件4人,为国家挽回经济损失3300余万元。5月,县检察院派员参与市检察院统一查办的发生在乍浦港区和平湖市的"3·23"系列案件。6月,受市检察院反渎职侵权局指派,立案查办涉嫌滥用职权犯罪的华某、朱某和陈某3人。经查,犯罪嫌疑人华某等3人在平湖市综合房地产开发公司转制的过程中,循私舞弊、滥用职权,造成国家直接经济损失5030余万元,并收受他人贿赂。

2010年,县检察院将打击毁坏耕地、破坏土地等犯罪作为查办渎职犯罪案件的重点,查处非法毁坏基本农田的滥用职权案1件3人。

2011年,县检察院对肉类食品源头管理、生猪养殖、生猪贩运、生猪屠宰、肉品加工、肉品流通消费等6个方面进行排摸,先后查处吴某、陈某、尉某和袁某4起动植物检疫徇私舞弊案。

第三节　对重大责任事故案件的检察

运用检察职能,同厂矿重大责任事故罪作斗争,是检察机关的一项法定任务。1978年前,由于法律不完备,机构不健全,一般不直接受理重大责任事故案件,对后果严重或经济损失重大的重大责任事故案件的检察,通常是配合有关职能部门查处。

1979年,《中华人民共和国刑法》和《中华人民共和国刑事诉讼法》全面实施后,对厂矿企业职工违反操作规程,造成重大经济损失和人身伤亡的重大责任事故案件的检察列入检察工作职责。按照检察机关自侦案件内部分工规定,重大责任事故案件由经济检察部门办理。

1980年5月26日,县检察院印发《关于及时依法查处重大伤亡事故的通知》,要求各工厂、矿山、林场、建筑企业或者其他企业、事业单位发生重大事故后,在向主管部门报告的同时抄报县检察院。

1981年,百步公社永忠学校发生一起教室倒塌,压伤学生的严重事故。经查,该教室为1978年6月由国家补助500元,大队自造。由于人字架由7米加长接1米旧木料,且固定连接用铁板只有5厘米,不能长期支撑屋面压力而造成事故,将正在教室内上课的48名师生全部压在里面,并造成14名学生受伤。县检察院针对调查中发现的农村民办公助小学用房普遍质量很差,且存在不少危房的情况,向全县各社镇印发百步公社永忠学校教室倒塌的情况通报,并提出要求重视、尽快检查等意见。是年,县检察院还组织力量对部分社队企业不断发生伤亡事故问题进行调查,发现事故主要发生在建筑和石矿两大系统中,造成事故的主要原因是:领导对安全生产的认识不足,重视不够,措施不力;部分职工对安全生产制度遵守不严,思想麻痹;保障安全生产的防护器材不足。县委批转了县检察院的报告,要求相关公社党委重视石矿的安全生产问题,帮助各石矿落实好安全生产措施。

1982年,县检察院联合县劳动局、县社企局向有关公社、工办下发《关于组织社队石料行业干部职工学习〈安全生产规程〉的联合通知》,要求认真组织学习贯彻执行,进一步健全安全生产岗位责任制。

1983年11月,最高人民检察院下发《关于检察院自侦案件内部分工的意见》,把重大责任事故案划归法纪检察部门办理。自1984年开始,法纪检察部门正式受理和查办重大责任事故案件,依法履行检察职能。

1984年,连续发生2起石料厂重大事故,2人因伤势严重死亡。事故发生后,县检察院派员配合县乡镇企业局和县劳动局人员一起奔赴现场,进行勘察,查明原因,提出处理意见。11月5日,县二轻公司塑料厂制品车间发生一起重大事故案件,1人被升降机轧牢受重伤,送医院抢救无效死亡。事故发生后,县检察院派员会同有关部门赶赴现场,经过认真调查,查明事故主要原因后,向该厂发出检察建议书。

1985年6月,县检察院首次查办1件重大责任事故案。6月9日深夜11点40分,澉浦乡东方村服装厂发生一起火灾,烧毁厂房、机器、服装等财物,损失价值计人民币3.34万余元。县检察院调查后,认为员工朱某虽懂得安全生产知识,但工作马虎,疏忽大意,匆忙下班,未切断电熨斗电源,严重违反安全操作规程,引起重大火灾,并造成严重后果,其行为已触犯刑法第一百一十四条的规定,应依法追究其刑事责任,遂对朱某立案侦查。朱某被县法院判处有期徒刑一年,宣告缓刑一年。县检察院针对县服装行业普遍轻视安全生产的问题,结合该案向乡办企业发出检察建议书,建议落实好安全措施,切实做到安全、生产一起抓。

1986年,县检察院贯彻落实最高人民检察院与劳动人事部联合下发的《关于查处重大责任事故的几项暂行规定》精神，加强与工矿企业的联系，把查处重大责任事故案作为法纪检察部门工作的重点，立案查处了官堂公社石料二厂孙某重大责任事故案。是年，县检察院对发生在工矿企业的重大事故情况进行调查分析。全年共发生重大事故 45 起，其中，死亡 23 人，重伤 31 人，造成直接经济损失 26.95 万余元。其主要原因在于：一是组织不严密，乱开采乱开挖；二是设备简陋，职工尤其是把宕工等素质不高，纪律不严，规章制度不健全，管理松散；三是致富心切，盲目蛮干；四是思想麻痹，安全教育和防范措施不力；五是违章开采、违章作业。随后，县检察院联合县乡（镇）企业局对全县 57 家采石厂进行安全大检查，发现开采不符合规格、严重违章作业或安全生产制度不落实不健全，存在事故隐患的企业占 1/3，遂提出安全生产建议 129 条，2 家采石厂被指令停产整顿。

1989 年 9 月 27 日下午，六里乡阁老山石料厂爆破作业中，把宕工韩某违反安全生产操作规程，在装好炸药电雷管后，未察看宕内是否有人，就将发爆器充电，随即将爆破导线连接上发爆器，致使电排炮全部起爆，宕内作业的出宕工钟某被爆泻下来的石头砸成重伤，抢救无效于当天死亡。28 日，县检察院接到县乡镇企业局报告后，立即赶赴现场进行勘察。经对事故原因查证，认为韩某违章操作，是造成事故的主要责任者，应追究刑事责任，对其立案侦查。

1991 年 12 月 21 日上午，澉浦镇凤凰山石厂把宕组长柴某，在宕面开采成阴山礲的状态下，违反《浙江省乡镇矿安全规程》和《浙江省乡镇露开矿场安全生产规定实施细则》的有关规定，冒险作业，致使 1 名把宕工被险石击中头部，经抢救无效死亡。县检察院对柴某涉嫌重大责任事故罪立案侦查。

1995 年 10 月 3 日下午 3 点左右，通元镇嘉达照明实业有限公司灯泡生产车间发生一起严重爆炸事故，造成一幢二层楼房全部倒塌，7 人被压身亡，11 人受伤，直接经济损失达 30 余万元。县检察院接到事故报告后，立即赶赴事故现场提前介入，参与现场勘察和事故原因的调查工作，对有玩忽职守行为的该公司法人代表、安全生产第一责任人徐某以重大责任事故罪立案侦查。

1997 年，按照修订的《中华人民共和国刑事诉讼法》、最高人民检察院《人民检察院实施〈中华人民共和国刑事诉讼法〉规定（试行）》和最高人民法院、最高人民检察院、公安部、国家安全部、司法部、全国人大常委会法制工作委员会《关于刑事诉讼法实施中若干问题的规定》对刑事案件管辖的分工规定，检察机关不再受理危害公共安全的工厂、矿山、林场、建筑企业或者其他企业、事业单位的职工，由于不服从管理、违反规章制度，或者强令工人违章冒险作业，因而发生重大伤亡事故或者造成其他严重后果的重大责任事故案件。

表 4—1　1981—2011 年海盐县人民检察院办理法纪案件统计

年份	受案数		立案数		立案处理情况			
					起诉		免诉	
	件	人	件	人	件	人	件	人
1981	12	—	3	2	1	1	1	1
1982	24	—	5	7	3	3	4	4
1983	8	—	1	—	—	—	—	—
1984	15	—	1	1	1	2	—	—
1985	16	—	2	2	2	1	—	—
1986	23	—	4	6	3	5	1	1
1987	25	—	4	5	4	5	—	—
1988	25	—	3	6	2	4	1	2
1989	22	—	3	3	—	—	—	—
1990	14	—	2	3	—	—	—	—
1991	15	—	5	7	3	5	1	1
1992	18	—	4	6	—	—	3	3
1993	22	—	2	2	—	—	1	1
1994	10	—	4	6	1	1	3	5
1995	11	—	3	3	2	2	1	1
1996	18	—	—	—	—	—	—	—
1997	9	—	—	—	—	—	—	—
1998	4	—	—	—	—	—	—	—
1999	1	1	1	1	1	1	—	—
2000	1	1	1	1	1	1	—	—

续表 4—1

年份	受案数		立案数		立案处理情况			
					起诉		免诉	
	件	人	件	人	件	人	件	人
2001	2	2	2	2	—	—	—	—
2002	2	2	2	2	—	—	—	—
2003	2	2	2	2	2	2	—	—
2004	2	2	2	2	—	—	—	—
2005	1	1	1	1	1	1	—	—
2006	1	1	1	1	1	1	—	—
2007	3	3	3	3	3	3	—	—
2008	6	6	6	6	4	4	—	—
2009	2	4	2	4	4	6	—	—
2010	2	4	2	4	2	4	—	—
2011	6	6	6	6	5	5	—	—

第五章　监所检察

监所检察是国家法律赋予检察机关的一项重要法律监督职能，是刑事诉讼监督的一个重要组成部分，是检察机关最基本的业务之一。

监所检察工作的任务是：依法对刑罚执行和监管活动实行监督，查办监管人员职务犯罪案件，打击在押人员犯罪活动，维护监管场所的稳定，保护被监管人员合法权益，保障国家法律的统一正确实施。

监所检察工作的重点是刑罚执行监督。监督的主要对象是监狱，监督的重点是监管干警徇私舞弊、减刑、假释、暂予监外执行等违法犯罪问题。

1955 年以前，县检察院没有开展监所检察工作。

1956 年 7 月，县检察院派员对浙江省第二十一劳改队（海盐国营新民油厂）进行检查，并提出纠正有关管理方面问题的口头建议。

1957 年，县检察院对浙江省第二十一劳改队 5 名重新犯罪分子及时开展侦查，对其中 2 名犯罪分子向县法院起诉，并针对监所、劳改工作中的违法情况及时向有关部门提出纠正建议。

1980 年 3 月，县检察院设立监所检察科，开始承担对看守所和监外执行四种罪犯（管制、缓刑、假释、保外就医）的检察，对监管干警的违法违纪案件进行检察。是年完成了案件复查纠正工作。

1981 年 11 月，县检察院在安吉召开的全区第一次监所检察工作会议上作监所检察工作经验介绍。

2001 年 12 月 30 日，县检察院根据《浙江省人民检察机关派驻监管场所检察室规范化建设标准》的通知精神，成立驻看守所检察室规范化建设达标工作领导小组。

2002 年，县检察院继续抓好派驻检察室达标工作，制定了检察官接待日制度，将每月 5 日、25 日的看守所在押人员会见家属日作为检察官接待日，接待并及时答复在押人员家属提出的疑问，受理控告和申诉等。同时重视加强宣传，联系县电视台作了相关新闻报道。

2004 年，县检察院驻所检察室与县看守所联合制定了检察官约见制度，规定对于在押人员要求约见检察官的，看守所管教民警要及时告知驻所检察官，检察官应满足他们的要求，与他们谈话，解答相关问题。6 月 10 日，县检察院和县公安局联合印发《海盐县人民检察院、海盐县公安局关于开展“加强监管执法、加强法律监督、保障刑事诉讼顺利进行、保障在押人员合法权益示范单位”创建活动的实施方案》，围绕“严格执法程序，保障在押人员合法权益”这一核心，驻所检察室会同县看守所召开联席会议，研究制订创建方案，并同县看守所一起向相关单位和在押人员家属发出征求意见表，广泛征求对看守所执法、服务等工作的意见建议。驻所检察室按照活动的要求对县看守所收押、释放、羁押期限、交付执行、留所服刑、生产场所、食堂进行检察。10 月 8 日，县检察院监所检察科开始负责监管场所发生的贪污贿赂、渎职侵权等案件的侦查工作。是年，县检察院驻所检察室被最高人民检察院授予“二级规范化检察室”称号。

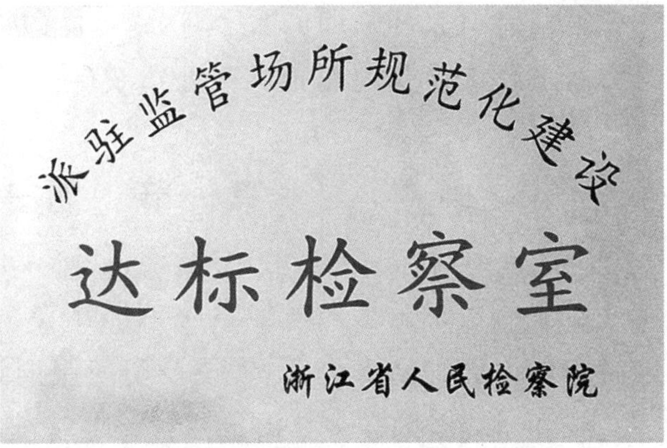

2003 年 11 月，海盐县人民检察院驻看守所检察室规范化建设达标

2006 年 8 月，县检察院驻所检察室与县看守所联合制定《保障在押人员权益告知制度》。

2009 年，县检察院与县公安局分别成立县看守所专项检查活动领导小组，联合制订《海盐县看守所监管执法专项检查活动方案》，自 4 月 25 日至 9 月 20 日在县看守所开展监管执法专项检查活动。

2010 年 8 月，县检察院开展看守所安全管理大检查活动。年内，县检察院驻看守所检察室被最高人民检察院授予第三届“二级规范化检察室”称号。

2011 年，县检察院实行重大“节假日”值班制度，对在押人员的出所、入所、变更、换押等法律手续是否齐全进行监督，对看守所提请减刑报告和法院的减刑裁定逐件审查，对看守所械具使用、禁闭施行情况开展专项检察活动，参加县看守所狱情分析会和减刑例会12次。6月初，县检察院驻监所检察室办理了一起看守所工作人员帮助罪犯逃避处罚案件。

第一节　看守所检察

看守所检察是指人民检察院依照法律规定对公安机关看守所所羁押、监管因触犯刑律而被刑事拘留、逮捕及留所服刑人员的活动是否合法，实行监督。

看守所检察的任务是通过检察看守所执行有关法律和政策的情况，纠正违法，保障依法羁押人犯；保障羁押人犯的合法权利；打击羁押人犯的违法犯罪活动，保障看守所的安全，以利于侦查、起诉、审判、执行工作的顺利进行，准确、及时、合法地追究和惩罚犯罪。

1956年，县检察院监所检察工作没有全面开展。

1957年1月，县检察院对县公安局1956年度拘留在押犯情况进行检查。经检查发现拘留手续不严、扩大拘留范围和超过法定时间等违法现象严重存在，遂提出纠正意见。

1962年第二季度，县检察院会同县公安局、县法院开展监所在押人犯积压清理工作，清理工作持续三个月，先后清理在押犯75人。

1963年，县检察院会同兄弟单位对监所进行检查和清理，对于该捕该判的及时批捕起诉、该放的及时释放，对发现错误拘留的2名人员作了纠正。年内共清查处理在押人犯118人。针对检查中发现的工作上、制度上存在的问题，共同研究分别加以解决。全年未发生意外事故和非正常死亡。是年12月25日，县检察院会同县法院、县公安局、县民警队等部门对监所进行了一次大检查。重点检查在押犯认罪服法的表现、政策制度贯彻执行情况、生活疾病、和平麻痹松懈情绪四个方面。通过检查发现，监所管教制度严格，执行政策有力，不服改造的嚣张气焰得到了控制，但也存在出现浮肿病(在16名留监在押人犯中，有7名患不同程度浮肿初期症状)、监所管教中有麻痹松懈情绪、在押人犯处理不够抓紧三个方面的问题。

1967年后，县检察院看守所检察工作中断。

1979年2月，县检察院重新开展监所检察工作，年内会同县公安局对看守所进行三次检查，发现看守所监房狭小，通风较差，行政拘留室与逮捕监房仅一墙之隔，可互相通气；看守所监房紧靠企业职工家属宿舍，不利保密。针对上述问题，遂提出改进意见。年内共清理逮捕的在押犯 24 人，刑事拘留 22 人。

1980 年年初，县检察院抽调专人负责会同县公安局预审股、县看守所对监所开展检查，清理了 1979 年年底以前的 20 名历年在押犯。是年 3 月，县检察院监所检察科成立，定期对监所进行检察。

1981 年，县检察院会同县公安局、县武装民警中队对看守所进行 23 次检察，向人犯上大课 3 次，进行形势、法制、前途、监规教育。全年召开三次联席会议，研究管教措施，统一思想认识，促进了管教工作的展开。

1982 年至 1983 年，县检察院配合“严打”斗争加强监所检察工作，协同县公安局共同做好看守所工作。县检察院监所检察工作基本做到经常化、制度化。两年内对看守所检察 310 次，全面检查监房 17 次，配合看守所找在押犯谈话 165 次，上大课和宣传法制 19 次，会同县看守所、县武装民警中队召开联席会议 18 次。1983 年县检察院办理 6 名罪犯越狱脱逃案，有效打击了重新犯罪，维护了监管秩序，促进罪犯认罪服法和接受改造。同年，配合兄弟部门加强在押人员教育，进行政策攻心，开展揭发犯罪活动，5 名在押人员交代余罪 13 起，21 名在押人员揭发各种案件线索 75 起。

1984 年，时值“严打”斗争，针对县看守所在押人员大量增加的情况，县检察院加强防范，完善健全规章制度，严格执法，确保安全。全年监所检察人员配合县公安局参与日夜值班，巡视监房，召开联席会议 6 次，配合有关部门上法制课 13 次，个别教育 105 人次，有 131 名在押人员坦白或检举各种犯罪线索 178 件，其中属“七类”重大线索 28 条，有 39 人补充交代各种问题 91 个。全年对县看守所（收审站）检察 238 次，没有发生非法羁押的情况，也没有发生自杀、逃跑、传染病、食物中毒等既遂事故。

1985 年，县检察院对县看守所自 1984 年以来执行法律政策情况进行了一次规模较大的检察，对是否依法羁押、释放，是否严格执行刑事判决、裁定，监管干警是否严格执法等进行重点检察。县检察院继续开展对在押人员的法制教育，全年上大课 10 次，个别谈话 72 人次，配合召开即将刑满释放人员座谈会 7 次。通过各种形式的教育，共收到在押犯补充坦白材料 17 件，21 人揭发检举线索 72 条。全年会同县看守所、县武警中队召开联席会议 6 次，监房大检查 7 次，发现和防止自杀、逃跑等事故苗头 6 人次。针对一犯罪嫌疑人因在法庭庭审时翻供而休庭的情况，监所检察人员立即开展调查了解情况，经过教育，犯罪嫌疑人承认了犯罪事实，县法院重新开庭并判处其有期徒刑6年。

1988年，县检察院坚持打、改、防、教相结合方针，上半年对县看守所72名在押人员的羁押期进行了检察，全年共驻看守所一般检察237天，参与安全防范检察38次。加强节假日的安全检察，配合县公安局采取措施，防止发生逃跑、自杀事故3人次，对在押犯上大课7次，个别谈话教育112人次，动员在押人员家属规劝7人次，请表现好的刑满释放人员进行现身说教1次，对在押人员开展政治攻势2次，有5人补充交代余罪10条，有26人揭发违法犯罪线索74条，其中有45条转有关部门查证并案处理，1人被依法逮捕。

1989年7月，经市检察院检察评议，县检察院监所检察工作被评为合格。是年，县检察院驻所检察287天，安全检察70次，参与搜监6次，发现逃跑等重大事故苗头4起。全市"11·21"集中收捕经济犯罪统一行动以后，县检察院监所检察科人员于12月21日晚上向在押的118人展开政治攻势，结合运用一贪污犯检举揭发有功被减刑2年和一盗窃犯隐瞒盗窃犯罪事实被加处3年有期徒刑的案例，敦促在押人员认清形势，彻底坦白，积极检举。11月23日，一在押人员检举揭发县某厂一供销人员收受彩电的经济违法犯罪经济线索。

1990年，县检察院监所检察工作以继续巩固看守所检察规范化工作为重点，全年驻所检察265天，参与安全防范检察49次，执法检察146人；参与搜监4次，及时发现逃跑未遂事件1起4人，办理在押人员重新犯罪案件2件3人，上法制教育课5次，个别谈话教育104人次，动员在押人员家属规劝17人次，受教育在押人员634人次。经教育，13个在押人员检举刑事、经济等各类违法犯罪线索。是年6月下旬，县检察院逐一对上年判决裁定生效后留所服刑的99名罪犯从是否及时投劳交付执行、法律文书及其手续是否合法完备、有无应投监未投监而违法留所服刑等方面进行了一次全面的执法检查，检查中未发现不规范现象。

1991年，县检察院驻所检察工作取得新的进展：坚持驻所检察办公制度，驻所检察月平均21天多，安全检察78人次，参与收监2次，参加联席会议4次，提出安全防范建议9次。加强了执法情况的检查，坚持每日检查收押、释放在押犯及判决、裁定执行情况，对101名在押犯执行情况检察中发现有2名超期羁押的人犯，及时向上级检察机关汇报。配合"两打"斗争开展法制教育，敦促在押犯坦白检举，有24名在押犯坦白余罪和检举犯罪线索36件（其中检举贪污贿赂犯罪线索3件）。加强了节假日的监所安全检察，保证了节假日等重要时期的监所安全。是年2月25日至26日，看守所发生个别武警战士连续进监房殴打在押犯的严重违法事件，县武警中队根据县检察院建议，对有关责任人员进行了批评教育。县看守所亦从中吸取教训，加强对监房钥匙、电警棍的管理等，防止类似事件的发生。

1993年，县检察院配合“三打一禁”斗争，加强监管场所安全防范检察，开展对监管人员向被监管人员及其家属乱收费问题的专项检察。全年配合县看守所安全防范检察203次，给在押犯上法制教育课8次，个别谈话教育277人次，提出安全防范建议17件，发现违法混管混押105人次，及时向有关单位提出了检察建议。配合“三打一禁”斗争，协助清理监房，加强对在押人犯的政治攻势，号召在押人犯坦白交代余罪，检举揭发违法犯罪线索，动员在押犯家属规劝41人次，教育在押犯1196人次，在押犯坦白交代余罪1件1人，检举违法犯罪线索5件5人，有7人被依法减刑。

1995年，县检察院监所检察工作继续坚持经常化、制度化、规范化的要求，全年共驻所检察262天，参与安全执法检察276余次，发现事故隐患、提出安全防范建议6次，发现混管混押225人次，超期羁押3人，均及时向有关部门和上级检察院作了汇报。是年，县检察院紧紧围绕查办贪污贿赂等大案要案这一检察重点，加大对看守所在押经济案犯的检察力度。在一次清监行动中，发现一名重大贪污受贿犯携带明信片和纸条，企图通过投监的同监犯带出串供，有效地防止了一起串供事件的发生。另外，一名在押盗窃犯主动向检察干警揭发他人重大盗窃犯罪线索，其揭发的犯罪线索被公安部门迅速查实。11月30日，县检察院在县看守所召开政策兑现大会，对检举有功的犯罪人员依法从轻处理，决定对其免予起诉。

1998年5月，县检察院驻看守所检察室正式挂牌成立，并开展对看守所羁押的未决犯罪嫌疑人超期羁押的专项检察，开展对自1995年1月至1998年6月判决生效的犯贪污贿赂等经济犯罪刑罚执行情况的专项检察。全年共提出检察建议7次（其中书面1次），找在押人员谈心教育240人次，发现并配合侦查部门查处了犯罪嫌疑人通过“喊笼”、捎信等手段企图串供、翻供以逃避法律制裁的事件，保证了侦查工作的顺利进行。同时，对余刑一年以上留所服刑的罪犯进行专项检察,查处了一起徇私舞弊案。

2000年,县检察院监所检察进一步加大对看守所留所服刑犯减刑、假释工作监督力度,变事后监督为事前监督。全年先后对10个拟报减刑对象均做到事前监督。加强对监管执法活动监督,纠正超期羁押1件1人,对年内判决生效后余刑一年以上投监的罪犯137人均能在一个月内投监执行。在安全防范检察中,严格依法办事,全年共驻所检察227天,参加联席会议12次,参与监督安全检察14次,对在押人员上大课2次,单独找在押人员个别谈话教育247人次。是年5月4日,针对劳动时发现生产单位发来的纸箱内有双面刀片的情况,监所检察人员及时建议停止生产,对监内全面进行人身物品的搜查,查明刀片来源,清理刀片10片,有效地清除了事故隐患,确保了监内安全。

2001年3月19日,县检察院与县法院、县公安局联合制定《羁押犯罪嫌疑人、被告人实行换押制度和规范提讯、提押的有关规定》。年内,检查中发现四川省古蔺县公安局寄押的罗某、代某于2000年12月14日刑拘后,既没有延长通知书,也没有宣布执行逮捕,遂以县检察院名义向四川省古蔺县公安局依法发出书面纠正违法通知书,并得到纠正。年内,一在押人员提出申诉,称县公安局宣布对其监视居住的5天时间没有折抵刑期。县检察院驻看守所检察室干警查证属实,建议县公安局向县法院提出纠正意见,并得到及时落实。县法院对该犯作出刑事裁定书,折抵监视居住期间的刑期。是年正值严打整治斗争,针对在押人员骤增、重刑犯多、监舍少、同案犯多、监情复杂的特点,县检察院驻看守所检察室会同县看守所、县武警中队每月召开联席会议,重点分析监情和需要解决的问题。全年参与县看守所安全大检查24次,会同看守所对在押犯上大课3次,找人犯个别谈话教育240人次,48名在押人员坦白和检举犯罪线索51条。

2002年,县检察院驻看守所检察室在检查中发现一刑拘人员未满15周岁收押,当即与办案部门联系予以纠正。在对县检察院提起公诉的被告人项某一审期限检查中发现,县法院迟迟不审判,在监管部门多次催办未果的情况下,遂向县法院提出抓紧审理的建议,得到了采纳。加强安全防范检察,每月参加县看守所召开的联席会议和列席所务会议,参加县看守所安全大检查24次,对检查中发现的情况及时向县看守所提出口头建议4次。全年会同县看守所对在押犯上大课4次,单独谈话教育380人次,共有4名在押犯提供犯罪线索6条,转交有关部门处理。对县看守所拟报减刑7名、呈报减刑和市中院裁定减刑5

名罪犯进行检查，其中2名罪犯减刑不当，及时向县看守所提出口头建议并得到纠正。

2003年，县检察院驻看守所检察室对县看守所预防“非典”工作进行专项检察，与县看守所联合印发《关于严防“非典”工作的临时性通知》，并转发各相关部门和办案单位。是年5月20日夜，县看守所发生一起在押人员3人脱逃未遂事件，县检察院在24小时内及时向上级监所检察部门进行汇报，并向县看守所发出检察建议，督促加强和改进安全防范措施。年内，县检察院会同县看守所、县武警中队每月召开联席会议，分析监情和存在问题，商讨解决办法，全年共参与县看守所安全大检查24次，对在押人犯上大课教育4次，谈话教育367人次。是年，县检察院驻看守所检察室办理了一起留所服刑人员故意伤害案件，后经审查起诉，被以犯故意伤害罪加刑1年。

2008年3月19日，县检察院和县看守所联合开展一次预防职务犯罪的教育活动，县检察院预防局为县看守所全体监管干警、协警上了一堂题为《积极防范监管领域职务犯罪，保障刑事诉讼顺利进行》的预防课。是年，县看守所在押犯从电视、广播节目中得知5月12日四川汶川发生8级大地震后，主动要求为灾区群众捐款。县检察院监所科和县看守所互相配合，确保在押犯自发组织的爱心捐款活动安全、有序进行，在押犯共捐款7845元。县检察院监所检察科干警对看守所内关押的四川籍案犯进行摸底、核对，并一一安排四川籍在押犯与家人进行亲情联线，86名四川籍在押犯都与家人取得了联系。是年，县检察院建立“重点案件跟踪监督催办制度”，对重点案件的督办，对拘留、逮捕、起诉、一审、二审等各个环节进行跟踪监督，及时提醒办案人员在法定期限内结案或及时办理延长手续，使得预防纠正超期羁押工作更具规范性。同时加强法律文书的审查，发现判决错误、裁定和刑期计算错误4件，及时向县法院提出纠正建议，均得到了及时纠正。

2009年，县检察院坚持节假日值班制度，参与节假日安全大检查3次。是年7月11日夜，县看守所发生该所历史上第一起在押人员非正常死亡事件（简称“7·11”事件）。在押盗窃犯罪嫌疑人张某在监舍内突然攀爬至监室窗户栅栏的顶部并往下跳落，导致头部着地而受伤，后送医救治无效死亡。县检察院接到县公安局对该事件的通报之后，迅速向检察长和上级检察院汇报。7月2日凌晨，分管副检察长带队赴看守所了解情况，并调取了事发时监室内的监控录像。

当天上午，县检察院立即启动突发事件应急预案，抽调十名办案骨干成立调查组开展调查，调阅全部案卷材料，分别对县看守所领导、值班民警和同监室12名人员进行询问，观看监控录像、进行现场勘察、走访医务人员、调查病历资料和抢救记录，针对事发后施救情况进行调查。同时，委托司法鉴定，针对张某的死亡原因进行调查，并受家属委托，对张某的尸体进行解剖鉴定。经过30个小时的连续工作，全面核实，缜密分析，于7月13日得出初步结论。县检察院认为：张某有重大盗窃作案嫌疑。县公安局在侦办张某涉嫌盗窃犯罪一案中，程序合法、行为规范。事发当时，县看守所监管秩序正常、稳定；事发后，县看守所反应迅速，对张某抢救及时。张某系因攀高后自行跳落坠地受伤，经抢救无效而死亡。其攀高跳落系个人行为，不排除其为逃避羁押而自残的可能性。7月13日下午，死者张某家属为向相关部门施加压力，自行联系了某电视台。面对媒体采访的要求，县检察院采取积极主动姿态，争取媒体支持。分管副检察长代表调查部门率先接受采访，向媒体介绍了检察机关的调查情况，并披露已查证的基本事实。14日，县委宣传部召开新闻发布会，通报了事件调查的初步结论，并向媒体公布了事件最为关键的三点：公安机关办理张某涉嫌盗窃案件程序合法；张某所在监室监管正常有序；事件发生后看守所组织抢救及时。当天，这一通报迅速在各媒体，特别是网络上传播，使谣言和充斥主观臆断的网络帖子不攻自破，起到明事理、正视听的良好效果。随后，“7·11”事件不再为媒体追踪，迅速淡出公众视野。

2010年，县检察院对县看守所呈报减刑的在押人员50人逐件审查，并深入监区找在押人员了解情况。经审查发现县看守所呈报的减刑人员中有11名程序不符合规定，3人不符合减刑条件，5人减刑幅度作出调整，另有9人经审查符合条件而未被呈报减刑。驻所检察室及时向县看守所提出检察建议获采纳。全年驻看守所检察室对县看守所监管活动中违法情形提出书面监督意见并纠正的有18件。

2011年，县检察院全年驻所检察260天，对县看守所提请呈报减刑的84人在押人员做到逐件审查。经审查发现有3件不符合减刑条件，另发现在押人员2人符合减刑条件，建议县看守所提请呈报。是年6月，县检察院立案查处一起县看守所民警帮助罪犯逃避处罚案件，后被县法院依法判处有期徒刑1年，缓刑一年6个月。

表 5—1　　　　1981—2011 年海盐县监所检察情况表

单位：人

年度	驻所检察									五种罪犯	
	驻所时间	上大课	个别谈话	检查监所	防止重大事故	安全检察	动员在押犯家属规劝	参加联席会议	安全建议	检察对象人数	改进措施
1981	—	3	—	23	—	—	—	3	—	—	—
1982	—	9	70	130	—	—	—	8	—	—	—
1983	—	10	95	180	—	—	—	10	—	—	—
1984	—	13	105	225	—	13	—	6	—	2	—
1985	—	10	72	55	—	—	—	6	—	35	—
1986	346	7	122	7	1	4	—	11	—	47	18
1987	412	—	88	8	3	—	—	—	—	23	—
1988	237	7	112	4	3	38	7	3	—	41	—
1989	287	—	—	6	4	70	6	—	—	39	17
1990	265	5	104	4	1	49	17	—	—	46	27
1991	252	7	125	2	—	78	49	4	9	71	—
1992	258	—	—	6	—	98	—	8	9	51	—
1993	279	8	277	—	—	203	—	—	17	103	16
1994	261	10	147	—	—	284	—	—	10	52	20
1995	262	—	—	—	—	276	—	—	6	—	—
1996	318	7	805	14	4	—	105	—	12	—	—
1997	—	—	245	4	—	—	—	—	5	—	—
1998	—	—	240	—	—	—	—	—	7	—	—
1999	256	4	237	12	—	12	—	12	4	87	—
2000	227	2	247	12	—	14	—	12	4	35	—
2001	242	3	240	12	—	24	—	12	13	17	—
2002	246	4	380	12	—	24	—	12	16	15	—
2003	249	4	367	12	2	24	—	12	15	18	—

续表 5—1

年度	驻所检察									五种罪犯	
	驻所时间	上大课	个别谈话	检查监所	防止重大事故	安全检察	动员在押犯家属规劝	参加联席会议	安全建议	检察对象人数	改进措施
2004	270	4	370	12	—	24	—	12	12	15	—
2005	261	4	372	12	—	24	—	12	14	17	—
2006	268	3	—	12	—	12	—	12	—	183	—
2007	235	1	105	12	15	12	—	12	15	266	—
2008	255	2	98	12	18	12	—	12	8	261	2
2009	245	1	110	12	1	12	—	12	7	249	3
2010	250	1	112	18	18	12	12	18	244	2	—
2011	260	2	120	16	20	12	—	12	16	217	5
备注	1.1990 年立案监内重新犯罪 2 件 3 人； 2.1999 年立案监内重新犯罪 1 件 1 人； 3.2003 年立案监内重新犯罪 1 件 1 人； 4.2005 年立案监内重新犯罪 1 件 1 人。										

第二节　对监外执行罪犯的检察

对被判处管制，剥夺政治权利，缓刑、假释暂予监外执行的罪犯的执行情况进行监督是监所检察的又一职责。

检察机关重建后，根据法律规定，在切实加强对监管改造场所活动监督的同时，对社会上执行法院刑事判决、裁定的情况也进行了监督，即对在社会上被判处管制、剥夺政治权利的罪犯（包括徒刑期满后执行剥夺政治权利的罪犯），被判处徒刑、拘役宣告缓刑的罪犯，被判处暂予监外执行（包括保外就医）的罪犯进行监督。其内容同对监管场所的监督一样，一方面监督主管单位执行政策法律的情况，另一方面考察罪犯是否认罪服法，遵纪守法，接受改造。

1981 年，县检察院开始对监外执行罪犯监管工作的检察。

1982年5月，县检察院集中力量对基本处于放任自流、无监管考察措施的16名“四种罪犯”监外执行进行检察，主要检察判决、裁定是否合法，监管措施是否落实，执行改造政策是否正确，罪犯改造表现的好坏。

1984年，县检察院继续加强对监外执行“四种罪犯”监督考察工作。是年11月上旬，组织6名干警分武原、沈荡、澉浦三片，对“四种罪犯”进行检察，发现部分监外执行罪犯档案不全、执行手续不完备、个别执行单位执法不严肃等，督促和帮助执行单位落实监管措施监管考察措施31名，办理解除管制3名。

1986年，县检察院按规定将剥夺政治权利的罪犯纳入监外执行的范围，监外执行“四种罪犯”改称“五种罪犯”。是年，县检察院以1986年度期满的罪犯17人作为重点考察对象，对这部分罪犯的思想状况、遵纪守法及工作、生活情况进行考察，经考察表现好的和比较好的有40人，表现较差的有3人，发现监管组织不落实或名存实亡的问题比较突出，遂与当地派出所和有关单位配合，帮助落实监管组织9个，对9个一时难落实监管组织的人犯落实了监管人员。

1987年6月上旬，县检察院与县公安局、县法院、县司法局组成联合考察组，对分布在全县11个乡镇、4个企事业单位的“五种罪犯”23人进行全面考察。考察中做到“五查五看”：查档案，看法律手续是否完备；查依法委托的基层监督组织，看监管组织和措施是否落实；查保外就医，看条件消失的罪犯是否收监；查监管考察制度，看有无违反法律政策；查罪犯改造情况，看现实表现。考察发现，23名“五种罪犯”(其中：判处徒刑缓刑14人，监外执行7人、假释2人)中表现较好的有12人，占52.2%；表现一般的有10人，占43.5%；表现差的有1人，占4.3%，未发现重新犯罪情况。考察还发现，建立组织落实具体措施的有8人，建立组织没有具体措施的有6人，无监督组织、措施不落实的有9人。

1989年，县检察院与公、法、司联合对全县监外执行犯进行全面清理整顿，对全县39名监外执行犯中的17人进一步落实监管措施。

1991年，县检察院明确对监外罪犯检察工作职责、任务、原则、业务登记以及提出检察建议范围，对全县监外罪犯进行了一次全面检察，对保外就医的罪犯4人进行一次专项检察，依法对2人保外就医一年以上需要继续保外就医的罪犯，建议监管部门办理继续保外就医手续。

1993年，县检察院会同有关部门，有重点地对部分监外罪犯进行检查，检查发现法律文书不全的有12人，监管措施不落实的有3人，脱管1人，针对发现的问题，及时督促有关部门加以纠正落实。

1995 年，县检察院在开展监外执行检察工作中，重点抓监外执行中出现的违法问题。是年 3 月，县检察院监所检察科会同县看守所在对一起保外就医罪犯回访检查中发现，该保外就医罪犯没有遵守规定，擅自外出经商。经县检察院监所检察科建议，有关部门对该罪犯的病情作了全面检查，确定其所患疾病已经痊愈，不符合保外就医条件。5 月 13 日，该犯被依法收监。

1996 年至 1997 年，县检察院对监外执行罪犯逐个建立档案，并重点对保外就医进行了专项检察。1997 年，经县检察院建议，1 名不符合保外就医条件的服刑犯被收回看守所服刑。

1999 年，县检察院开展了对罪犯减刑、假释裁定的专项检察，共考察监外执行人犯 87 人次，发现有 2 名脱管对象。

2001 年，县检察院对监外执行罪犯的底数和严打开展以来有关情况进行专项检察两次，对 1 名暂予监外执行罪犯届满前会同看守所进行考察。

2003 年，县检察院对暂予监外执行罪犯进行专项检察，针对存在问题，向相关的监狱、派出所等监管执行机关提出检察建议 3 份，对 2 名看守所呈报的暂予监外执行罪犯，期限届满前进行延长期限考察监督。

2004 年，县检察院和县公安局成立减刑、假释、保外就医专项检查活动联合领导小组，制定具体实施方案，对 2002 年以来县看守所 33 名留所服刑人员的提请减刑案件，4 名保外就医（暂予监外执行）和县法院裁定的 7 名暂予监外执行人员案件进行了专项检察，检查中没有发现徇私舞弊、弄虚作假的情况。

2007 年 10 月，县检察院与县综治办、县法院、县公安局、县司法局联合制定印发《海盐县开展核查纠正监外执行罪犯脱管、漏管专项行动实施意见》，成立专项行动领导小组，下设办公室，办公室设在县检察院，全面检查 2004 年 7 月 1 日起至 2007 年 6 月 30 日止被判处管制、剥夺政治权利、宣告缓刑、裁定假释、决定（批准）暂予监外执行的监外执行罪犯的交付执行和监督管理情况，通过核对、抽查、走访、查阅档案和登记册等多种形式，及时掌握监外执行罪犯的底数。县检察院监所检察科会同县政法委综治办、公安局治安大队深入到 8 个基层派出所，针对专项行动中发现的脱管、漏管罪犯，逐个查找脱管、漏管的原因，提出落实整改意见，并向相关单位发出书面检察建议 4 份，均得到落实。一名暂予监外执行罪犯没有到辖区派出所报到，辖区派出所向海宁市人民法院发出建议收监执行函，但海宁市人民法院没有对其作出收监的决定。针对这一情况，县检察院发出检察建议，海宁市人民法院依法作出对其收监决定。

2008 年 1 月，县检察院着力抓好核查纠正监外执行罪犯脱管、漏管的长效机制，对上年专项检察中发现的问题，深入到 8 个基层派出所对脱管漏管罪犯落实情况进行回访，向省外 6 个相关单位发出检察建议 8 份，向本县有关单位发出书面建议 4 份。是年，县检察院共发出检察建议 23 份均被采纳落实，纠正监外执行漏管 15 人。是年 6 月，县法院、县检察院、县公安局、县司法局、县人事局、县财政局联合印发《海盐县社区矫正工作实施方案》，确保全县社区矫正工作顺利进行。

2009 年，县检察院监所检察科会同县司法局矫正科进行联合执法检察，对全县 8 个镇和 1 个开发区的社区矫正情况进行 2 次执法检查。在检查中发现 3 个监外执行罪犯执行条件消失，建议县公安局向县法院提出收监执行建议；对 2 名暂予监外执行罪犯与县看守所联合进行考察，办理续保手续；对 2 名罪犯未到执行地报到存在脱管、漏管情况，书面建议相关职能部门落实监管措施。

2010 年，县检察院会同县法院、县公安局、县司法局开展 3 次联合执法，共对社区服刑人员中的违规等情况提出书面建议 121 人(次)。县检察院监所检察科会同县矫正办组织部分社区服刑人员到县看守所参观接受教育，并为社区服刑人员集中上法制课。

2011 年，县检察院会同县法院、县公安局、县司法局对社区服刑人员进行 2 次全面核查，对于 3 个不符合条件的社区服刑人员建议收监执行原判刑罚。县检察院会同县公安局看守所、县司法局对暂予监外执行罪犯考验期满的进行回访考察，对 2 名暂予监外执行罪犯是否符合续保条件进行医学鉴定。

第六章　控告申诉检察和刑事赔偿

控告申诉检察是检察机关依照中国宪法和有关法律的规定，由控告申诉检察部门通过受理公民或者其他社会成员涉及刑事问题的检举、控告和申诉案件，以及自首案件进行分流处理或初步调查，并从侦查监督、审判监督、刑事诉讼活动监督三个方面行使法律监督职能的检察工作。它是检察机关实行法律监督的组成部分，是依法保障公民行使宪法所赋予的控告、申诉等民主权利的重要手段，是检察机关获取案件线索和信息的重要渠道。检察机关通过对检举、控告、申诉和自首的受理，发现和追究违法犯罪，纠正冤、假、错案，维护社会主义法制，保护公民的合法权益，保持社会稳定。

控告申诉检察工作的主要任务是：统一受理来信，接待来访，处理涉及刑事问题的检举、控告、申诉和自首；承办分管的控告、申诉案件；结合处理来信来访和办案工作，宣传法制，提供法律咨询，处理矛盾可能激发的控告、申诉，预防犯罪，参与社会治安的综合治理；综合分析信访情况，及时反映信息，提供案件线索。

从1951年9月至1966年，县检察院的控告申诉检察工作没有全面开展，只行使了有限的检察职能。控告申诉检察主要任务是处理人民群众来信来访，简称信访工作。由于检察机构设置的不断调整，检察干部的缺乏，检察机关没有设置专门的信访和控告申诉工作机构，只是设立兼职干部负责处理和接待人民群众的来信来访，并重点受理和查处下列各类案件：受理公民举报、控告反革命和“三反”、“五反”案件；受理严重违法乱纪构成刑事犯罪的案件；受理重大责任事故案件；受理对不服法院判决的申诉案件。上述各类案件或其他案件，虽然由检察机关接待、受理，但直接查处的很少，多数按性质和管辖范围转有关机关归口办理。

1978年，县检察院恢复重建。平反冤假错案是县检察院重建后面临的重要任务，也是人民群众特别是受害者的迫切要求。从1978年起，县检察院收到了大量的群众来信，接待了许多的群众来访，通过调查、复查，平反了一大批冤假错案。

1980年12月，县检察院第一批内设机构设立，信访工作由院办公室和法纪科具体负责。

1981年8月，随着最高人民检察院下发《人民检察院控告申诉工作暂行规定》和省检察院下发《处理来信来访工作细则》，县检察院控告申诉检察逐步走上正轨。

1986年11月，最高人民检察院下发《人民检察院控告申诉检察工作细则（试行）》，《中华人民共和国刑法》《中华人民共和国刑事诉讼法》《人民检察院控告申诉检察工作细则（试行）》相继实施，县检察院控告申诉检察工作走上法制化、规范化的轨道。

1988年10月，县检察院成立经济罪案举报中心，作为受理、查处贪污、受贿等群众举报案件线索的专门机构。举报工作的主要任务是受理公民和机关、团体、企事业单位以及台湾同胞、港澳同胞、海外侨胞、外籍人士对国家机关及其工作人员的违法行为的举报、控告。举报工作遵循五条原则：一是依靠群众，方便群众，实行专门工作与群众路线相结合；二是以事实为根据，以法律为准绳；三是统一管理，归口办理，分级负责；四是严格保密，保护公民合法权益；五是接受社会监督，取信于民。

1989年3月，县检察院设置控告申诉检察科。

1990年，由人民群众、社会团体或单位提出控告的重婚案件由县检察院控告申诉部门办理。

1992年，县检察院开始争创“文明接待室”活动。

1996年，县检察院设立专门“举报接待室”，配备专用电话，做到制度上墙。

2010年6月22日，县检察院在武原街道举办“举报宣传周”活动

2000年4月，县检察院控告申诉接待室被评为省级“文明接

待室”。

2001 年，县检察院制定《关于“人民检察院控告申诉工作首办责任制”的实施办法》，按照“预防为主、教育疏导、依法处理、防止激化”的原则，做好控告申诉工作。

2007 年，县检察院针对首办责任制的执行情况提出整改措施。

2009 年，按照“谁主管，谁负责”和首办责任制的要求，县检察院举报工作做到专人登记，从速办理，年内开通“12309”举报电话。

第一节　受理举报、控告

受理公民举报、控告，是检察机关直接依靠人民群众，同国家工作人员利用职务犯罪作斗争的有效形式。

县检察院成立后，即开展受理公民来信来访等工作。县检察署建立初期，正值中共中央提出“党委领导，全党动员，群众动员”的肃反工作方针时期，当时检察机关的信访工作，主要是受理群众揭发检举反革命分子的来信来访。

1952 年，县检察署在“三反”“五反”运动中，深入群众进行调查了解，收集及处理群众对“三反”“五反”的检举信。是年，在武原镇、沈荡镇设置 7 个举报箱，收到群众控告举报信 1032 件。

1956 年 4 月，县检察院经县委同意在国营农场、海涂先锋队和 200 户以上的高级社发展检察通讯员各 1 名。12 月，在全县 3 个镇、16 个乡先后共发展检察通讯员 36 名，其中中共党员 20 名，共青团员 8 名，群众 8 名。

1957 年第三季度，县检察院接受有关方面告发，对盐官乡农林牧生产合作社某饲养员的贪污行为进行了侦查，并查证其构成犯罪。对狮岭乡（九村）第二高级农业合作社一社员集体盗窃农业生产合作社财产一案进行侦查，查证其构成盗窃犯罪。两案由县检察院向县法院提起公诉，分别被判处有期徒刑 5 年和 3 年。检察通讯员陶某反映的元通乡幸福第二高级社社务委员曾某贪污犯罪，由县检察院侦查后向县法院提起公诉，后曾某被判刑。是年，县检察院共受理信访 88 件，审结 82 件，审结率 93.18%。

1958 年，海盐县建制撤销，县检察院随即撤销，其职能并入海宁县人民检察院。

1961 年 10 月，随海盐县建制恢复，县检察院恢复办公。全年共受理人民群众来信来访 12 件，分别作了自办、转办处理。其中自办 2 件，1 件控告强奸妇女，经查证系通奸案件，交县法院办理；1 件控告大队干部工作作风问题，及时转给公社党委。

1961 年 10 月至 1966 年，县检察院建立健全处理群众来信来访工作制度，完善信访登记、回复、审查制度，领导审批制度，结案报告制度。后受“文化大革命”的影响，检察机关撤销，检察信访停止。

1978 年 7 月，县检察院重建后，检察信访工作有了加强。“文化大革命”结束后，人民群众来信来访日渐增多，信访内容主要有要求平反冤、假、错案的，有检举干部贪污、受贿、侵犯公民人身权利和民主权利的。至 1980 年，共受理信访 207 件。

1981 年，县检察院全年受理信访 161 件，属经济、法纪案件有 25 件，办结 22 件，其中立案侦查 1 件。是年，县检察院建立检察长来访接待日，时间为每月 5 日、25 日两天，由检察长亲自接待来访群众。

1984 年，县检察院全年受理来信来访 66 件，办结 51 件，其中检察机关自办 20 件。

1985 年，县检察院落实全国第二次检察机关信访工作会议和全省信访工作会议精神，积极开展信访工作。至 8 月下旬止，县检察院在全县乡镇系统和单位及县级厂矿中经组织认真推荐，并经县检察院研究决定，在 56 个单位中聘请兼职检察联络员 56 名。

1987 年 1 月，县检察院调整检察长接待日制度，决定每月 15 日为检察长来信来访日，全年共接待 11 天 11 人。重点抓好不服不批准逮捕案件、不起诉案件、免予起诉案件、刑满释放人员不服法院判决和裁定，虽经法院复查仍有错误可能的案件、上级检察机关、检察长交办案件和其他认为需要自己办理的案件等六类信访案件的自查自办，全年自查案件 19 件，为“两打”斗争提供线索。

1988 年 7 月，县检察院在 5 个镇设置“经济罪案举报箱”共 8 只。10 月成立海盐县人民检察院“经济罪案举报站”，设置举报电话。11 月 1 日，县检察院根据市检察院、市财税局《关于对检举经济犯罪有功人员奖励的暂行办法》，对 1 名举报有功人员奖励人民币 300 元。

1988 年 8 月，县检察院在武原镇第一次开启举报箱

1988 年 8 月，检察人员在筛选举报信件

1989 年 3 月，县检察院增设海盐县人民检察院控告申诉检察科，与“经济罪案举报站”合署办公，配备专职干部，受理有关人民群众的检举、控告，申诉以及犯罪人自首，行使追究违法犯罪，纠正冤假错案的检察职能。同时，建立接待、受理、转办、初查等一系列工作制度，增设举报箱 12 只，使全县各乡镇都设有举报箱。

1990 年，全县 90 名兼职检察联络员共提供经济、法纪案件线索 38 件，其中经济案件 22 件（贪污 18 件，贿赂 4 件），占 57.9%，经县检察院调查后决定立案侦查 5 件 7 人，分别占年立案侦查总数的 26.3%；提供线索数的 13.2%，万元以上重大案件 1 件。自 1988 年 7 月 1 日设置经济罪案举报箱至 1991 年 9 月 25 日，县检察院共计收到群众控告检举违法犯罪的举报 1196 件，其中首次举报 997 件；重复举报 199 件，通过举报箱举报 319 件，来信举报 646 件，其他方式举报 231 件。

1992 年 1 月，县检察院开展“文明接待室”争创活动，全年共受理群众来信、来访控告、检举违法犯罪 168 件，其中首次举报 133 件，处理 121 件，本院处理 73 件，转其他部门处理 48 件。

1994 年，县检察院举报工作在规范化建设上日臻完善。10 月 1 日，原“海盐县人民检察院经济罪案举报站”更名为“海盐县人民检察院举报中心”。是年，县检察院共受理各类群众举报 300 件，属首次举报 230 件。3 月中旬，海盐县某公司 4 名群众联合举报该公司总经理胡某涉嫌贪污的犯罪线索。县检察院立即组织力量进行侦查，仅用 5 天时间就侦破了胡某利用企业转换经营机制之机，侵吞公款5万余元的贪污案。

1996年9月9日下午，县检察院召开经济罪案举报奖励兑现会，对5起经济犯罪案件举报人兑现奖励政策，经举报人陆某同意对其公开奖励。县检察院自1994年至1996年8月共受理各类举报线索865件，同期依法立案查处的43件经济犯罪案件中，属于人民群众举报的有35件。

1997年，县检察院调整检察长接待日制度，明确每月10日、20日为接待日，正副检察长轮流接待来访群众。全年接待来访共17天次、29件。是年，县检察院就查处的一化工厂员工贪污案件在该厂召开敦促投案自首大会，该厂9名经济违纪违法问题人员先后到县检察院投案自首。同年结合办案广泛开展法制宣传，共编印法制宣传资料1800余份，开展法律咨询活动4次。县检察院设立专用接待室，配备专用举报电话、桌椅茶具等方便群众来访设施。举报室做到制度上墙，把《举报人须知》《举报中心工作人员守则、受案范围》《检察人员纪律》等有关制度挂在墙上以供来访者参阅、监督。

1998年4月14日开始，县检察院开展形式多样的“举报十周年宣传月”活动，在《海盐报》上开展“检察机关受理举报事宜三问”活动的知识解答，组织干警上街开展法律咨询活动，受理群众举报；先后去澉浦、秦山、沈荡、武原等8个乡镇巡回展出15块宣传题板，在现场发放宣传资料共2393份；同时在县电视台进行为期一周的“检务公开”专栏宣传，印发“检务公开”宣传资料2000份；公布检察长来访接待日制度，公开县检察院举报电话，宣传举报工作有关规定和保密纪律，打消群众举报的思想顾虑和担忧。1989年至1998年10年间，共受理群众举报线索2706件，经侦查部门初查，立案侦查150件172人，占县检察院立案总数的83%，接待涉嫌违法犯罪人员投案自首87人次。

1999年7月，县检察院根据省检察院《基层人民检察院文明接待室验收标准》重新制定检察长接待日制度，每月5日、15日、25日为检察长接待日，全年共接待36天，接待来访群众30余人次。是年，县检察院成立举报线索审查协调小组。

2000年，根据最高人民检察院规定，县检察院将每年6月的最后一周定为“举报宣传周”。是年6月26日至30日，县检察院先后在武原镇、百步镇、澉浦镇主要地段巡回设点宣传。县检察院精心制作反贪案例图板共30多块，宣传期间共接待举报、控告5件次，法律咨询20余人次，共发放宣传资料3250余份，接

2009年6月，检察人员送来访者走下县检察院办公大楼台阶

待群众来访举报、申诉3件次。是年，县检察院控告申诉接待室被省检察院评为省级"文明接待室"。

2001年，县检察院共接待群众来电、上门咨询42件71人，全年初查线索17件，结束初查14件，移送反贪局立案侦查5件，追缴案款4.675万元。4月，在"心连心"送法下乡活动中，分别在武原镇、沈荡镇、百步镇等6个乡镇开展现场咨询活动，接受咨询25人次，展出反贪宣传题板15块，发放宣传资料2000余份。在第三次"全国检察机关举报宣传周"活动中，开展"责任重于泰山，依法惩处渎职犯罪"为主题的宣传，现场播放高检院统一制作的《责任重于泰山》宣传片；在全国"12·4"宪法宣传日活动中，上街展出题板9块，发放资料250余份。

2002年4月，县检察院制定《关于"人民检察院控告申诉工作首办责任制"的实施意见》，建立控告申诉工作首办责任制体系，分管检察长为"首办责任制"的主要负责人，职能科室是实施和落实"首办责任制"的具体部门和第一责任单位，首次信访接待人为第一责任人。6月，在第四个"全国检察机关举报宣传周"中，开展以"预防职务犯罪、大家来参与"主题宣传活动，在武原镇、澉浦镇设点开展举报宣传咨询活动，展出宣传题板12块，接待群众20余人次，发放宣传资料500余份；在全国宪法宣传日活动中，参加县统一组织的上街宣传活动，接受群众咨询6人次，发放资料150余份。年内，共接待群众来电、上门咨询45件52人。举报中心开展初查线索18件，年内查结15件，移送反贪局立案侦查2件。年内，对2001年度受理的举报线索、刑事申诉和刑事赔偿案件、上级交办案件进行专项清理。

2003年6月，县检察院全年共发放宣传资料220余份，接受群众法律咨询62件83人。年内初查线索13件，结束初查12件，移送反贪局立案侦查1件。

2004年3月，县检察院对2003年1月至2004年2月间的涉法上访进行全面清理、排查。是年，县检察院参加县统一组织的法制宣传月、打造"平安海盐"

和“12·4”宪法宣传日等大型集中宣传活动，编印宣传资料，组织干警上街宣传解答各类涉检法律问题和相关知识，鼓励群众积极举报渎职等犯罪线索。全年共发放宣传资料1200余份，接待群众法律咨询55件66人。

2005年，县检察院共受理群众举报、控告和申诉54件，接待法律咨询75人次，其中检察长接待日接待50余人次。全年初查举报线索6件，结案6件。

2006年，县检察院共受理各类举报、控告线索70件，接待来访，法律咨询57人次，其中检察长接待日接待46人次。年内对2003年后受理的职务犯罪举报线索进行彻底清理。通过排查，举报中心清理线索154件，反贪污贿赂局清理线索48件，反渎职侵权局清理线索12件，没有发现积压线索。在“举报宣传周”“12·4宪法宣传日”活动期间，开展举报宣传和法律咨询活动，展出宣传题板13块，发放宣传资料300余份。

2007年下半年，县检察院积极响应最高人民检察院“带案下访、定期巡访、有案办案、无案宣传、化解矛盾、维护稳定”的基本要求和工作部署，结合本县实际实施《浙江省检察机关下访巡访工作实施方案》，在下访巡访中积极发挥检察职能，年内独立或会同其他科室初查线索5件，对一名受贿案举报人奖励人民币5000元。

2008年7月26日，检察长李越（左二）在接待来访者

2008年，县检察院对2006年以来受理的职务犯罪举报线索进行彻底清理。通过排查，举报中心清理89件，反贪局清理76件，反渎局清理8件，没有发现积压线索。全年受理群众来访41件次，接待群众法律咨询75人次。在“奥运会”期间，及时做好各项矛盾纠纷排查和信访信息汇报制度，及时梳理和排查涉检信访，总结并按规定及时上报市检察院和县委政法委，确保涉检赴省进京零上访，涉检越级上访得到有效控制。

2009年，县检察院开通“12309”全国检察机关统一举报电话。

2010年6月21日至25日，县检察院开展以“依靠群众、反腐倡廉、服务大局”为主题的举报宣传周活动。22日，在武原镇秦山广场设点开展举报宣传和法律咨

2000 年 1 月,县检察院控告举报接待室被评为“省级文明接待室”

询活动,展出宣传题板 20 块,发放宣传资料 200 余份。6 月 24 日,县检察院对一名实名举报有功人员给予奖励,发放奖金人民币 3000 元。年内先后数次参加县政法委组织的法制宣传和志愿者服务队及“12·4 宪法宣传日”活动。县检察院认真做好文明接待室的动态考核和评比工作。2011 年 2 月,县检察院控告申诉接待室被最高人民检察院评为“文明接待室”。

2011 年,县检察院“举报宣传周”活动在秦山广场设点开展,展出宣传题板 22 块,发放资料 240 余份。6 月 21 日,县检察院检察长李越在海盐新闻网围绕“加强渎职侵权检察工作,促进依法行政与公正执法”主题与广大网友进行在线交流。12 月 4 日,县检察院开展“宪法宣传日”活动,接待群众法律咨询 20 余人,发放宣传资料 100 余份。

表 6—1 1979—2011 年海盐县人民检察院控告申诉检察情况统计表

年份	群众来信	群众来访	来信来访处理情况		
			初查	申诉	自行查办
	件	人次	件	件	件
1979	56	4	—	—	—
1980	86	15	—	52	35
1981	144	17	—	29	54
1982	119	10	—	8	22
1983	79	19	—	6	18
1984	63	3	—	1	21
1985	73	1	—	7	33
1986	98	21	90	—	18

续表 6—1

年　　份	群众来信	群众来访	来信来访处理情况		
			初　　查	申　　诉	自行查办
	件	人次	件	件	件
1987	69	18	59	—	19
1988	220		186	—	90
1989	715		606	2	193
1990	268		260	—	32
1991	228		183	6	88
1992	168		121	2	73
1993	107	19	101	1	60
1994	300		230	—	16
1995	222	80	23	—	—
1996	348		—	—	—
1997	270		31	—	—
1998	234		19	—	—
1999	166		30	4	
2000	160		—	2	—
2001	149		21	—	—
2002	89	19	111	—	47
2003	78	14	71	—	27
2004	63	2	65	5	28
2005	54	75	29	6	15
2006	70	57	17	11	14
2007	25	1	22	10	18
2008	29	41	37	14	25
2009	12	4	16	5	9
2010	14	7	21	12	18
2011	74	77	128	5	26

第二节　刑事申诉与案件复查

刑事申诉是指刑事诉讼中，司法机关在行使职权过程中侵犯公民合法权益，公民向有关国家机关提出申请，请求其重新予以处理的权利和活动。检察机关管辖的申诉是指公民对人民检察院诉讼终结的刑事处理决定以及人民法院已经发生法律效力的刑事判决、裁定（包括刑事附带民事判决、裁定）提出的申诉。认真处理公民申诉案件，适时进行复查，总结经验，纠正错误，是检察机关实施法律监督的内容之一，也是检察机关改进工作作风，提高办案质量的重要措施。

县检察院自1950年成立以来，先后进行过5次规模较大的案件复查。

第一次是1952年6月至次年2月。县检察署在司法改革运动中联系实际，开展批评和自我批评，检查纠正办案中的缺点和错误，通过各种形式，宣传动员人民群众揭发错捕、错放、错判的案件，以及刑讯逼供的旧衙门作风。其间，县检察署复查了地主分子谢某虐待殴打吴某（丫鬟）致死案。复查后认为，原判处谢某徒刑6个月极轻，后改判谢某有期徒刑10年。

第二次复查是1956年。10月下旬县委成立清案五人小组，县公安局、县检察院、县法院抽调人员统一成立清案办公室，办公室设在法院。按照“有反必肃，有错必纠”的方针，对1955年1月至1956年4月期间捕办的反革命案70件，刑事案159件（包括18件未结案），共229件235名进行复查，共查案件151件，占总办案件数的65.94%。通过调查核实，五人小组定案，原判正确的93件，占查案数的61.59%（58件作分别处理）；原判正确量刑稍重需提前释放25件，轻罪重判6件，改判教育释放15件；刑期不动更改部分事实5件，需上报处理5件，继续调查2件。对18件未结案，经过调查、预审、弄清事实，作出处理。1957年4月，组织人员在第一阶段复查的基础上，进行又一次复查工作。根据第一阶段评定的168个案犯中，抽出36件判刑案件为重点，原判4年以下徒刑7件，5年至10年26件，10年以上至死刑、缓刑3件。经调查核实，五人小组评定，原判正确17件，提前释放4件，教育释放3件，减刑2件，报上级法院处理6件，案情复杂，暂时无法查清4件。同时，有重点地处理了1954年12月前捕判案件的申诉案21件，经评定，原判正确的8件，冤案1件，报上级法院处理5件，错案2件，案情复杂，暂时无法查清5件。

第三次复查是1961年至1962年。1962年6月，县委设立五人清积查案领导小组，下设专门办公室，办公室设在县检察院。抽调县公安局、县法院、县检察院干部各1名，具体开展此项工作，重点复查1958年至1961年年底4年间捕办的干部犯罪案件。4年共办理案件1004件，其中管制、缓刑、罚没、剥政、训诫等561件(其中，生产队以上干部70件，企事业单位和其他国家工作人员48件)，判刑443件。是年，共复查434件，发现冤假错案20件，事实不清19件，经复查作平反和改判20件，冤案改判无罪释放13人，错案7人。其中，教育释放3人，不予刑事处分3人，免予刑事处分1人，原判过重改判的9人。

第四次复查是县检察院恢复重建以后。县检察院会同县法院分三步进行全面复查。第一步是1978至1980年，集中精力复查"十年动乱"中所判处的案件，1980年年底基本结束，共复查刑事案件3503件，其中反革命案119件，改判纠正87件，宣告无罪75人，免予刑事处分7人，减轻刑罚10人。普通刑事案件231件，改判纠正17件，其中宣告无罪4人，免予刑事处分7人，减轻刑罚6人。改判案件中属为刘少奇、邓小平受冤鸣不平作"罪状"之一的24件24人均作无罪，平反昭雪。第二步是1980年元旦至1981年5月，对实施"两法"不批准逮捕、不起诉和免予起诉的三类案件进行一次复查。此期间共有三类案件9件11人，其中不批准逮捕4件6人，不起诉1件1人，免予起诉4件4人。上述案件中，县检察院与县公安局持不同意见的有3件4人，其中1件1人县公安局以强奸罪报捕，1件2人县公安局以流氓罪报捕，县检察院分别认定为流氓和流氓行为不批准逮捕；1件1人县公安局以放火罪移送起诉，检察机关认定为故意毁坏财物免予起诉。经过复查回访、集体讨论、逐案审核，作出复查结论，认为全部案件事实清楚，证据确凿，定性准确；不批捕、不起诉和免予起诉的决定无不当。第三步是1983年6月开始，县检察院制定计划，开始免诉案件的复查工作，对新中国成立以后，特别是肃反、审干、反右派、新老"三反""大跃进""四清"等政治运动中由检察机关作出免予起诉决定的政治、刑事案件，不论有无申诉，都进行全面复查。经过摸底，调查出历年免诉人员58人，其中"文化大革命"前45人，县检察院重建后13人，均作复查甄别。第五次是1986年5月至1987年6月中共十三大召开前。1986年10月，县检察院决定由一名副检察长负责，抽调一名干警到办公室先整理需要复查的案件，然后将案件材料分工到人进行复查。"文化大革命"前免诉的历史老案需要复查的共40件42人，其中政治案件31件31人，刑事案件9件11人。至12月下旬复查工作结束,纠正错案4件,纠错人数4人。其余案件均系定性准确,处理恰当,维持原决定。同时,还受理"两劳"人员申诉3件3人。县检察院于1986年6月对海盐县送浙江省第一监狱服刑犯沈某申诉案作了复查,依法按审判监督程序,由县法院撤销原判,改判原定罪名,原判刑期20年改判为10年。通过复查,一批处理不当的案件得到纠正。如武原镇中医颜某多次申诉要求纠正错划本人成分问题,1979年3月,县检察院在县革委会的支持下,与信访办配合,对颜某的申诉进行调查,最后确定颜某本人成分应为自由职业者。

1991年,县检察院受理群众来信来访228件次,申诉案件6件,自行查办88件。4月8日,申诉人吴某因不服县检察院(57)盐检侦字第752号免予起诉决定书提出申诉,县检察院接到申诉书后,先后去海盐县农业银行、嘉兴市解放路派出所、嘉兴市档案馆、海宁市档案馆、湖州市档案馆调查取证,查实申诉人吴某在1939年至1942年参加中统组织"嘉兴县行动委员会党政情报室",为义务情报员,进行情报传递活动。审查后认为,县检察院根据吴某肃反运动中能坦白认罪,作出免予起诉,不追究其刑事责任的决定是正确的。1991年6月20日驳回其申诉。

1999年,县检察院受理群众来信来访166件次,申诉案件4件,自行查办30件。

2008年,县检察院受理群众来信来访70件次,自行查办25件,申诉案件14件。

2010年,县检察院受理群众来信来访21件次,自行查办申诉案件12件。

2011年,县检察院受理群众信访157件,其中来信74件,来访77件134人次,其他形式6件,办理申诉案件6件。县检察院综合运用释法析理、司法救助、困难帮扶等措施,连续7年无涉检进省上访。

第三节　刑事赔偿

刑事赔偿是指行使国家侦查、检察、审判、监狱管理职权的机关及其工作人员在行使职权时侵犯公民、法人和其他组织的合法权益造成损害的,国家予以赔偿的制度。检察机关的刑事赔偿是指各级人民检察院及其工作人员,违法行使职权,侵犯公民、法人和其他组织的合法权益造成损害而由国家给予的赔偿,检察机关代表国家履行赔偿义务。

检察机关刑事赔偿的范围是:(一)检察机关在直接受理立案侦查的案件中,对没有犯罪事实或者没有事实证明有犯罪重大嫌疑的人错误拘留的;(二)检察机关对没有犯罪事实的人错误批准或者决定逮捕的;(三)检察机关工作人员在行使职权时刑讯逼供,以殴打等暴力行为或者唆使他人以殴打等暴力行为造成公民身体伤害或者死亡的;(四)检察人员在行使职权时,违法使用武器、警械造成公民身体伤害或者死亡的;(五)检察机关及其工作人员在行使职权时,违法对财产采取查封、扣押、冻结、追缴等措施的。

1995 年 1 月 1 日,县检察院开始开展刑事赔偿工作。

1995 年上半年,县检察院派员参加了省检察院举办的业务培训,并利用报刊、电视、广播等新闻媒体广泛开展了《中华人民共和国国家赔偿法》的宣传活动。

2005 年,县检察院对李某的投毒赔偿申请要求按照国家赔偿法规定的程序进行重新复查,经过反复的审查,作出赔偿决定。李某以赔偿金太少为由,向市检察院提出申请复议,市检察院作出维持县检察院决定,最终依法赔偿李某人民币 3800 元。

第七章 民事行政检察

1991年,县检察院根据市检察院制定下发的《关于开展民事行政法律监督工作的意见》和《关于行政检察工作的实施意见》,开始受理民事行政诉讼监督案件,开展民事行政检察工作。

随着国家法律建设的不断完善,改革开放的不断深入,经济水平的不断增长,人民群众就民事、行政案件处理向检察机关的申诉日益增多。县检察院对民事行政检察工作日益重视,民事行政检察的办案数量逐年攀升,办案质量不断提高。

第一节 民事诉讼检察

1991年,县检察院的民事诉讼检察工作起步。控申检察部门兼管民事检察诉讼,根据市检察院《关于开展民事行政法律监督工作的意见》,宣传民事诉讼法的有关规定,宣传检察机关在民事诉讼中的职能、地位和作用。是年,县检察院审查处理法院的民事、行政判决书、裁定书32件。

1992年,县检察院与县法院、县公安、县土管、县工商等部门建立民事行政执法联系制度,专访民事行政执法部门39次,收到县法院等单位抄送的民事、行政判决书、裁定书、调解书、处罚决定书166件(次)。

1993年,县检察院积极审查有关单位抄送的民事或行政判决书、裁定书、调解书、处罚决定书等民事行政法律文书42件。

1995年5月,县检察院设置民事行政检察科(简称"民行科"),负责民事行政检察工作,法纪检察科科长兼任民行科科长。

1996年7月,县检察院贯彻市检察院制定的《民事行政检察办案目标责任制》,推动民事行政检察业务开展。是年年底,县检察院民事行政检察科单独设置，对受理的民事诉讼案件申诉线索进行审查和处理。

1997年，县检察院共审查县法院民事、行政判决和裁定书、行政执法部门的处罚决定书517份，受理不服县法院民事行政判决和行政处罚决定的申诉6件、民行案件线索6件、调查2件，其中1件向市检察院提请抗诉。

1998年，县检察院通过新闻媒介、宣传板块、宣传材料、法律咨询等途径，宣传民事行政检察工作性质、地位和作用；在《海盐日报》发表民行检察宣传文章，向社会各界宣传民行检察知识。全年受理各类民事、经济、行政案件8件，办理民行科成立后的第一件民事抗诉案件。

1999年，县检察院受理不服判决的民事、行政申诉案件10件。其中，当事人直接申诉5件，律师、法律工作者代理申诉2件，上级院交办3件，立案审查9件，向市检察院提请抗诉或建议市检察院提请抗诉4件，被采纳3件(其中市检察院向县法院抗诉1件)，向法院发检察建议书1份。

2000年，县检察院受理各类申诉案件25件。其中，当事人直接申诉6件，律师、法律工作者代理申诉12件，上级院交办或转办2件，人大交办2件，自行发现3件。审结23件，其中立案审查8件、经审查提请市检察院抗诉3件、建议市检察院提请抗诉4件、被市检察院采纳5件。县法院再审结2件，均调解改变原判决实体结果。是年抗诉成功的2件案件，均通过审阅判决书发现。在县石泉五金电器厂和县电器工贸公司货款纠纷案中，县检察院通过审阅判决书，发现县法院在认证上可能存在错误，与原告方取得联系，当事人了解检察机关的民行检察职能后，即向县检察院提出了申诉。县检察院查清案件事实，依法向市检察院提请抗诉。县法院经再审查实抗诉内容，主持双方当事人调解改变原判决实体处理结果。县检察院实现抗准率零的突破。县检察院制定确保案件质量制度，对办案程序、办案纪律、公开听证、请示汇报制度等作出明确规定，建立健全专人承办、集体讨论、科长把关、主管副检察长批准、重大疑难案提交检察委员会讨论决定的办案程序。

2001年1月，县检察院民行检察业务部门专访律师事务所和法律服务所46人次。当年办理的7件抗诉案件，律师、法律工作者提供线索的占5件。全年受理各类民事、行政申诉案件17件，立案审查11件，经审查提出抗诉7件，县法院再审改判1件。其中，县金腾制衣厂与县武原信用合作社总值80余万元的借款合同担保纠纷案，经县检察院立案审查，认为两级法院判决有错。县检察院依法向上级检察机关提请抗诉。经省检察院抗诉，市法院经再审认定：检察机关的抗诉理由成立，依法应予支持。经市法院审判委员会讨论决定，以（2000）嘉经再终字第15号民事判决书作出终审判决，依法撤销县法院（1998）盐经初字第112号民事判决书和市中级法院（1998）嘉经终字第236号民事判决书，驳回一审原告县武原信用合作社的诉讼请求。县检察院民事行政检察工作实现改判率的零突破。该案被收入《浙江省民事行政抗诉案例研究》一书。

2002年，县检察院共受理各类申诉案件16件，立案审查14件，提出抗诉意见8件，年内再审案件法院调解结案2件，改变原实体判决结果。

2003年，县检察院共受理各类申诉案件20件，立案审查13件，经审查提请市检察院抗诉5件，建议市检察院提请省检察院抗诉7件。县检察院促成当事人和解1件，抗诉案件法院再审后改判1件，调解结案1件。在办案过程中积极创新工作方式，注重办案效果与社会效果的有机统一。顾某1996年向杨某借款人民币2.5万元，因顾某一直未还借款，杨某向县法院起诉，要求归还欠款并支付利息。县法院经审理认为，两者借贷关系成立，顾应归还2.5万元借款，但对支付利息的请求不予支持。杨某不服，提起申诉。县检察院经审查后，向市检察院提请抗诉，在县法院再审，后经县法院调解结案。又如全某申诉案，全某因与吴某匿名信发生名誉权纠纷案，不服两级法院判决向县检察院提出申诉。县检察院经审查后认为，采取抗诉引起再审继续诉讼，可能对双方当事人平息矛盾不利，也不利于稳定农贸市场的经营秩序，遂通过做双方思想工作，并争取县法院执行庭执行法官配合，促成全某和吴某相互谅解。

2004年2月28日，当事人给县检察院民行科送来锦旗

2004年，县检察院共受理各类申诉案件14件，年内审结13件，其中立案审查12件，经审查提请市检察院抗诉3件，建议市检察院提请省检察院抗诉3件，县检察院促成当事人和解2件，作终止审查和息诉处理5件。市检察院全部采纳县检察院的抗诉意见或检察建议。抗诉案件县法院再审后改判1件，调解结案1件，采纳检

察建议1件。同时，对不符合抗诉条件的案件坚持不抗，维护法律的尊严和审判权威。张某申诉与妻子陈某离婚财产分割纠纷一案，不服法院判决，向县检察院提出申诉。县检察院经书面审查，认为县法院适用证据规则确有错误。按照法律真实的证明要求，本案符合抗诉条件，但县检察院未轻易作出提请抗诉决定，而是通过进一步调查查明申诉人提供的书证存在虚假，从而否定申诉理由。该案件作不抗诉处理后，申诉人表示服从县检察院的处理意见并愿意配合县法院做好案件的执行工作。年内县检察院对再审检察建议运用作了尝试。如孙某因对二审法院的管辖权裁定不服向县检察院提出申诉。县检察院经审查认为，该案只涉及程序问题，且是二审案件，如经抗诉程序不但繁琐，而且费时，于是建议市检察院通过检察建议的方式进行监督。市检察院向市中级法院发出再审检察建议书并得到采纳。

2005年2月，省检察院印发《关于基层人民检察院民事行政检察监督职责的规定（试行）》《关于人民检察院适用民事行政再审检察建议的实施细则（试行）》两个规范性文件。全年县检察院共受理各类申诉案件12件，立案审查11件，经审查，提请市检察院抗诉4件，建议市检察院提请省检察院抗诉4件，促成当事人和解1件，终止审查2件，抗诉案件县法院再审后改判1件，调解结案3件。如吴某不服法院对其原丈夫与他人的借款纠纷向县检察院提出申诉。县检察院审查中发现县法院所执行的财产涉及申诉人与原丈夫共有的房屋，在本案诉讼前申诉人夫妻已离婚，并将该房屋分给了申诉人，县法院的执行裁定损害申诉人的合法权益，考虑到申诉人不是原判决的当事人，无法参与再审程序，县检察院及时与县法院审判监督庭取得联系后达成调解。

2006年，县检察院共受理各类案件21件。其中，当年立案审查13件，作息诉处理4件。立案案件经审查后，提请抗诉5件，建议提请抗诉4件，向县法院提出再审检察建议1件，作出不提请或不建议提请抗诉3件。海盐南北湖毛纺公司黄某买卖合同货款纠纷抗诉一案，被评为全省检察机关十大精品民行抗诉案件。

2007年，县检察院印发民事行政检察工作联系卡和宣传提纲100余份。全年受理各类民事行政申诉案件13件，其中，立案审查或报市检察院立案审查9件，不立案作息诉处理4件。经审查提请市检察院抗诉5件，建议市检察院提请省检察院抗诉4件，作出不提请或不建议提请抗诉决定4件。被市检察院采纳后向市中级法院提出抗诉 2 件。县法院公开再审 4 件,再审后调解并改变原判决结果 1 件。被省检察院采纳后向省高级法院提出抗诉 1 件,省高级法院直接作出改判。其中影响较大、效果较好的是冯某申诉案,县检察院立案审查后依法提请市检察院向市中级法院提起抗诉,市中级法院受理后依法发回县法院再审,县法院再审后进行调解,采纳检察机关意见,改变原审实体判决。是年,县检察院尝试运用民行检察监督方式和途径,开展公益诉讼和民事案件执行监督。县检察院在审查被告人吴某破坏电力设备造成县供电局财产损失和 11 户居民家用电器毁损一案后,认为符合督促起诉的条件,遂向县供电局发出督促起诉意见书。

2008 年,县检察院共受理民事行政申诉案件 11 件。县检察院立案 5 件,报送市检察院立案 1 件,5 件作息诉处理。提请市检察院抗诉 6 件(包括上年积存 1 件),建议提请市检察院抗诉 2 件(包括上年积存 1 件)。市检察院采纳县检察院提请抗诉 5 件。县法院直接改判 1 件。县法院再审后调解方式改变原判决结果 2 件。县检察院在办案中做好案件新证据的收集取证工作。如海盐海杰塑钢门窗厂申诉案中,县检察院从海宁市建设管理部门取得原审判决中没有收集到的新证据,充分证明县法院原判决在认定事实上存在错误,提请市检察院抗诉并得到采纳决定。县法院再审并撤销原判决,作出新判决。全年向国有资产管理部门发出民事督促起诉意见书 7 份,依法督促国有资产经营管理部门对 7 家企业拖欠财政周转金未及时归还的事实提起民事诉讼,总计督促起诉金额 1900 余万元,当年收回或经法院裁判的欠款超过 1300 万元。对李某、冯某、谢某等人盗窃破坏电力设备造成海盐县供电局、嘉兴市电力局滨海供电分局等单位国有电力设备财产损失 9.4 万余元一案提起刑事附带民事诉讼,要求法院判令被告人在承担刑事责任的同时依法承担相应的民事赔偿责任。县检察院附带民事诉讼意见,全部被县法院采纳。是年,县检察院与县国资办印发《关于强化检察监督、国资监管职能,防止国有资产流失的意见》,在省检察院交流。

2009 年 8 月,县检察院制定《海盐县人民检察院关于实行民事申诉疑难案件专家咨询制度的意见(试行)》。全年受理各类民事行政申诉案件 14 件,经审查立案 13 件(包括上年积存 2 件),不立案 1 件。提出抗诉 13 件,市检察院采纳提请抗诉 13 件,县法院再审后以调解方式改变原审判结果 8 件。建议市检察院提请抗诉 2 件(包括上年积存 1 件),市检察院均采纳,省检察院全部提抗。受市检察院指令出席再审法庭1次。年内加强对民生民利的保护。关注涉及劳动就业、弱势群体利益、“三农”问题等与人民群众切身利益密切相关的民生案件，切实保障人民群众合法权益。如沈某等7人的串案，涉及土地征用后劳动就业安置纠纷。县检察院先后到县公积金管理中心和县劳动保障局收集新证据，证实原法院判决在认定事实上存在的错误。市检察院采纳县检察院意见，与市中级法院沟通协调，积极促进当事人调解。市中级法院经再审调解结案，沈某等人均得到1个半月工资的补偿。是年，县检察院向国资管理部门发出民事督促起诉意见书6份，总计督促起诉金额1500余万元，年内收回408万元。县检察院与县国土资源局合作，针对拖欠土地出让金进行民事督促探索，发出民事督促起诉意见书5份。经县法院启动民事诉讼程序，嘉兴照明公司将拖欠的国有建设用地使用权出让价款及迟延违约金总计近1500万元上缴国库。在受理朱某申诉案件中，县检察院发现县法院2份执行文书存在“案由与法条条款适用”错误的情况，向县法院发出检察建议书2份并得到采纳。

2010年，县检察院受理各类民事行政申诉案件18件，经审查立案8件，不立案2件。经审查后作不提抗处理1件，共提请抗诉8件(其中上年积存3件)，市检察院采纳提抗8件，县法院再审后以调解方式改变原审判决或直接改判10件(其中上年积存7件)。建议提请抗诉9件，市检察院均向省检察院提请抗诉，年内省检察院以建议函方式采纳2件。全年受市检察院指令出席再审法庭3次。是年3月，县检察院建议提请上级检察院抗诉的一起离婚财产纠纷案，获二审再审改判。年内，县检察院强化对不立案、不抗诉、不提请抗诉、终止审查案件的释法说理，全年成功办理调处案件4起，息诉30余人次。9月，县检察院利用检调对接机制，成功调处一起省国土资源厅督办的信访积案、民事申诉难案。7月29日，县检察院与县国土局联合印发《关于加强国有土地资产收益管理监督的若干意见》，并于8月1日开始贯彻实施。年底，县检察院与县环保局签订《推行环境保护公益诉讼机制》。

2010年2月10日，民行科实行结对辅导制度

2011年，县检察院受理民事申诉案件21件，经审查立案19件，不立案2件。经审查后提请抗诉4件，建议提请抗诉1件，再审检察建议1件，经县法院再审以调解方式改变原审判决结果1件。全年共发出民事督促起诉意见书4份，追缴国有土地金4亿多元。发出执法监督文书14份。某房产公司涉案金额19864余万元，县检察院先后发出本金催缴督促、滞纳金催缴督促书，追缴本金的同时追缴滞纳金655万余元。对3家企业排污费征收拖欠进行监督，对2家企业行政处罚进行监督，对5件城建行政处罚案件进行监督。

第二节　行政诉讼检察

1989年，县检察院对行政诉讼及其检察进行宣传。

1990年，县检察院成功办理董某不服县法院行政判决的兽医卫生行政处罚申诉案。县检察院立案审查发现行政处罚所依据的“鉴定意见书”等两份关键证据是行政处罚决定作出后才取得的，但县法院判决采信该两份证据的法律效力，导致错误的判决结果。这是嘉兴市历史上第一件行政诉讼抗诉案件。

第八章　预防职务犯罪

预防职务犯罪工作随着检察事业的发展而逐步展开，是通过法制宣传、调查研究、案件剖析、检察建议等方式，根据不同时期反腐败斗争形势和任务要求，分析职务犯罪的现状、特点与原因，堵塞漏洞、提出对策，从而达到预防和减少职务犯罪的目的。

根据最高人民检察院加强预防职务犯罪工作的意见，县检察院自1995年起，将预防职务犯罪工作列为工作职责。自1997年起，开展预防职务犯罪工作。1999年4月，制定《关于加强预防职务犯罪工作的意见》，建立院预防职务犯罪工作领导班子。县检察院原聘请的60余名检察联络员形成预防职务犯罪工作网络。2000年年初，县检察院明确“抓办案、重预防、带全局”，确立预防职务犯罪的重要地位，明确预防职务犯罪的指导思想、工作要求、有关部门工作职责、工作措施和考核办法，明确职能机构、确定专职人员，加强力量。2000年4月28日，县委决定成立由县委办公室、县政府办公室、县监察局、县委组织部、县委宣传部、县委政法委、县人事局、县审计局、县计经委、县财政局、县国税局、县公安局、县法院、县司法局、县检察院共15个县级部门负责人为成员的县预防职务违法犯罪领导小组，办公室设在县检察院。5月8日，县预防职务违法犯罪领导小组在县检察院举行第一次全体会议，听取县检察院关于近年来查处职务犯罪案件的情况、当前反腐败斗争形势以及检察机关开展预防职务犯罪工作思路的汇报，分析海盐县职务违法犯罪的情况和特点并作工作部署。

2002年11月，县预防职务违法犯罪领导小组召开第四次全体会议，决定开通违法犯罪预防网，并通过了上网材料审批制度和网络信息员制度。2003年3月，县检察院被省检察院确定为全省22个县（市、区）检察院预防工作联系点之一。

2004年，县检察院会同县建设局、县监察局，率先制定全县建设市场不良记

2005年4月14日，县预防职务违法犯罪领导小组召开第七次会议

录和公示暂行办法，对有不良行为的一批项目经理进行公示和处理，初步建立预防工作协调机制，被“中国职务犯罪预防网”“省预防职务犯罪网”报道。

2006年11月，县检察院设立职务犯罪预防科，制定职务犯罪预防科工作职责，同时承担县预防职务违法犯罪领导小组办公室日常工作；出台《海盐县人民检察院预防项目管理制度》，通过明确责任，落实措施，规范预防行为，推进预防工作制度化建设。县检察院此项工作属全省首创。是年，县检察院会同县监察局、县招标管理委员会办公室出台《海盐县招投标市场准入暂行办法》《海盐县招投标评标专家库使用管理暂行规定》《海盐县工程建设项目投标人资格评审办法》等规章制度，明确行贿犯罪档案查询为政府投资工程招投标过程的必要环节。

2007年4月27日，县预防职务违法犯罪领导小组第九次全体会议在县交通局召开。会议学习《浙江省预防职务犯罪条例》(简称《条例》)，出台《关于认真学习贯彻〈浙江省预防职务犯罪条例〉的意见》。扩大县预防职务违法犯罪领导小组成员单位，将重点行业部门县交通局、县建设局、县水利局和县国土局吸收为领导小组成员单位。8月，县检察院原内设机构“职务犯罪预防科”更名为“职务犯罪预防局”。制定《关于加强预防部门与侦查部门协调和联系的若干规定》《关于预防、侦查、控申部门间案件线索处置的若干规定》等制度，建立健全内部协调机制，充分发挥侦防一体化的惩治与预防效能。建立预防工作台账，对于每一项预防工作或活动都及时记录在案。是年，县检察院在教育、监督和制度三个层面，从抓好宣教预防、个案预防、系统预防、专项预防等四个方面，推动预防工作深入开展。

2008年1月14日，县预防职务违法犯罪领导小组第十次全体会议在县自来水公司召开。县建设局介绍了县三地自来水有限公司在城乡一体化工程中实施检企共建“阳光工程”的经验做法。2月9日，县预防职务违法犯罪领导小组向县级机关各部门、县属各单位、各镇、各人民团体印发县检察院、县监察局、县审计局《关于共同开展监督指导预防职务违法犯罪工作的实施意见》。8月，县检察院落实《建立健全惩治和预防腐败体系2008—2012年工作规划》措施。根据查办国家工作人员职务犯罪情况，向县委提出《关于加强预防职务犯罪工作，保障我县中层干部队伍建设健康发展的意见》，提出加强教育，筑牢“不愿为”的思想防线；严肃惩处，彰显“不敢为”的威慑效应；健全机制，巩固“不会为”的制度防线；强化监督，确保“不能为”的制度实效；保障待遇，健全“不需为”的奖惩机制。是年，县检察院按照考核工作要求，建立和完善预防咨询制度，结合办案开展预防咨询，做到突出重点领域、重点行业、重点部门，兼顾一般；事前受理预防服务咨询与办案中开展法律咨询，案后回访提供预防对策咨询相结合，使咨询意见有理、有据、有针对性，乐于为咨询单位所接受，许多建议还成为建章立制的重要依据。

2010年3月4日，县预防职务违法犯罪领导小组第十二次全体会议在县城投集团公司召开。会议学习《关于印发〈落实浙江省预防职务犯罪条例〉工作任务分解的通知》，县预防职务违法犯罪领导小组成员单位由19家增加为20家。是年，县检察院制定《县检察院内设机构预防职务犯罪工作任务及考核细则》。

2011年，县预防职务违法犯罪领导小组召开第十三次全体会议，总结回顾2010年度预防职务违法犯罪情况，分析预防职务违法犯罪工作面临的新形势。4月28日，县委、县政府、县人大、县政协领导和全县各机关部门、各乡镇街道机关干部100余人赴宁波参观“全国检察机关惩治和预防渎职侵权犯罪展览”巡展。

第一节　预防宣教

自1995年起，县检察院通过开展法制宣传、廉政教育和预防职务犯罪教育，努力营造预防职务犯罪的思想氛围和社会氛围。

一、预防职务犯罪宣传教育

1995—2000年，县检察院采用检察长电视讲话、在报纸上发表文章、开辟广播专题节目、上街设点宣传、到乡镇巡回宣传、发放宣传资料、上法制宣传课、结合查办的典型案件以案说法等形式，积极开展预防职务犯罪宣传教育工作。例

1988年7月，时任县委副书记沈子松在参观市检察院巡回宣传展览后题词

如：1995年7月28日，检察长张立臣和副检察长蒋钰祥参加中国核工业总公司二三建设公司第三工程公司反腐倡廉宣传教育大会，剖析3起案件的性质、三案犯的共同特点以及犯罪原因，并放映反映检察机关侦查周某受贿案、刘某受贿贪污案的有关电视录像。会后不久，该公司一工作人员即携款向公司纪委投案自首，交代在业务活动中收受贿赂2500元的犯罪事实。1997年办理海盐日用化工厂原厂长陈某、钱某，副厂长程某侵占、商业受贿一案后，县检察院在该厂召开现场会，通报案情，宣传法律和政策，敦促有违法犯罪行为的人投案自首。会后共有11名在经济上有违法犯罪行为的人员向县检察院自首或讲清问题。其间，院领导先后到秦山核电公司、人民银行、粮食局、澉浦镇、于城镇、富亭乡政府等发案部门，结合查办案件的具体情况，给所在单位党员、干部上法制课。2005年上半年，检察长两次到县粮食局，结合粮食系统发生的7起职务犯罪大案、要案，对该机关党员、干部和基层干部进行法制教育。

2001年至2004年，县检察院配合县预防职务违法犯罪领导小组办公室开展工作。出刊全县预防工作简报，制作预防宣传栏，开辟预防工作专栏。结合办案到发案单位上法制课，作预防专题辅导。县检察院预防部门工作人员先后到县金融、城建、粮食、交通、工商、质监、卫生、党校等部门和一些发案乡镇上法制宣传课。2004年4月2日，在县政府第十二届第二次全体会议上，县预防职务违法犯罪领导小组副组长、县检察院检察长严乐雄结合职务违法犯罪典型案例作了发言。

2005年，县检察院结合办案，先后到秦山核电支行、县财产保险公司、县国土资源局、县国税局等部门上预防辅导课，利用海盐电视台“法治在线”栏目，制作检察长访谈节目，营造预防职务犯罪的社会舆论。

2006年，县检察院结合全县商业贿赂专项治理、有关行业党风廉政建设、规范执法行为等活动，先后到县纪委、武原镇、县经济开发区、南北湖风景区、县中医院、县医药总公司、建设银行、供电局上预防辅导课。协助海盐电视台以章某贪污案典型案例为题材制作《堵住农村合作医疗补偿款流失的漏洞》专题片，在《法治在线》栏目中播出，并被《浙江省法制报》《浙江省工人报》《新华社每日电讯》等媒体报道。

2007年，县检察院协助《法治在线》栏目，结合查办的核电二四公司系统和通元镇职务犯罪窝案、串案，策划专题节目进行宣传。全年共有15篇宣传查办案件成果、揭露职务犯罪危害的文章在《检察日报》《青年时报》、“新华网”、《嘉兴日报》等媒体发表。

2009年7月，县检察院成立预防职务犯罪宣教讲师团。10月9日，县检察院职务犯罪预防局局长朱立宏为县第十二届中青年干部培训班上了一堂题为《我县职务犯罪现状分析与预防对策》的预防课。经县检察院向县委建议，反腐倡廉教育预防职务犯罪被纳入全县中青年领导干部、中层干部、乡镇农村基层干部培训教育计划，使得各层次干部预防职务犯罪培训教育制度化，常态化。是年，县检察院与枣园社区共同举办“检察官廉政论坛进社区”活动，营造预防舆论氛围。

2010年，县检察院开展纪念《条例》颁布3周年活动，印制《条例》单行本1500册宣传发放。邀请县摄影协会全体会员为反腐倡廉警示教育成果展摄影，扩大影响面。

2011年，县检察院先后到县经济开发区、县国税局、县水利局、核电二期、县畜牧兽医局、县供电局、县环保局、盐平塘管理处、县消防大队、县公交公司上警示教育课；在县委党校中层干部培训班作预防职务犯罪专题讲座。共有2000余人受到预防职务犯罪的教育。是年，县检察院预防职务犯罪工作纪实在新华网刊发。

二、预防职务犯罪警示教育

2000年上半年，县检察院精选1997年至1999年海盐县25起典型职务犯罪案例，制作15块图板，于5月15—19日举办反腐败图片展。县预防职务违法犯罪领导小组组织全县144个单位、2200多人次参观，并深入乡镇展出，县电视台、报社等媒体作了专题报道。

2001年7月30日至8月3日，嘉兴市检察机关打击和预防职务犯罪警示教育展在县文化馆举行。县委书记王海仁为警示展题词“警钟长鸣”。警示展分

“决策篇”“惩治篇”“预防篇”3个部分，共112块图板，展示全市检察机关查办的80多个典型案例。全县有110多个部门或单位，1500多名干部参观警示展。

2003年，县检察院以提高“免疫力”为重点，开展警示教育。1月21日，县建设局结合县建设系统拆迁事务所查处的3起受贿案件，召开以“学习贯彻十六大精神，加强党风廉政建设”为主题的警示教育大会，县检察院对建设系统全体党员干部进行警示教育。

2005年，县检察院深入国税、国土资源、金融等系统开展警示教育。配合建行组织全体党员、中层以上干部到省第六监狱进行警示教育。

2006年，县检察院在国土资源系统召开王某受贿案件剖析会。是年，县检察院配合核电系统（秦山核电公司、秦山核电联营公司）开展警示教育活动，组织150多名处级以上领导干部到省第二监狱接受现场警示教育。图片新闻《浙江海盐：组织中层干部到监狱接受警示教育》被《检察日报》报道。

2007年至2009年，县检察院在利用典型案例进行警示教育的同时，注意发挥监狱警示教育基地的作用，配合有关单位到监狱开展警示教育，先后联系县委组织部中青年干部班、县交通局、县招管办（招投标中心）、县安监局、县劳动局、县发改局、县水务集团、县城投公司、广播电视台等单位到省第二监狱、杭州南郊监狱进行现场警示教育，参观监舍重地，听取服刑罪犯现身说法。

2010年6月21日，由县纪委和县检察院联合举办的海盐县反腐倡廉警示教育成果展在三乐堂海盐县书画院举行。此次成果展分“警示篇”“预防篇”“法规篇”3大板块71个展板。全县机关事业单位及直属单位工作人员2000余人参观展览。是年，县检察院组织到县人民医院、县建设局、县经贸局、核电二三公司东方工程公司、县信用联社、县供电局、核电三期、于城镇、县教育局等上警示教育大课，在县文化品牌栏目“人文海盐”讲坛作预防职务犯罪专题讲座，共5000余人接受警示教育。组织或协助县建设局、县城投集团、机关党工委联系至杭州南郊监狱开展现场

2010年6月21日，县检察院与县纪委联合举办反腐倡廉成果展

警示教育。全年开展警示宣传教育100次，敦促投案自首3人次。乡镇水站系列案件警示教育片在中央电视台《法治中国》栏目播出。

2011年8月，县检察院与县纪委、县公安局在县看守所建立海盐县法纪教育基地。该基地面积321平方米，设法纪教育展厅和多媒体报告厅。共有50块展板，展出65个职务犯罪典型案例。4个月内，共有64家县内外单位、2200余人到基地接受教育。

三、海盐县职务违法犯罪预防网

2002年4月，县预防职务违法犯罪领导小组第三次会议决定开办全县职务违法犯罪预防网。11月，县预防职务违法犯罪领导小组第四次会议同意开通“海盐县职务违法犯罪预防网”，网页设有预防动态、预防对策、预防论坛、警钟长鸣、政策法规、反腐影院、服务咨询、经验交流8个频道以及33个栏目，另辟“在线调查”“网上留言”等项内容。网站开通时有文章126篇，图片120余幅，电教片和电视片共25集。

2003年年底，网站有各类文章、图片1500多幅、影片40多部，点击率超过5000多人次。

2004年，完成网站改版和扩版工作。新辟频道栏目，信息容量大幅增加。年底，录入各类文章2300多篇、新增图片150多幅，提供影视教育片50多集。

2005年，“海盐县预防职务违法犯罪预防网”从党政信息内网向海盐门户网站的党政办公平台迁移。

四、预防职务犯罪理论调研

1997年，针对全县一些单位财务管理薄弱容易诱发经济犯罪的现状撰写成的调研文章《加强财务工作，严格财务管理，有效预防经济犯罪》，被县委办公室向全县转发，1998年又被《浙江通讯》刊用。

2004年，撰写《我县当前职务犯罪的特点、原因和预防对策》《工程建设领域职务犯罪现状和防范》《金融领域职务犯罪的特点、趋势和防范》等调研报告。是年3月，调研文章《我县三起渎职犯罪案件所引发的思考》被转发至全县各乡镇、各部门。

2005年，撰写《水利建设领域职务犯罪剖析与防范》《当前国土资源领域职务犯罪的特点、原因和预防对策》《关于税务系统预防职务犯罪的思考》《金融领域职务犯罪的剖析和预防》等调研报告。三篇调研报告被《嘉兴检察》录用。

2006年，撰写《全县土地整理工程职务犯罪现状与防范对策》《税务渎职犯罪的剖析与预防》《电力行业职务犯罪现状分析与预防对策》等调研报告。其中，《全县土地整理工程职务犯罪现状与防范对策》一文，《海盐动态》专门编发一期增刊。《对党风廉政建设"一票否决制"的思考》一文被市委办上报省委办。

2007年，撰写《2006年检察机关查办职务犯罪案件情况简析》《〈条例〉视野下的检察预防探析》《常见职务犯罪心理分析与预防》《关于规范我县劳动就业培训市场秩序的建议》《突出"三个更加"推进反腐倡廉建议》《浅谈工程建设领域商业贿赂犯罪及预防对策》《认真贯彻〈纲要〉精神积极预防职务犯罪》《有效预防职务犯罪，为开发区提供法治保障》《牢筑思想防线远离职务犯罪》《税务人员职务犯罪的剖析与预防》《认真学习贯彻十七大精神扎实推进反腐倡廉建设》等调研报告，其中《〈条例〉视野下的检察预防探析》作为优秀论文在全省《条例》研讨会上交流。

2008年，撰写《当前我县涉农职务犯罪剖析与对策》《涉农职务犯罪预防若干问题研究》《关于我县中层干部队伍职务犯罪问题的调查报告》等调研报告，其中《当前我县涉农职务犯罪剖析与对策》和《关于我县中层干部队伍职务犯罪问题的调查报告》被县委办《调研与参考》全文转发。

2009年，结合扩权强县试点工作，从规范行政审批、行政执法，防范职务犯罪出发，提出《关于加强法律监督，保障扩权强县工作顺利进行的意见》，被县委办向全县转发。对2008年职务犯罪情况、近年来涉农职务犯罪情况、工程建设领域职务犯罪情况进行分析、调研，形成年度调研分析报告。1篇调研文章被《检察日报》录用。

2010年，针对历年来查办的各类案件开展预防调查21件次，通过预防调查移送案件线索1件。

2011年，在每个案件侦查终结15天内完成案件分析，全年完成17件。对全年完成的渎职案件进行综合分析，形成2011年反渎案件综合分析报告。

第二节　个案预防

个案预防，是指在自侦案件终结后，由侦查部门会同预防部门通过走访调研，分析案件问题，研究犯罪的成因和特点，对发案单位提出检察建议的一种案后预防。

1995—2000年，县检察院在侦查和起诉职务犯罪案件过程中，注意发现发案单位在制度建设、内部管理等方面存在的漏洞和薄弱环节，有针对性地提出检察建议，帮助和敦促发案单位及主管部门总结教训，强化内部管理，落实防范措施。其间，县检察院共发出检察建议24份。

2000年起，县检察院要求办案部门在侦查、起诉每起职务犯罪大案、要案时，进行一次案发原因和案件特点的分析，写一份有针对性的书面检察建议，与发案单位或主管部门进行一次座谈或回访，使个案预防逐步规范化、制度化。在办理每一起职务犯罪案件时，都要求犯罪嫌疑人写悔过书。

2001年，县检察院完善预防工作制度，即个案预防"五个一"制度："一案一分析，一案一建议，一案一座谈，一案一回访，一案一教育"。对一些有较大社会影响的典型职务犯罪案件进行剖析，提出防范对策，通过简报和情况反映、专题汇报等形式，为党委、政府和上级检察机关决策提供依据。年内，县检察院撰写县粮食系统特大贪污、受贿串案和县民政系统特大贪污、受贿窝案的剖析材料，报送省检察院调研参考。

2004年3月，县检察院徐承江、宋建良撰写的《我县三起渎职犯罪案件所引发的思考》一文，由县预防职务违法犯罪领导小组发至全县各镇各部门。

2005年，县检察院召开全市职务犯罪案件剖析会，对县检察院查处的水利建设领域的职务犯罪案件进行全面剖析。

2006年，县检察院《进一步加强全县农村合作医疗管理有效防范职务犯罪》的专题报告，由县预防职务违法犯罪领导小组向全县转发。

2007年，县检察院职务犯罪预防局结合所查办的劳动保障领域职务犯罪窝案、串案，在县劳动保障局召开案件剖析会。年内，针对在查办核电二四公司、通元镇系列案件过程中发现的发案单位制度和管理上的漏洞，向发案单位发出检察建议书，并及时得到书面反馈。

2008年，县检察院职务犯罪预防局就查办的通元镇职务犯罪窝案，在通元镇召开市、县两级案件剖析会。年内，对所查办的徐某贪污案、县房管处渎职犯罪窝案、安监局商业贿赂窝案等案件全面剖析，提出对策建议。其中，关于县安监局商业贿赂窝案的剖析报告，以《检察情况反映》形式，向县委、县政府领导提供决策建议。

2009年,县检察院职务犯罪预防局加强对侦查部门案件分析报告的指导、督促。年内到发案单位(西塘桥镇)召开案件剖析会,组织镇机关站办干部和行政村干部进行专题座谈,深刻剖析2名乡镇基层干部职务犯罪的主观因素、犯罪特点、应当吸取的教训,提出防范对策建议。

2010年,县检察院共开展案件分析17件。

2011年,县检察院针对查处的海盐畜牧检疫系统4起动植物检疫徇私舞弊案件,提出个案预防措施,得到省检察院好评。县检察院多次派员到县畜牧兽医局进行警示教育和落实整改措施。

第三节　重点工程预防

县检察院在工程建设领域开展预防职务犯罪工作过程中,不断将预防关口前移,变被动预防为主动预防,变案后预防为案前预防,变静态预防为动态预防。1995年至2000年6月,县检察院先后参加东西大道海盐段、盐嘉公路、秦山大道、海王公路、六平申线航道改造、县标准海塘等10多项全县重点建设工程廉政合同签约监证。与工程建设方一起,召开由工程建设方、工程承建方和工程监理方有关人员参加的座谈会,公布举报电话和举报办法,检查廉政合同的执行情况。1996年7月15日,县检察院参加县交通局和省路桥工程处、杭州市工程处在县重点建设工程—杭沪公路改道建设海盐段沥青路面(二期)工程党风廉政建设责任书签约监证,打造“阳光工程”和“优质工程”。9月26日,市检察院《检察情况反映》以“海盐县检察院积极探索重点工程建设中犯罪预防新途径”为题出专刊1期。11月,新华社、检察日报等新闻媒体到县检察院采访报道杭沪公路改道工程建设中预防职务犯罪的做法和经验。

1995年起,县检察院参与武原镇旧城改造规划、武原镇朝圣桥工程、城建局“三统一建”住宅工程、供电局大楼、秦山大厦改造等工程招标、投标活动,参与从制定招投标办法到开标、议标的整个过程,使预防职务犯罪工作与工程建设同时起步,用法律和制度规范招投标活动。1996年8月18日,县检察院与县交通局专程深入到杭沪公路改道建设海盐段沥青路面工程施工现场海塘段和通元段进行党风廉政责任制执行情况检查。1998年6月30日,县检察院作为县水利局与工程建设承建单位党风廉政责任书签订见证单位,去海塘乡参加标准海塘工程建设施工例会，深入建设工地了解工程进展情况，同时参加由承建标准海塘的四个标段项目经理参加的座谈会，掌握工程建设管理部门和工程监理部门执行党风廉政建设责任制情况，并宣传有关惩治贪污贿赂犯罪的法律知识。

2000年7月，01省道嘉兴东西大道（海盐段）二期工程（简称东西大道二期工程）开工。8月，县交通局与县检察院联合印发《关于在01省道嘉兴东西大道（海盐段）二期工程建设中开展“创优良工程，当优秀干部”活动的决定》，进一步加强廉政建设，预防职务犯罪，确保工程质量。县检察院和县交通局纪检组通过召开座谈会、个别征求意见、公开问卷、参加工程例会、深入工地检查等形式，了解廉政合同的执行情况，检查督促“双优”活动开展情况。2001年年底，东西大道二期工程竣工通车并被评为优良工程，同时评出9名优秀干部。

2003年至2004年，县检察院会同县交通主管部门，先后在东西大道、海王公路、南王公路、湖盐线改建等重点工程建设开展“双优”活动，与建设系统在勤俭路拓宽工程及勤俭路拓宽配套工程—安置房工程中推广“双优”活动经验。2004年，县检察院与纪检监察部门联手，召开首次全县性的工程建设领域廉政教育会议。是年，县检察院会同县交通局纪检部门严格执行招投标法，及时制止串标事件1起。

2005年至2007年，县检察院为常绿景苑安置房工程、全县经济适用房工程、河南西路建设工程、看守所拆迁工程、县人武部民兵武器装备库工程等10多个项目的廉政合同签约进行见证，对有关各方遵守廉政合同提出要求。参与01省道东西大道海盐段公路大修工程、县道砂石路面改造工程、县港处船棚工程、内河航道六平申线老桥基桥台清障工程、内河航道嘉于硖线于城西钢便桥等县内重点项目的招投标活动，对整个过程进行现场监督。2005年，县检察院参加重大工程项目的工地例会、工程质量鉴定、工程验收等活动；会同县监察局及工程主管部门走访施工单位、监理单位、中介机构，对在建工程廉政合同执行情况进行检查。2006年8月，县检察院会同县监察局、县发改局出台《关于在全县重点工程建设中共同开展预防职务违法犯罪工作的意见》，成立海盐县重点工程建设预防职务违法犯罪工作指导协调小组，决定自2006年起在全县重点工程建设中共同开展预防职务违法犯罪工作。县检察院在重点工程项目中建立预防项目管理制度的经验材料，先后在全省第三次预防工作会议和省检察院、省监察厅、省发改委联合召开的全省“五大百亿”工程预防职务违法违纪工作经验交流会上印发交流，并入选省检察院编印的《预防职务违法违纪在“五大百亿”工程的实践》一书。

2007年11月，县检察院与海盐三地自来水公司制订检企共同预防职务犯罪工作规划（简称“阳光工程”），与县建设局，县监察局、县发改局、县财政（地税）局、县审计局决定成立海盐县三地自来水有限公司工程建设“阳光工程”领导小组。

2008年4月，县检察院、县发展和改革局、县监察局联合召开七项重点工程建设暨重点行业预防职务违法犯罪工作会议，21个在建的重点工程项目的业主、施工、监理单位负责人共100多人参加会议。6月16日至27日，县检察院对县建设局、县交通局、县水利局、县经济开发区、县开建办、县卫生局、县教育局、县广播电视台、县供电局等9个重点工程项目责任部门预防职务违法犯罪工作进行检查。12月5日，县检察院与县招投标市场管理委员会办公室联合出台《关于共同预防招投标领域职务违法犯罪的意见》，确立双方共同预防工作机制，即建立定期联系制度和信息共享机制，在招投标项目从信息发布到中标公示整个过程实现“阳光操作”。

2009年2月10日，县检察院与县监察局、县发改局召开共同预防重点工程建设职务违法犯罪联席会议，决定从2009年起共同在海盐东段围涂（二期）、县三地水厂、县人民医院迁建、海盐剧院、绮园文化广场等重点工程建设中开展预防职务违法犯罪工作。3月11日，印发《关于在嘉兴市海盐东段围涂（二期）等重点工程建设中共同开展预防职务违法犯罪工作的实施意见》。是年11月，县检察院治理工程建设领域突出问题工作领导小组成立，先后在10多个省、市、县三级重点工程中开展预防活动。全部重点工程建设领域未发生职务犯罪案件。

2010年，县检察院与有关行业主管部门联手在县纪检、监察部门的配合下，探索工程建设领域构建惩治和预防职务违法犯罪的惩防体系，从71个重大政府投资项目中选择嘉兴港区海盐东段围涂、嘉兴至海盐南北湖公路、海滨大道（朝阳东路—城北东路段）、县人民医院迁建、海盐第二高级中学新建、海滨公园、秀水花苑经济适用房、明珠苑安置房小区等9个重点工程开展专项预防。年内，县检察院对海盐大道（海盐—嘉兴）工程实施单位县交通局建管处开展预防职务犯罪工作进行专项督导检查，与县水务集团开展“阳光水务”工程，与县住房保障公司开展“阳光住房”工程，与秦山核电联营公司对投资260亿的方家山项目开展专项预防。通过工程例会，廉政约谈、签订廉政责任书等途径，把查防制度贯穿于具体项目工程建设的全过程。是年，县检察院针对招投标投诉问题，与县监察、招管办联合开展调查3次，参加座谈会6次，外出调查取证1次，为国家节约资金300万元。参加县重点工程的道路、住房、绿化、景观、灯光、视听、装饰、建设、监理等工程招投标监督、廉政责任书签订及廉政约谈。县检察院与县水务集团共同推行的“阳光水务”工程、与秦山核电联营公司建立的“三个千亿”重点工程(方家山项目)共同预防机制，在全省第三次预防工作会议和全省检察机关“三个千亿”重点工程预防工作会议上作经验交流。

2011年，县检察院加强对全县重点工程建设预防职务犯罪工作的领导和协调。选择嘉兴港区海盐东段围涂二期、嘉兴至海盐的南北湖公路、海滨公园、秀水花苑经济适用房、明珠苑安置房小区、何家桥航道改造工程、县人才公寓、开发区创业公寓等8个重点工程开展专项预防。通过开展“创双优”活动、“阳光工程”活动预防职务犯罪，保障工程顺利进行。继续与县水务集团开展“阳光水务”活动，与县住房保障局开展“阳光住房”活动，与秦山核电联营公司联合构建“三个千亿”工程预防职务犯罪工作体系，与投资260亿元的核电方介山工程开展专项预防。通过工程例会、廉政约谈、签订廉政合同等方式，把查访制度贯穿在具体的项目规划、立项、勘察、设计、招投标、施工、工程验收等各个环节中。

第四节　行业预防

行业预防是针对容易引发职务犯罪的“三机关一部门”以及金融、建筑、交通、房地产等热点领域的预防职务犯罪工作。

一、重点部门和热点领域预防

结合打击行业性职务犯罪，检察机关与各行业系统共同开展职务犯罪预防工作，成立预防职务犯罪工作指导协调小组，建立联席会议制度，推动行业预防职务犯罪工作深入开展。预防职务犯罪工作指导协调小组由县检察院检察长任组长，各行业“一把手”、县检察院分管领导任副组长，成员为县检察院职务犯罪预防部门负责人和各行业相关负责人。联席会议一般半年召开一次。

2002年4月，县金融系统预防职务犯罪工作指导协调小组成立

金融系统预防职务犯罪

1996年起，县检察院针对金融系统发生的贪污、受贿等职务犯罪，联系案件特点，派员到人民银行等金融部门上法制课，阐述金融系统职务犯罪的特点及社会危害，宣传案件管辖知识、刑法有关贪污贿赂犯罪和金融犯罪的规定，提出金融系统预防职务犯罪的建议。

2002年4月，海盐县金融系统预防职务犯罪工作指导协调小组成立，为全省首创。县检察院与中国人民银行海盐支行商定，从2002年起在全县金融系统共同深入开展预防职务犯罪工作，印发《关于在全县金融系统共同开展预防职务犯罪工作的实施意见》，并建立联席会议制度。

建筑领域预防职务犯罪

2002年5月，县检察院与县建设局决定从2002年起，进一步加大在全县建筑领域开展预防职务犯罪工作力度，制定《关于建筑领域开展预防职务犯罪工作的实施意见》，成立指导协调小组，建立联席会议制度。

2004年8月，县建设局、县监察局、县检察院联合印发《〈海盐县建设市场不良行为记录和公示暂行办法〉实施细则》。

国土资源系统职务犯罪预防

2006年10月，县国土资源局、县检察院、县监察局决定自2006年下半年起，在全县国土资源系统共同开展预防职务违法犯罪工作，印发《关于共同在全县国土资源系统开展预防职务违法犯罪工作的实施意见》，建立预防职务违法犯罪工作机制，成立预防职务违法犯罪工作指导协调小组，定期召开预防职务违法犯罪联席会议。

2008年1月，县检察院和县国土资源局召开联席会议，通报国土资源系统开展反腐败斗争、加强党风廉政建设的情况，学习省检察院、省国土资源厅《关于转发最高人民检察院、国土资源部〈关于印发〈关于人民检察院与国土资源行政主管部门在查处和预防渎职等职务犯罪工作中协作配合的若干规定（暂行）〉的通知〉的通知》，明确在贯彻国家土地宏观调控、查处土地违规违法案件过程中预防渎职等职务犯罪的重点。

2010年，县检察院就立案查办的一起村干部、国土资源部门工作人员非法毁坏基本农田的滥用职权案，建议县国土资源部门查漏堵疏，建章立制，从源头上遏制和预防涉土职务犯罪。县检察院与县国土资源局联合出台《关于加强国有土地资产收益管理监督的若干意见》。同时，排查土地出让金欠缴情况，对符合民事督促起诉的条件的案件线索进行立案审查，通过民事督促起诉书等形式，督促国土资源管理部门加大工作力度，及时收回土地出让金，追回国有资产2500万元。是年9月，县检察院调处一起省国土资源厅督办的信访积案、民事申诉难案，化解矛盾纠纷。

水利建设领域职务犯罪预防

2004年8月，县检察院与县水利局商定从2004年下半年起，在全县水利建设领域开展预防职务犯罪工作，印发《关于在水利建设领域开展预防职务犯罪工作的实施意见》，建立预防工作机制，成立指导协调小组，建立联席会议制度。

交通建设领域预防职务犯罪

2004年起，县检察院、县交通局共同在01省道嘉兴东西大道海盐段等重大交通建设工程中开展预防职务犯罪活动。2004年10月，县检察院、县交通局印发《关于在交通建设领域中进一步加强预防职务犯罪工作的意见》，成立海盐县交通建设领域预防职务犯罪工作指导协调小组，建立联席会议制度。指导协调小组下设办公室，办公室设在交通局。

供电系统预防职务犯罪

2005年1月，县检察院、县供电局商定从2005年起，共同做好全县供电系统预防职务犯罪工作，印发《关于在全县供电系统开展预防职务犯罪工作的意见》，建立联席会议制度。

2015年1月，县检察院与县供电局召开第一次预防职务犯罪联席会议

国税系统预防职务犯罪

2005年，县检察院与县国家税务局决定从10月起，在全县国

税系统共同开展预防职务犯罪工作，印发《关于在全县国税系统共同开展预防职务犯罪工作的实施意见》，成立海盐县国税系统预防职务犯罪工作领导小组，建立联席会议制度。

涉农预防职务犯罪

2002年至2007年，县检察院共立案查办涉农职务犯罪案件19件19人，涉案金额144万余元。2007年12月29日，县委办转发县纪委、县检察院《关于加强预防农村职务违法犯罪工作保障社会主义新农村建设的意见》。预防部门会同侦查部门梳理、形成《当前农村基层组织职务犯罪剖析与防范》《全县土地整理领域职务犯罪现状剖析与防范对策》《当前乡镇站办人员职务犯罪调查与对策》等调研文章。向县委、县政府提出预防建议，县政府相继出台《关于进一步加强农村基础设施工程建设管理的通知》《海盐县小型农田水利工程建设管理实施办法》《关于加强小型建设工程招投标管理工作的若干意见》等制度。建立县检察院领导班子成员与镇（区）联系制度，每个院领导班子成员都确定1～2个联系镇（区）和重点联系村。建立镇（区）预防工作联络员制度和联席会议制度。2008年6月17日，聘请10名镇（区）党委书记作为联络员，建立起涉农预防的人员网络。建立各镇（区）基建项目材料报送制度，每半年报送一次报表，促进预防信息库建设。

劳动保障系统预防职务犯罪

县检察院与县劳动社保局从2007年12月起在全县劳动保障系统建立预防职务犯罪工作联席会议制度。

针对2007年至2008年县劳动和社会保障系统发生的多起职务犯罪案件，2008年4月下旬，县检察院与县劳动社保局召开预防职务犯罪联席会议，通报县检察院查办职务犯罪案件的情况，剖析县就业管理服务处失业保险股原工作人员徐某贪污案。

防止国有资产流失和预防职务犯罪

2008年4月，县检察院与县国有资产管理委员会办公室（以下简称县国资办）出台《关于强化检察监督、国资监管职能、防止国有资产流失的意见》，明确县检察院和县国资办在防止国有资产流失中各自的职责以及双方合作的程序等事项。同时，还明确县国资办发现造成国有资产流失，需要经过民事诉讼程序挽回时，其中八种情形证据材料，应及时移送检察院，县检察院对相关证据材料审查后，应根据实际作出决定。

村庄整治工程建设预防职务犯罪

2003—2007年，海盐县开展了第一轮村庄整治工程建设。从2008年开始，全面启动新一轮村庄整治工程建设，计划用5年时间创建10个左右省级全面小康农村新社区。2008年7月，海盐县委、县政府农业和农村工作办公室（以下简称县农办）与县检察院印发《关于共同在村庄整治工程建设中开展预防职务犯罪工作的意见》，建立县农办与县检察院共同预防职务犯罪联席会议制度。

住房保障工程建设预防职务犯罪

2009年6月，县检察院、县建设局印发《关于在住房保障工程建设中共同实施“阳光工程”的意见》，提出以经济适用房、廉租房等保障性住房工程为重点；坚持教育、制度、监督并重，坚持单位内部预防、职能机关专门预防和社会预防相结合，以提高预防能力，杜绝职务违法犯罪案件发生为目标；确定六项主要预防重点，即物资采购环节，招投标环节，工程施工、监理环节，工程竣工验收环节和工程建设过程中重大变更、资金运作等其他重要活动；明确打造住房保障“阳光工程”五项主要措施，即全面落实党风廉政建设责任制、加强法制教育和警示教育、加强制度建设、自觉接受监督、开展争先创优活动。2009年6月3日，住房保障工程建设“阳光工程”领导小组成立，领导小组办公室设在县建设局。

秦山核电系统预防职务犯罪

伴随核电建设，秦山核电基地在建设和运营过程中职务犯罪案件不断发生。自1988年至1998年6月，县检察院在该系统直接立案或配合市检察院查处共15人，其中科级干部5人、处级干部4人、副厅级干部2人。县检察院针对查处案件中发现的问题，坚持打防并举的方针，重视做好防范工作，密切与工程建设单位和承建单位的联系，探索在国家重点工程建设中检企联合预防经济犯罪的有效途径。1998年7月初，县检察院派员到核电联营公司上法制宣传课，结合发生在核电系统系列案件，以案释法。县检察院针对该工程建设投资多、规模大、环节多的特点，开展一系列预防工作。一是建立健全内部协防机制。注重侦防一体化，反贪、反渎部门与预防部门通力协作，通过预防部门提前介入侦查、召开案件分析会、组织现场警示教育活动、举办预防讲座等途径，充分利用办案资源。二是建立健全检企联防机制。加强与秦山核电建设系统企业的联系与沟通，逐步建立共同预防职务犯罪工作的协作机制，主要以召开联席会议的方式通报、交流情况，部署和检查预防工作，从而增强预防合力。三是建立健全监督指导机制。发挥法律监督职能作用和专门预防的优势，结合核电领域反腐倡廉建设实际，通过提供预防咨询、法律服务、提供行贿犯罪信息、编纂预防手册、实地检查工作等途径，加强指导监督，促进核电工程建设业主及各参建单位有关工作人员依法合规、廉洁高效地履行职责。四是针对核电建设领域职务犯罪特点，以总投资达206亿元的方家山扩建工程为重点，在企业认真排摸、分析引发工程建设职务犯罪的主、客观因素，制订重点人员，关键岗位职务犯罪风险防控预案的基础上注意及时提供预防信息，提出预警性意见，做到关口前移。印发《关于共同在秦山核电一期方家山扩建工程建设中开展预防职务犯罪工作的实施意见》，制定方家山扩建工程项目专项预防方案。围绕工程优质安全、人员廉洁优秀，全面落实各项预防措施。经常听取业主、施工、监理及其他参建单位预防工作情况汇报，指导企业建立健全规章制度，堵塞制度和管理上的漏洞，加强干部职工队伍教育管理和扩建工程的监管；开展预防职务犯罪的法制宣传和专题警示教育活动；针对发现的问题和薄弱环节或易引发职务犯罪的环节，提出检察建议或预防意见。自2009年开始，县检察院筹划和中核集团秦山核电联营有限公司在预防职务犯罪方面的合作共建事宜。2010年5月27日，县检察院与中核集团秦山核电联营有限公司举行共同开展预防职务犯罪联系协作机制签字仪式。1995年至2010年9月，市、县两级检察机关共在秦山核电系统查办贪污、贿赂案件27件31人。2003年以后，核电领域职务犯罪案件仅发生2起。方家山扩建工程自开工建设以来，未发生职务犯罪案件。

二、预防职务犯罪检察建议

县检察院在侦查和起诉职务犯罪案件过程中，注意发现发案单位制度建设、内部管理等方面的问题，抓住带有行业特点或具有共性的问题，有针对性地提出检察建议。如1988年办理武原工商所原所长金某、出纳杨某、会计高某贪污案时，发现金某等人私设“小金库”，在预算外资金管理上存在严重问题。县检察院向县工商行政管理局发出检察建议书，提出整改意见，被采纳。自1995年至2000年上半年，县检察院共向发案单位发出预防职务犯罪检察建议24份，帮助和敦促发案单位及主管部门总结教训，强化内部管理，落实防范措施。如1999年，在办理中国核工业部第二四建设公司核电工程公司保卫科干部邱某等四人共同贪污一案时，针对该公司门卫值班制度，仓库保管制度等方面存在的问题，及时向对方发出检察建议书，促使发案单位及时采取措施充实和加强保卫力量，健全门卫值班制度和仓库发料、领料登记制度。2000年上半年，在办理粮食系统串案时针对几个基层粮管所存在的钻政策空子违法拆借资金的问题，向县粮食局发出检察建议书，要求采取有效措施，杜绝此类现象发生。

2001年，县检察院在办理县民政系统县殡仪馆原主任、副主任、会计等人贪污、受贿窝案时，针对在办案中发现的发案单位存在私设“小金库”、财务管理混乱等现象，向其主管部门县民政局发出关于加强对下属单位监督管理的检察建议书，敦促发案单位（部门）建章立制，加强防范。是年9月，县检察院对12年来运用检察建议开展预防职务犯罪工作的情况进行系统总结，并在全省检察机关预防职务犯罪工作会议上介绍经验。

2002年，针对查办兰某贪污、受贿、挪用公款一案过程中发现中国核工业部总公司第二三建设公司秦山坎杜项目部的疏漏之处，县检察院从加强对干部职工的教育管理、健全审批、财务、审计等内部管理制度、强化人事、财务等部门的互相制约等方面，向该单位发出检察建议书，得到发案单位的高度重视。是年，县检察院就兰某案对中国核工业部总公司第二三建设公司提出的“完善内部监督制约机制”的检察建议，在全国检察机关首届预防职务犯罪优秀检察建议评选活动中，荣获百佳检察建议之一。

2005年3月7日，县人大代表到县检察院检查“检察建议”落实情况

2005年，县检察院在县人大法工委召开的检察建议落实情况座谈会上作汇报，得到县人大肯定。其间，县广电系统、水利系统先后发生职务犯罪窝案、串案，给国家和集体利益造成损失，产生较为恶劣的社会影响。县检察院分别向县广电局、县水利局发出要求落实整改措施、加强预防职务犯罪工作的检察建议，督促整改。

2006年，县检察院建立并实施检察建议工作内部分工合作和督查制度，明确凡办理重大案件或典型案件认为有必要发出检察建议的，由办案部门发检察建议，预防科负责对检察建议的落实情况进行协调和检查。发案单位对检察建议的落实情况必须在一个月内书面反馈，并由预防科牵头对发案单位进行回访，使预防措施真正落到实处。是年 7 月 17 日，县检察院查办沈荡镇某村民委主任章某在协助镇政府从事农村新型合作医疗工作过程中贪污一案中，发现沈荡镇政府在督促村级财务公开，加强新型农村合作医疗的宣传和对行政村发放合作医疗补偿款的监管方面存在薄弱环节，向沈荡镇政府提出检察建议。

2010 年，县检察院共查办职务犯罪案件 12 件 15 人，涉及的单位及上级主管部门共 19 家。针对查办案件中发现主管部门和单位存在制度建设、财务管理、队伍建设等问题，县检察院均及时提出检察建议。

2011 年，县检察院共查办职务犯罪案件 10 件 11 人，对涉及单位均发出检察建议，对制度建设、财物受理、思想教育等方面存在的问题提出整改意见。1 月，在查办中国核工业部总公司第二四建设公司黄某受贿案时，针对核电建设领域近年来职务犯罪的情况，提出检察建议：一要强化制度建设，加强对权力的制约和监督，工程建设的环节做到信息公开、程序规范、竞争公平；二要加强反腐倡廉教育；三要密切与检察机关联系沟通，增强预防合力。11 月，在查办县农经局吴某动植物检疫徇私舞弊案后，提出三点检察建议：一是进行检验检疫应按规定程序办理；二是要加强思想教育；三是检疫人员收入与检疫数量挂钩可能影响公正履职。

三、行贿犯罪档案查询及预防信息库建设

2003 年，县检察院制定行贿人资料管理办法。

2004 年，县检察院开展工程建设领域行贿行为档案查询试点工作，按要求将本年度内行贿人基本情况、行贿行为等资料全部录入电脑，并为交通等系统提供投标人行贿行为查询服务。

2005 年，县检察院、县监察局、县招投标市场管理委员会办公室（简称招管办）印发《关于在全县建设工程领域开展行贿行为记录查询工作的规定（试行）》。是年，县检察院共对 01 省道嘉兴东西大道海盐段公路大修工程，县道砂石路面改造工程，海盐看守所、治安拘留所、武警营房等易地迁建工程，海盐县西片污水处理工程监理招标，电力调度中心消防报警改造工程，海盐县殷郎桥等 7 座公路危桥改建工程、第三批城建廉租房建设工程、海盐县六平申线官堂支线护岸应急抢修工程等 20 多个项目进行行贿行为记录查询，在三个工作日内向查询单位提供查询结果。

2006 年，县检察院受理县交通局等两个单位行贿犯罪档案查询，查询对象 49 个。

2007 年，县检察院将行贿犯罪档案录入查询系统。全年共受理县交通局、供电局、卫生局、水处理公司等 4 个单位查询申请，查询对象 112 个，查到有行贿犯罪记录 1 个。查询结果在规定时间内书面答复申请查询单位，并将所查到的行贿犯罪记录情况及时上报市检察院。对有行贿犯罪记录的主管部门在招投标评标时作扣除信誉分处理。对符合要求的行贿行为录入行贿行为档案库，年内完成 2004—2007 年资料全部录入档案库。

2008 年，县检察院受理行贿犯罪档案查询申请 4 批次，查询对象 34 个，查询结果在规定时间内书面答复申请查询单位，并将行贿行为录入档案库。对行贿犯罪档案查询系统进行贿赂犯罪情况书面分析并上报。

2010 年，县检察院完善行贿犯罪档案查询制度，把行贿犯罪档案查询纳入行业共同预防工作机制，逐步成为政府投资项目、政府采购等活动的必经程序。与县城投集团、县招管办联系协调工程招投标行贿犯罪档案查询事项，推动行贿犯罪档案查询工作的开展。年内开展行贿档案查询 421 次，并将查询结果书面告知申请单位。查询发现 3 个行贿档案记录，对相关投标人作了处理。

2011 年，开展行贿档案查询 156 次，并将查询结果告知申请单位。完善工程建设领域市场准入制度。

第九章　检察内务

第一节　检察队伍建设

一、思想政治教育

1951年至1956年检察队伍人数尚少，一般参加县委和县政府统一活动。主要参加镇压反革命、“三反”（反对贪污、反对浪费、反对官僚主义）、“五反”（反对行贿、反对偷税漏税、反对盗骗国家财产、反对偷工减料、反对盗窃国家经济情报）活动。开展以实现“一化三改造”（逐步实现社会主义工业化和逐步实现对农业、手工业及资本主义工商业的社会主义改造）的总路线教育活动。

1957年至1958年开展“整风”和反右派斗争，进行“总路线”“大跃进”和“人民公社”的教育。

1961年至1966年，县检察院的思想政治教育主要是开展社会主义教育运动。1966年5月，“文化大革命”开始，检察工作受到冲击。1968年，检察机关被军管组取代，检察队伍建设受到严重破坏。

1978年7月，县检察院重建。1979年3月，建立中共海盐县人民检察院党支部。检察队伍建设由院办公室具体负责，思想政治教育得到全面开展。开展“一批双打”（批判林彪、江青反革命集团反革命罪行，打击阶级敌人的破坏活动，打击贪污盗窃、投机倒把活动）运动，坚持实践是检验真理的唯一标准，解放思想，冲破禁区，把“怕”字换成“敢”字，发扬执法不阿的精神。

1980年2月，经选举增补4名支部委员，建立支部委员会，通过上党课等多种形式教育，充分发挥党员的先锋模范作用，做到“三不计较”，即不计较职位高低、不计较经济收入增减、不计较工作担子轻重。是年12月建立中共海盐县人民检察院党组。

1988年，学习贯彻中共十三大精神，进行社会主义初级阶段理论教育、党的基本路线教育以及廉政教育。3月，全市检察机关思想政治工作会议后，县检察院加强和改进政治思想工作，做到“三抓”（党组书记亲自抓；分管领导具体抓；党组、支部成员和科室领导共同抓）、“四同时”（在研究、布置、检查、总结检察业务工作时，对政治思想工作同时研究、同时布置、同时检查、同时总结）。

1990年，县检察院设立政工科，加强对思想政治工作的领导，初步形成齐抓共管，多层次、多方位的思想政治工作格局。坚持周六学习制度，重点抓好政治学习和思想教育工作。学习中共十三届四中、五中、六中全会精神，自觉地与党中央在政治上保持高度一致。

1991年，县检察院继续坚持“从严治检”的方针，大力加强思想政治工作。全体检察干警坚定了社会主义信念，增强了反和平演变的紧迫感，提高了执行党的“一个中心、两个基本点”的基本路线和自觉性。开展思想作风纪律整顿教育。围绕实现“高效、服务、务实、廉洁、创新”的要求，通过查思想，看服务观念、中心思想强不强；查工作，看事业心强不强；查作风，看办事效率高不高；查纪律，看遵纪守法好不好的“四查四看”活动，找出差距，剖析原因，提出整改措施，重新修订、修改12项工作制度。

1994年，县检察院开展学习邓小平关于建设有中国特色的社会主义理论和《中共中央关于加强党的建设几个重大问题的决定》，参加“鼓足勇气夺十杯，我为海盐多贡献”活动，结合实际，先后开展“我为检察献一计”“国徽在我心中闪耀”“法律知识辩论大赛”等17项以“朝气蓬勃创业，严肃认真执法”为主题的敬业、爱业、创业系列活动。

1995年，县检察院在反贪部门设立政治教导员，加强对侦查干警的思想教育，保持政治上的坚定性和思想道德上的纯洁性，确保侦查队伍不出问题。组织学习邓小平关于建设有中国特色的社会主义理论，武装全体干警的头脑，牢固树立检察工作服从于、服务于“改革、发展、稳定”全党全国工作大局的思想；学习中共中央十四届五中全会的《中共中央关于国民经济和社会发展“九五”计划和2010年远景目标的建议》；继续开展“朝、严”活动和争创市级文明单位活动。通过组织开展，全院干警树立正确的世界观、人生观、价值观。

1995年至1996年，县检察院继续组织学习邓小平关于建设有中国特色的社会主义理论，积极开展“三讲”（讲学习、讲政治、讲正气）活动，先后开展向领导干部的楷模孔繁森和党的好干部杨东海学习的活动，向蒋永清、姚海根等先进模范人物学习活动。

1999年3月，县检察院开展征集院风词活动，在集思广益的基础上，确定“公正、文明、廉洁、团结、敬业、争先”为院风词。开展争创“五好检察院”(好班子、好队伍、好机制、好业绩、好形象)活动。12月，被省检察院命名为首批“五好检察院”。

2000年，院党组号召全院干警以郑美良为榜样，学习他爱岗敬业，无私奉献、严格执法、文明办案，廉洁自律的优秀品质和高尚情操。县检察院组织学习贯彻江泽民同志广东考察工作重要讲话，深入开展“两思”(致富思源、富而思进)教育和以成克杰、胡长清等典型案例为反面教材的警示教育。开展“三优一满意”(创优质服务、优良作风、优美环境、当人民满意公仆)文明机关创建活动，进行了公正执法、文明办案的专题检查。是年，县检察院郑美良被授予全国检察机关“人民满意的检察官”光荣称号。

2001年3月，组织全院干警职工对如何保持荣誉、如何进一步确定奋斗目标进行了专题教育，开展思想大讨论的同时，设置调查问卷和“金点子”征集表，广泛听取意见和建议。5月，组织开展“三个代表”重要思想的学习教育活动和集中教育整顿活动。先后组织了“下基层、听意见、送服务”“访故思过”和“心连心、送法下乡”等活动。

2004年，县检察院在被确定为全省基层检察院队伍建设示范院后，专题研究制订队伍示范院建设实施方案，提出“塑造更佳检察形象，努力实现业绩一流、队伍专业、装备现代、管理规范”的要求。县检察院深入组织学习“三个代表”重要思想，中共十六大三中、四中全会精神，学习全国“十大杰出检察官”李斌和全国公安一级英模任长霞同志先进事迹，继续开展深化“强化法律监督、维护公平正义”教育活动，着力解决队伍建设中的突出问题。

2005年4月21日，朱琛瑶在县政法系统先进事迹报告会上发言

2005年，组织全体党员干警开展以实践“三个代表”重要思想为主要内容的保持共产党员先进性教育活动，制定教育活动实施意见和阶段计划安排。集中学习阶段，开展“八个一”活动(开好一个动员会、上

2005 年 2 月，县检察院进行保持党员先进性教育考试

2005 年 3 月 26 日，县检察院全体干警赴井冈山接受革命传统教育

好一堂党课、接受一次先进事迹教育、开展好一次提高执法能力教育、举办一期春季读书会、组织一次外出学习教育活动、开展一次“党员心连心”活动和组织一次党员先进性大讨论)；分析评议阶段，抓好“四个一”活动(开展一次征求意见活动、开展一次谈心活动、撰写一份党性分析材料、召开一次生活民主会)；整改提高阶段，认真制订院领导班子、党支部、党员个人整改方案，并在一定范围内公布，征求意见。共归纳成 5 个方面 20 条整改措施，认真进行整改，完成了教育活动各项任务。6 月，开展“规范执法行为，促进执法公正”专项整改活动，查摆问题实事求是，整改措施有针对性，集中解决检察机关执法活动中突出的问题。

2008 年，开展中共十七大精神主题教育活动，通过集中学习、个人自学、专家授课、领导讲课、组织干警观看电教片、撰写学习十七大心得体会文章、参加学习十七大精神的理论测试等方式，深刻领会十七大精神。

2009 年，认真组织开展科学发展观教育活动，深化社会主义法治理念教育，坚定检察工作政治方向。3 月至 8 月，县检察院开展深入学习实践科学发展观活动(简称:学习实践活动)，制订开展“学习实践活动”的实施意见和工作方案。“学习实践活动”分为学习调研、分析检查、整改落实三阶段。3 月，开展深化解放思想大讨论活动和发展主题大调研活动，深入到全县 9 个镇(区)，对 13 家企业开展调研，倾听企业家对检察工作的意见和建议，了解企业生产经营中所面临的困难，积极为企业发展提供法律政策服务。5 月，开始征求意见建议工作，对外发放 100 余份征求意见表，从理论学习、法律监督、服务基层等 8 个方面的内容多方位、多角度、多渠道征求意见，进一步查找在履行检察职能中存在的问题和不足，明确整改方向。5 月 31 日，邀请部分人民监督员、廉政执法监督员及老

2009 年 9 月 27 日，县检察院举办"我爱检察事业"演讲比赛

干部代表召开恳谈会，听取代表提出的意见和建议。7 月，针对查找出的问题，认真分析原因，立改立行，采取切实措施予以改进。一是制定《关于开展服务企业发展活动的意见》和《关于保障和服务民生，促进和谐社会建设的意见》。二是开展"服务企业、服务民生、服务基层"三服务活动，开展"检察工作进社区"活动。三是与县法院联合出台《关于检察长列席人民法院审判委员会会议的实施意见》和《关于在刑事诉讼中推行量刑建议制度的实施意见》，进一步完善诉讼监督机制。

2010 年，县检察院组织学习中共十七大以及十七届四中全会精神，围绕坚定理想观念有新收获、公正执法有新进步、清正廉洁有新成效、文明执法有新面貌、执法公信力建设有新提高"五新"目标，开展"恪守检察职业道德、促进公正廉洁执法"主题实践活动。8 月至 11 月，开展"反特权思想、反霸道作风"专题教育活动。组织学习《中国共产党党员领导干部廉洁从政若干准则》《中华人民共和国检察官职业道德基本准则(试行)》《检察机关领导干部廉洁从检若干规定》《检察职业行为规范》等规定。开展警示教育，举办文明礼仪专题讲座，进行检察机关文明用语情景模拟演示和座谈交流等多种形式的教育。

2010 年 5 月 5 日，县检察院举行检察官宣誓仪式

2011 年，县检察院开展"发扬传统、坚定信念、执法为民"主题实践活动，加强思想政治建设。开展撰写红色经典书籍学习体会文章、红色感言征文活动和执法规范知识测验。开展"成绩面前找差距，珍惜荣誉再奋进"大讨论。围绕"为什么入党，为什么从检，为什么奋斗"，教育和引导检察人员自觉把崇高理想信念与肩负的法律监督使命紧密结合起来。4 月 11 日，县检察院全体人员及离退休

干部50余人参观嘉兴南湖革命纪念馆新馆。7月10日，召开光荣传统教育报告会，邀请离休老干部、老检察长党彦瑞作报告。

二、党风廉政建设

1988年，县检察院贯彻执行中共中央下发的《关于党和国家机关必须保持廉洁的通知》和县委《关于保持党政机关廉洁的规定》，建立党风廉政建设制度。

1989年至1996年，县检察院建立廉政办案制度，抓好廉政教育和职业责任、职业道德、职业纪律教育。1989年，县检察院贯彻执行市检察院《关于加强检察干部队伍廉政建设的规定》，在办案过程中严守“八个不准”。1990年，坚持从严治检，加强廉政制度建设，制定“十不准”办案守则，大力宣传和弘扬廉政建设先进事迹，提倡廉洁自律，自觉落实各项廉政监督措施。1993年，通过一年一度的执法执纪情况检查，对检察干部勤政廉洁情况进行检查和考核。1995年，县检察院就办案纪律、岗位目标考核、勤政廉政建设等制定了一系列规章制度。7月18日，市检察院检察长朱立乔到海盐检查工作，对县检察院正确处理抓办案与抓自身廉政建设的关系，在查办贪污贿赂大要案和开展自身廉政建设方面取得的显著成绩，给予了充分肯定和较高评价。1996年，着重在抓制度落实上下功夫，加强监督落实，及时奖优罚劣，鼓励先进，没有发生违法违纪行为，出现了拒收案件当事人礼物的先进事迹。一年中，干警共上交各种代价券、礼券、现金、烟酒等价值人民币1万余元，得到高检院纪检组的充分肯定。

1997年至1998年，县检察院抓好廉政建设，维护队伍形象，坚持廉政勤政教育，常抓不懈，警钟长鸣。1997年，贯彻执行市检察院制定的《嘉兴市检察机关党风廉政建设责任制》，成立纪检组，通过设立检察风纪箱、公布廉政举报电话和建立“办案监督卡”等形式，进一步接受社会监督，推动廉政建设不断发展。全年共有7名干警上交各种难以谢绝的代价券、礼金、实物等价值人民币1.2万元。1998年，通过公布干警违法违纪举报电话、完善办案纪律跟踪反馈制度、推行检务公开等，接受人民群众监督，抓好自身反腐败。

1999年，贯彻执行高检院《检察机关党风廉政建设责任制实施办法(试行)》和市检察院《落实党风廉政建设责任制加强队伍廉政建设的意见(试行)》，进一步加强对党风廉政建设责任制贯彻落实的领导。7月，成立党风廉政建设领导小组，由检察长与副检察长、副检察长与分管科局处室负责人、科局处室负责人与本部门干警，层层签订党风廉政建设责任书，将党风廉政建设工作与业务工作一起部署、一起落实、一起检查、一起考核，形成齐抓共管，一级抓一级、一级向一级负责的良好格局，真正落实了“一岗双责”。此后，县检察院每年坚持层层签订党风廉政建设责任书，落实中层干部“一岗双责”。各科、局、处、室对廉政情况每季度有检查考核，年终每位干警填写“党风廉政建设责任制考核表”。党风廉政责任制的考核工作与干部考察考核、岗位目标考核、法律职务晋升考核相结合，考核结果记入本人廉政档案，作为对干部聘任(用)、业绩评定、奖励惩处的重要依据。县检察院制定《八小时外检察干警文明公约》，建立检察长诫勉制度。

2000 年，县检察院加强对廉政制度执行情况的监督。年内聘请 10 名廉政监督员。检察长严乐雄在调研检察干警八小时以外教育管理方法和措施基础上，撰写《浅谈如何加强检察干警八小时外的教育管理》专题论文，并在《嘉兴人大》发表。为促进检察干警廉洁自律，组织干警家属积极参与到检察机关的队伍建设中来，支持检察工作，共同承担起廉洁从检的责任。开展以“争创廉政家庭，树立良好家风”为主题的活动，推行“家庭助廉”工程。

2001 年，县检察院积极探索对干警“八小时”外行为进行监督管理的办法和措施，制定全年家属培训计划，开设家属廉政培训班，每季活动一次，把干警的教育管理延伸到八小时外，建立廉洁从检的第二道廉政防线。此项做法，得到市、县纪委的肯定。

2003 年，举办干警家属培训班，邀请市检察院纪检组长陆雁萍给干警家属上廉政教育课，通报 2002 年全国、全省、全市检察机关干警违法违纪情况，希望干警家属在加强检察队伍建设，防止干警违法违纪方面当好廉内助，共同筑起拒腐防变的第二道防线。是年，县检察院被省检察院确定为全省队伍建设示范院。县检察院恢复重建以来 25 年零违纪的总结材料分别被市委办、县委办转发。

2004 年，县检察院组织干警学习《中国共产党纪律处分条例》《中国共产党党内监督条例(试行)》和中国“十大杰出检察官”金华市检察院反贪局局长李斌先进事迹。在党风廉政建设责任书中明确规定各责任人在党风廉政建设中需要承担的七项责任，同时明确了责任的考核和追究，制发廉政自律卡，全体干警人手一卡，要求随身携带。

自 2006 年起，省检察院对县检察院领导班子和领导干部落实党风廉政建设责任制情况实行考核。

2008年6月18日，县检察院举办家庭助廉培训会

2008年，开展创建廉政文化示范点活动，拓展廉政文化示范点创建活动层次空间，积极探索家庭监督，发出“兴廉洁之风，建文明家庭”家庭助廉倡议书，签订家庭廉政责任书，组织干警家属观看电教片，上廉政教育课，深入推进廉政文化示范点活动，促进廉政文化深入家门。是年6月18日，召开廉政文化示范点建设暨家庭助廉工作会议，全体干警及40余名干警家属参加了会议。年内，县检察院获得县级“廉政文化进家庭”工作创新奖，3名干警家属被评为“廉内助”。

2009年7月，县检察院贯彻《海盐县建立健全惩治和预防腐败体系2008—2012年工作要点》，结合实际，制订《加强检察机关自身反腐倡廉建设实施方案》。是年9月，县检察院成立关于开展岗位廉政风险防控管理机制建设工作领导小组。继续开展以“共识倡廉、承诺保廉、读书思廉、培训促廉、竞赛兴廉、祝福送廉、监督助廉和评优弘廉”等“八个廉”系列活动。是年，县检察院先后被评为县、市级“廉政文化‘六进’示范点”(廉政文化进家庭)。

2010年，县检察院持之以恒地推行“家庭助廉”工程，在“家庭助廉”活动中，始终把家庭作为反腐倡廉教育的“第二课堂”和促廉、督廉、保廉的“第二道防线”。开展法纪条规教育、反面警示教育、正面示范教育、家庭美德教育、社会公德教育等“五项教育”。首创检察长与全体干警家属共签“廉政家庭”承诺书，拓展了廉政建设的视野，丰富了“家庭助廉”工程的内涵。是年，县检察院被命名为省级廉政文化“六进”(进家庭)示范点，1名干警家属被市检察院与市妇联评为“好检嫂”。

2011年，县检察院制定《2011年落实党风廉政建设责任制实施细则》，明确责任范围内党风廉政建设应负的责任。注重对网络虚拟社会管理的创新思考，在县检察院门户网站建立网络接待室，接受群众举报和监督。开展“维护人民群众合法权益，解决反映强烈的突出问题”专项检查，广泛征求群众意见，认真查找检察队伍中存在的突出问题，进行整改。

三、干部管理

检察干部配备

检察干部队伍的发展与壮大,是与国家法制的逐渐发展和完善紧密相连的。检察干部的配备,受检察机关编制的制约。检察机关编制的制定,是根据不同时期的国家政策、最高人民检察院开展业务工作的要求、所在地编制委员会根据当地所规定的编制数量确定的。

新中国成立初期,最高人民检察署建立不久,检察委员会会议就提出选调干部的具体要求:必须是政治上可靠,并有一定的文化程度和工作经验,经过短期培训即可称职的干部。县检察署成立后,根据上述原则,慎选干部。1951 年县检察院配备干部 2 名,1956 年配备干部 3 名,1957 年达 9 人。队伍素质较高,保证了各项检察工作的完成。1958 年撤销县检察院前,检察干部有 6 人。1961 年恢复县检察院时,检察干部有 3 人。1964 年至 1968 年 4 月,检察干部保持 6 人。其间检察干部经常被抽调参加中心工作,从事检察业务不及半数。

1978 年,县检察院恢复重建。10 月,县检察院挂牌办公,配备干部 4 名。此后,县委为县检察院选调了一大批政治上坚强、能够坚持贯彻执行党的方针政策、敢于坚持原则、秉公执法并具有较高文化程度和实际工作经验的干部进检察机关。检察干部从 1978 年重建时的 4 人增加到 1982 年的 26 人。其中,调入 17 名,部队转业(退伍)10 名,病退 1 名。

随着检察工作的深入开展,检察机关对人员数量的要求和对人员素质的要求都有提高。1983 年至 1987 年,每年都有干部补充到检察机关,其间从外系统调入 10 名,部队转业、招干各 1 名。1987 年年底,县检察院实有干部 30 名。1988 年至 1999 年,陆续从大中专学校毕业生中选拔人员充实到县检察院有 13 名。同时,从部队转业和外单位调入干部有 29 名(其中向企事业招干录用 6 名),检察机关队伍不断壮大。其间部分老同志退休、部分干部对外交流。1999 年年底,县检察院实有干部 46 名。2000 年至 2010 年,根据《浙江省国家公务员录用实施办法》,须经全省统一报考录用应届高校毕业生。其间,县检察院共录用应届高校毕业生 21 名,从外单位调入 8 名。2011 年年底,县检察院编制为 62 名,实有检察干警 55 名,其中研究生学位 6 名、大学学历 42 名、大专学历7 名。

1985 年,县检察院经县委同意,在全县各乡镇和企事业单位中聘请检察联络员(兼职)56 名。至 1998 年,先后多次聘请和解聘 193 人次。调整后,全县共

2009 年 6 月 11 日，县检察院开展第八轮“双聘”活动

有检察联络员 90 名。1998 年 11 月，根据检察工作的实际情况，解聘全部检察联络员。

1984 年 7 月的县七届人大一次会议、1993 年 4 月的县十届人大一次会议和 1998 年 3 月的县十一届人大一次会议，检察长进行换届选举，县检察院检察长均顺利完成新老交替。选举产生的新一届检察长均按法律程序上报市检察院，由市检察院检察长提请市人大常委会批准任命。2008 年 11 月，市检察院就换届以来领导班子建设等方面工作，对县检察院进行巡查。市检察院党组认为海盐县检察院领导班子团结协调，群众威信较高，检察队伍建设状况良好，干警争先创优意识强烈，充分肯定了县检察院的各项工作。县检察院还适时向县人大常委会提请任命了一批检察干部的法律职务，县检察院内设机构也进一步作了调整。

表 9—1　　1951—2011 年海盐县人民检察院人员情况(一)

单位：人

年度	人数	共产党员	文化程度						年龄					法律职务					
			研究生	大学本科	大学专科	中专	高中	初中以下	25岁以下	26至35岁	36至45岁	46至55岁	56至60岁	检察长	副检察长	检察员	助理检察员	书记员	法警
1951	2	1	—	—	—	—	—	—	—	—	—	—	—	0	1	0	0	1	0
1952	2	1	—	—	—	—	—	—	—	—	—	—	—	0	1	0	0	1	0
1953	2	1	—	—	—	—	—	—	—	—	—	—	—	0	1	0	0	1	0
1954	2	1	0	0	0	0	0	2	1	1	0	0	0	0	1	0	0	1	0
1955	2	1	0	0	0	0	0	2	1	1	0	0	0	0	1	0	0	1	0
1956	6	4	0	0	0	0	0	6	4	1	0	1	0	0	1	2	1	0	0

续表 9—1

年度	人数	共产党员	文化程度						年龄					法律职务					
			研究生	大学本科	大学专科	中专	高中	初中以下	25岁以下	26至35岁	36至45岁	46至55岁	56至60岁	检察长	副检察长	检察员	助理检察员	书记员	法警
1957	9	7	0	0	0	0	0	9	3	5	0	1	0	0	1	3	4	0	0
1958	6	4	0	0	0	0	0	6	2	4	0	0	0	0	1	2	2	1	0
1961	3	2	0	0	0	0	0	3	0	2	1	0	0	0	1	0	1	0	0
1962	4	2	0	0	0	0	0	4	0	2	2	0	0	1	0	0	1	0	0
1963	5	2	0	0	0	0	1	4	0	3	2	0	0	1	0	1	3	0	0
1964	6	3	0	0	0	0	1	5	0	3	3	0	0	1	1	1	3	0	0
1965	6	3	0	0	0	0	1	5	0	3	3	0	0	1	1	1	3	0	0
1966	6	3	0	0	0	0	1	5	0	3	3	0	0	1	1	1	3	0	0
1967	4	1	0	0	0	0	1	5	0	3	3	0	0	1	1	1	3	0	0
1968	4	1	0	0	0	0	1	3	0	3	1	0	0	0	1	3	0	0	0
1978	4	2	0	0	0	0	0	4	0	0	0	4	0	1	0	1	2	0	0
1979	10	6	0	0	2	1	0	7	2	2	3	3	0	1	0	0	6	0	0
1980	15	11	0	0	2	2	0	11	1	4	4	6	0	1	1	5	3	0	1
1981	19	15	0	0	2	2	4	11	7	0	6	5	1	1	1	5	3	0	2
1982	25	21	0	0	2	2	5	16	3	6	8	7	1	1	2	12	6	2	2
1983	25	21	0	0	2	4	5	14	2	7	8	7	1	1	2	12	6	2	2
1984	26	22	0	1	2	3	6	14	2	5	8	11	0	1	2	12	6	2	2
1985	27	21	0	1	2	3	7	14	2	6	7	12	0	1	2	13	6	1	2
1986	28	21	0	2	2	3	7	14	3	6	7	12	0	1	2	13	7	3	2
1987	30	25	0	1	3	3	8	15	3	8	7	11	1	1	2	16	5	3	2
1988	35	31	0	3	5	2	10	15	4	11	9	9	2	1	2	16	11	2	1
1989	41	32	0	5	8	4	11	13	6	14	9	9	3	1	2	17	12	7	1

续表 9—1

年　度	人数	共产党员	文化程度						年龄					法律职务					
			研究生	大学本科	大学专科	中专	高中	初中以下	25岁以下	26至35岁	36至45岁	46至55岁	56至60岁	检察长	副检察长	检察员	助理检察员	书记员	法警
1990	42	33	0	5	10	7	10	10	6	14	10	9	3	1	2	19	10	7	1
1991	42	33	0	5	14	9	5	9	6	14	10	9	3	1	2	20	9	6	1
1992	43	33	0	5	14	10	5	9	5	13	12	9	4	1	2	27	7	2	1
1993	45	32	0	5	14	13	5	8	6	14	12	10	2	1	2	25	8	4	1
1994	44	31	0	4	14	15	4	7	4	14	13	9	4	1	2	26	6	4	1
1995	45	29	0	4	18	13	4	6	3	18	13	7	4	1	2	22	7	6	0
1996	47	30	0	7	18	13	4	5	5	17	15	6	4	1	1	23	6	11	0
1997	48	33	0	9	19	11	4	5	4	20	12	6	6	1	1	24	7	11	0
1998	46	36	0	7	24	8	3	4	4	17	14	7	4	1	2	25	7	8	0
1999	46	37	0	10	21	8	3	4	3	15	16	7	5	1	2	26	8	9	0
2000	49	39	0	13	21	8	3	4	4	16	17	7	5	1	2	30	6	8	2
2001	45	38	1	14	19	8	3	0	3	15	17	8	2	1	2	28	5	7	2
2002	46	38	1	21	13	8	3	0	4	15	17	8	2	1	2	29	4	7	2
2003	40	32	1	19	13	6	1	0	4	14	11	11	0	1	2	24	3	8	2
2004	42	36	1	29	12	0	0	0	3	12	15	11	1	1	3	23	3	10	2
2005	47	41	1	34	12	0	0	0	7	10	17	12	1	1	3	25	3	13	2
2006	47	41	2	34	11	0	0	0	7	10	7	12	1	1	3	25	5	11	2
2007	46	41	4	32	10	0	0	0	3	12	18	10	3	1	3	23	7	9	2
2008	48	43	4	35	9	0	0	0	2	14	17	13	2	1	3	25	5	11	2
2009	51	43	6	36	9	0	0	0	4	16	15	13	3	1	2	26	6	12	3
2010	54	43	9	36	9	0	0	0	7	16	15	12	4	1	3	26	9	10	3
2011	55	44	6	42	7	0	0	0	8	15	16	12	4	1	3	25	9	12	3

表 9—2　　1951—2011 年海盐县人民检察院人员情况(二)

姓名	性别	出生年月	籍贯	参加工作时间	入党时间	学历	工作时间	来源	最高任职	备注
姚　堂	男	1921	山东		1945.1	高小	1951.10—1953.5	组织安排	副署长	1953 年调离
程　政	男	—	—	—	—	—	1951.11—1952.9	组织安排	—	1952 年调离
陆永铭	男	—	浙江平湖	1949.6	—	初中	1952.10—1954	组织安排	—	1954 年调离
郭文德	男	—	—	—	—	—	1953.5—1954.5	组织安排	副署长	1954 年调离
党彦瑞	男	1925.7	山东沂水	1946.11	1944.3	初小	1954.8—1955.8；1961.12—1967.11；1978.10—1984.7	组织安排	检察长	1984 年离休
陈玉山	男	—	—	—	—	—	1956.2—1956.8	组织安排	检察长	1956 年调离
陈振华	男	1933.7	浙江海盐	1951.2	1954.2	初中	1956.3—1958.11	组织安排	—	1958 年调离
蒋钰祥	男	1936.7	浙江嘉善	1951.5	—	初中	1956.4—1958.11；1962.6—1968.4；1978.10—1996.5	组织安排	党组成员、副检察长	1996 年退休
王林祥	男	1910.4	江苏南汇	1944.10	1947.4	初中	1956.5—1958	组织安排	—	—
程焕贤	男	1937.12	浙江丽水	1951.8	—	初中	1956.5—1958.11	组织安排	书记员	1958 年调离
万文安	男	1927.12	山东乐凌	1947.3	1948.10	初小	1956.10—1958.11	组织安排	检察员	1958.10 调离
高自然	男	1925.11	山东泽宏	1946	1946	初小	1956.10—1958.11	组织安排	政法党组副书记	1958 年调离
王德福	男	1932.4	浙江桐乡	1951.12	1956.5	初小	1957.1—1958	组织安排	—	1958 年调离
张起凤	男	1927	—	1947	1949	高小	1957.10—1958.11	组织安排	检察员	1958 年调离

续表 9—2

姓名	性别	出生年月	籍贯	参加工作时间	入党时间	学历	工作时间	来源	最高任职	备注
张宝山	男	1930	—	1947.3	1949.3	初小	1957.10—1958.11	组织安排	助理检察员	1958年调离
侯　英	男	1926.6	湖北	—	1949.6	高小	1961.10—1961.12	组织安排	负责人	1961年调离
王金海	男	1926.6	浙江海宁	1952.11	1959.3	初中	1961.10—1968.4；1978.10—1979.12	组织安排	检察员	1979年退休
曹永章	男	1934.11	浙江海宁	1952.7	1981.9	初中	1961.10—1968.4；1978.10—1993	组织安排	检察员、刑一科科长	1993年退休
沈文祥	男	1933	—	1951.7	—	高中	1963.4—1968.4	组织安排	—	1968年调离
谷修如	男	1925	—	1943.11	1948.8	高小	1964.3—1967.12	组织安排	负责人	1967年调离
张子良	男	1931.1	浙江海宁	1951.12	1956.12	初中	1979.4—1991.1	外单位调入	经济科科长	1991年退休
戴林荣	男	1938.10	浙江海盐	1956.3	1962.4	高中	1979.9—1998	外单位调入	检察员	1998年退休
李理荣	男	1931.2	浙江海盐	1952.2	1956.7	高小	1979.9—1982	外单位调入	—	1982年退休
孔满宝	女	1946.10	浙江海盐	1973.3	1966.8	大学	1979.9—1995.5	外单位调入	助理检察员	1995年调离
陈树玉	男	1948.1	浙江海盐	1973.3	1984.9	大学	1979.10—2008	外单位调入	检察员、反贪局局长	2008年退休
万寿元	男	1929.10	山东广饶	1947.4	1946.2	初中	1979.11—1984.7	部队转业	党组副书记、副检察长	1984年调离
吴孝治	男	1929.11	浙江海盐	1949.6	1954.7	初中	1979.12—1986	外单位调入	检察员、办公室副主任	1986年离休
沈关林	男	1939.2	浙江海盐	1959.3	1962.10	高小	1979.11—1999	部队转业	检察员、控申科科长	1999年退休
施瑞章	男	1945.4	浙江海宁	1961.9	1966.7	初中	1979.11—2002	部队转业	检察员、政治处主任	2005年退休
李菊成	男	1943.5	浙江海盐	1960.9	1964.7	大专	1979.11—1984	外单位调入	检察员、刑二科副科长	1984年调离

续表 9—2

姓名	性别	出生年月	籍贯	参加工作时间	入党时间	学历	工作时间	来源	最高任职	备注
唐生良	男	1955.10	浙江海盐	1976.9	1980.1	中专	1980.2—	部队转业	检察员、控申科科长	—
王国庆	男	1957.10	—	1976.12	1980.8	高中	1980.12—1985	部队转业	书记员	1985年调离
张立臣	男	1956.8	江苏	1977.1	1979.10	高中	1980.2—1997.12	部队转业	党组书记、检察长	1998年调离
张普成	男	1951.10	江苏	1970.12	1984.8	初中	1980.9—2011.9	外单位调入	检察员、反贪局教导员	2011年退休
王小龙	男	1962.11	浙江海宁	1979.12	1990.2	初中	1979.12—	外单位调入	检察员、监所科科长	—
徐承江	男	1959.8	山东淄博	1978.12	1987.8	高中	1981.1—	部队转业	党组成员、副检察长	—
叶连德	男	1933.5	上海	1951.7	1956.1	初中	1982.4—1988	部队转业	党组副书记、副检察长	1988年调离
黄德圭	女	1932.1	—	1952.3	1960.12	初中	1982—1987.1	外单位调入	—	1987年退休
黄珠法	男	1940.12	浙江海盐	1960	1961.11	初中	1982.1—2000	部队转业	检察员、反贪局副局长	2000年退休
李松泉	男	1941.7	浙江海盐	1960.9	1964.10	初中	1982.1—2000	部队转业	检察员、行装科科长	2000年退休
徐季祥	男	1954.9	浙江海盐	1973.1	1976.10	初中	1982.6—	外单位调入	检察员、控申科科长	—
沈忠林	男	1941.10	上海	1961.9	1965.1	初中	1982.3—2000	部队转业	检委会委员、经济科科长	2000年退休
沈福观	男	1947.7	浙江海盐	1968.4	1969.4	高中	1982.9—1993	外单位调入	—	1993年调离
刘根华	男	1932.11	浙江海盐	1952.3	1955.3	初中	1984.5—1993	外单位调入	党组书记、检察长	1993年退休
林志成	男	1935.5	浙江海盐	1952.6	1954.11	初中	1984—1995	外单位调入	助理检察员	1995年退休
陆佩芬	女	1932.4	江苏无锡	1951.3	—	大学	1984 —1987.4	外单位调入	—	1987年退休

续表 9—2

姓名	性别	出生年月	籍贯	参加工作时间	入党时间	学历	工作时间	来源	最高任职	备注
姜云飞	男	1938.5	浙江嘉兴	1956.8	1988.10	高中	1984 —1998	外单位调入	助理检察员	1998 年退休
谢伟成	男	1959.11	江苏	1977.5	—	高中	1982.10—1995	外单位调入	—	1992 年调离
曹晓铭	男	1963.4	浙江海盐	1982.9	—	高中	1985.12—1995	招干	起诉科副科长	1995 年调离
黄关明	男	1947.11	浙江海盐	1969.2	1971.7	高中	1986.2—2003	部队转业	检察员	2007 年退休
陆周良	男	1963.6	浙江海宁	1986.7	—	大学	1986.9—1999	外单位调入	—	1999 年调离
张新民	男	1943.12	浙江海盐	1982.6	1980.2	初中	1987.3—2002.1	外单位调入	检察员	2002 年离岗退养
陈大荣	男	1950.10	浙江海盐	1968.3	1969.6	初中	1987.5—1995	外单位调入	—	1995 年调离
杨宗生	男	1956.2	浙江建德	1974.12	1977.8	高中	1987.8—	外单位调入	检察员	—
夏关明	男	1954.1	浙江海盐	1972.12	1975.11	高中	1987.8—1989	外单位调入	—	1989 年调离
陈国良	男	1951.7	浙江海盐	1969.12	1972.12	大专	1988.10—2011.8	部队转业	检察员	2011 年退休
任召荣	男	1953.5	浙江海盐	1972.12	1975.1	高中	1988.1—	部队转业	行装科科长	—
姚连军	男	1958.2	浙江海盐	1978.10	1978.9	高中	1988.7—	外单位调入	检察员、办公室副主任	—
朱　鸿	男	1962.6	浙江海盐	1981.8	1986.1	大专	1988.10—1993；2000—2007	外单位调入	党组成员、纪检组长	2007 年调离
袁菊生	男	1963.9	浙江海盐	1985.7	1991.2	大学	1988.1—2009	部队转业	党组副书记、副检察长	2009 年调离
庄小红	女	1966.7	浙江金华	1988.8	—	大学	1988.8—1994	院校分配	—	1994 年调离

续表 9—2

姓名	性别	出生年月	籍贯	参加工作时间	入党时间	学历	工作时间	来源	最高任职	备注
宋林华	男	1960.4	浙江海盐	1978.2	1985.8	大专	1989.5—1994	外单位调入	—	1994 年调离
章生良	男	1964.12	浙江海盐	1984.7	1997.6	大学	1989.7—2003	院校分配	检察员、批捕科长	2003 年调离
夏燕红	女	1966.7	浙江海盐	1987.8	—	中专	1989.8—1998	外单位调入	—	1998 年调离
严振中	男	1968.7	浙江海盐	1989.8	1998.6	大专	1989.8—2003；2007.3—	院校分配	检委会委员、起诉科长	2003 年调离
陈国根	男	1968.10	浙江海盐	1989.8	1993.2	中专	1989.8—2007	院校分配	党组成员、副检察长	2007 年调离
张利祥	男	1967.7	浙江海盐	1989.8	1998.10	大学	1989.8—2006.12	院校分配	检察员、民行科长	2006 年调离
郑美良	男	1963.7	浙江海盐	1982.10	1984.8	高中	1989.8—2003	部队转业	党组成员、反贪局局长	2003 年调离
陈凤梅	女	1965.12	河南	1981.5	—	大专	1990.4—1993	—	—	1993 年调离
朱琛瑶	女	1972.6	浙江海盐	1991.8	1995.9	中专	1991.8—	院校分配	党组成员、副检察长	—
莫红良	男	1969.11	浙江海盐	1992.8	2001.9	中专	1992.8—	院校分配	检察员、反贪局副局长	—
朱建立	男	1956.11	浙江海盐	1974.12	1977.9	中专	1992 —	部队转业	检察员	—
朱文燕	女	1952.8	上海	1969.4	1998.10	中专	1993—2007	外单位调入	副主任科员	2007 年退休
李建民	男	1956.7	浙江海盐	1974.12	1977.7	高中	1993 —	部队转业	检察员、监察室主任	—
宋建良	男	1960.9	浙江海盐	1979.8	1996.12	大专	1993.11	外单位调入	检察员、反渎局局长	—
方光飞	男	1968.2	浙江海盐	1989.7	1999.10	中专	1993—	外单位调入	党组成员、反贪局局长	—
朱伟峰	男	1971.2	浙江海宁	1991.8	—	中专	1993—1997	外单位调入	—	1997 年调离

续表 9—2

姓名	性别	出生年月	籍贯	参加工作时间	入党时间	学历	工作时间	来源	最高任职	备注
顾进良	男	1963.1	浙江嘉兴	1976	—	大专	1993.9—1994.10	外单位调入	党组成员、副检察长	—
朱国全	男	1956.10	浙江海盐	1976.3	1978.5	中专	1994.9—	部队转业	检察员	—
郑连平	男	1969.1	浙江海盐	1994.8	—	大专	1994.9—1998	院校分配	—	1998 年调离
潘　峰	男	1968.8	浙江海盐	1990.8	—	大专	1994.12—	院校分配	检察员	—
王建根	男	1968.4	浙江海盐	1987.8	—	大专	1994.12—1998	外单位调入	—	1998 年调离
王嫣红	女	1970.11	浙江海盐	1992.11	1999.5	大专	1994.12—	外单位调入	检察员、公诉科科长	—
朱立宏	男	1962.10	浙江海盐	1979.12	1986.12	大专	1994.12—	外单位调入	检察员、办公室主任	—
金朝晖	男	1969.1	浙江海盐	1986.12	1997.7	大专	1994.12—	外单位调入	检委会专职委员、侦监科科长	—
沈建森	男	1967.10	浙江海盐	1988.3	2012.1	大专	1994.12—	外单位调入	法警	—
董学飞	男	1972.12	浙江海盐	1996.8	2000.9	大学	1996.8—	院校分配	检察员、控申科科长	—
石晓贤	男	1973.10	浙江海盐	1996.8	2002.11	大学	1996.8—2007	院校分配	助理检察员	2007 年调离
廖　琛	男	1974.10	浙江义乌	1996.8	—	大学	1996.8—1998	院校分配	—	1998 年调离
王寒波	女	1970.9	浙江慈溪	1992.8	1997.8	大学	1997.8—	外单位调入	检察员、反贪局教导员	—
吴会其	男	1962.6	浙江海盐	1981.10	1986.3	大专	1997.10—	部队转业	检察员、民行科科长	—
严乐雄	男	1956.6	浙江嘉善	1974.12	1977.12	大专	1997.12—2006.12	外单位调入	党组书记、检察长	2006 年调离

续表 9—2

姓名	性别	出生年月	籍贯	参加工作时间	入党时间	学历	工作时间	来源	最高任职	备注
廖　玮	女	1977.11	浙江义乌	1998.9	2003.8	大专	1998.9—	院校分配	检察员、侦监科副科长	—
杜　鹃	女	1976.9	浙江海盐	1998.9	2003.8	大专	1998.9—	院校分配	检察员、公诉科助理	—
王　勇	男	1964.7	安徽泗县	1982.10	1985.6	大专	1998.9—	部队转业	办公室副主任	—
盛福根	男	1975.10	浙江海盐	1998.9	2005.11	大专	1998.9—	院校分配	法警	—
潘关林	男	1962.1	浙江海盐	1981.10	1986.7	大专	1999.8—	部队转业	法警队队长	—
李卫红	女	1967.10	浙江海盐	1989.8	1994.7	大学	2000.2—	外单位调入	法警	—
许雪军	男	1977.7	浙江海盐	2000.11	2007.4	大学	2000.11—2010	院校分配	检察员、反贪局副局长	2010年调离
张云东	男	1980.1	浙江海盐	2002.7	—	大学	2002.7—	招考录用	检察员、民行科科长	—
周晓洁	女	1979.10	浙江海盐	2003.7	2003.3	大学	2003.7—2009	招考录用	书记员	2009年调离
叶张琴	女	1981.8	浙江海盐	2004.7	2000.6	大学	2004.7—2011.7	招考录用	书记员	2011年调离
潘忠平	男	1981.12	浙江海盐	2004.8	2008.8	大学	2004.8—2011.7	招考录用	检察员、反贪局副局长	2011年调离
黄苏平	女	1981.10	浙江海盐	2005.7	2005.5	大学	2005.7—	招考录用	办公室副主任	—
余朝章	男	1967.5	福建闽侯	1990.8	1995.5	大学	2005.9—	外单位调入	检察员、公诉科教导员	—
崔林陶	男	1982.3	浙江海盐	2005.7	2010.11	大学	2005.7—	招考录用	检察员、反贪局局长助理	—
潘凤前	男	1982.5	浙江海盐	2005.7	2004.7	大学	2005.7—2010	招考录用	法警	2010年调离
柏水英	女	1982.10	浙江湖州	2005.7	2004.12	大学	2005.7—	招考录用	检察员	—

续表 9—2

姓名	性别	出生年月	籍贯	参加工作时间	入党时间	学历	工作时间	来源	最高任职	备注
李越	男	1965.9	河南	1988.8	1998.12	研究生	2006.12—2011.12	外单位调入	党组书记、检察长	2011年调离
张峰	男	1979.10	山东	2006.7	2005.1	研究生	2006.7—	招考录用	检察员	—
方雪祥	男	1967.10	浙江海盐	1990.8	1995.6	大学	2007.9—	外单位调入	党组成员、纪检组长	—
翁芳洁	女	1986.8	浙江海盐	2008.7	2006.6	大学	2008.7—	招考录用	—	—
王李涛	男	1985.11	浙江海盐	2008.7	2006.3	大学	2008.7—2011	招考录用	助理检察员	2011年调离
贾斌	男	1981.11	山西垣曲	2008.7	—	研究生	2008.7—	招考录用	助理检察员	—
沈家奎	男	1977.10	安徽合肥	2009.8	2008.4	研究生	2009.8—2011.9	招考录用	助理检察员	—
李杨	男	1981.5	江西	2009.8	—	研究生	2009.8—2011	招考录用	助理检察员	2011年调离
印珊丽	女	1986.12	浙江海盐	2009.8	2014.6	大学	2009.8—	招考录用	—	—
许文炫	男	1980.8	浙江海盐	2009.8	2013.12	大学	2009.8—	招考录用	法警	—
李从付	男	1974.3	安徽蚌埠	1999.9	2008.10	研究生	2009.8—	招考录用	书记员	—
陈利明	男	1968.8	浙江海盐	1990.8	1993.12	大学	2010 —	外单位调入	党组成员、政治处主任	—
田征华	男	1982.2	浙江海盐	2004.6	—	大学	2010 —	外单位调入	书记员	—
杨丽斌	男	1987.7	浙江海盐	2009.9	—	大学	2009.9—	招考录用	书记员	—
马海红	女	1986.8	浙江海盐	2009.9	—	大学	2009.9—	招考录用	书记员	—
沈燕琴	女	1986.12	浙江海盐	2009.9	2008.10	大学	2009.9—	招考录用	书记员	—

续表 9—2

姓名	性别	出生年月	籍贯	参加工作时间	入党时间	学历	工作时间	来源	最高任职	备注
钱王琴	女	1986.1	浙江海盐	2008.8	2008.3	大学	2011.11—	外单位调人检察院	书记员	—
朱　冰	女	1988.4	浙江海盐	2011.11	—	大学	2011.11—	招考录用	—	—
王　瑛	女	1986.4	浙江平湖	2009.9	2007.1	大学	2011.9—	招考录用	书记员	—
钱冰青	女	1989.1	浙江海盐	2011.9	2010.5	大学	2011.9—	招考录用	书记员	—
苗　佳	男	1983.2	浙江海盐	2009.9	—	大学	2011.9—	招考录用	书记员	—
颜宇凯	男	1985.3	浙江仙居	2011.9	2011.6	研究生	2011.9—	招考录用	书记员	—
宋　跃	男	1961.2	浙江平湖	1978.2	1986.12	研究生	2011.12—	调任	党组书记、副检察长	—

检察官任免

检察官是人民检察院内符合法律条件、经过法律程序选举或任命、代表国家依法独立行使检察权，履行法律监督职责的人员。检察官包括检察长、副检察长、检察委员会委员、检察员、助理检察员。检察官是检察工作人员的主体。

根据《中华人民共和国检察官法》第十条规定，担任检察官必须具备下述条件：(一)具有中华人民共和国国籍；(二)年满二十三岁；(三)拥护中华人民共和国宪法；(四)有良好的政治、业务素质和良好的品行；(五)身体健康；(六)高等院校法律专业毕业或者高等院校非法律专业毕业具有法律专业知识，工作满两年的；或者获得法律专业学士学位，工作满一年的；获得法律专业硕士学位、法律专业博士学位的，可以不受上述工作年限的限制。

检察官的任免是指依照检察官法的规定，对具备检察官条件的人员任命为检察官和对具有免除检察官职务情形的免除检察官职务的活动。

县检察院检察官的任免，大致分为三个阶段：

第一阶段为1951年至1968年，检察长、副检察长、检察员均采用任命制。1968年县检察院共有检察员1名，助理检察员3名。

第二阶段为1978年至1995年2月。尽管中国确立了正确的检察工作路线、方针政策，实行了正确的人事工作制度，但对于检察官的任免没有具体的规定。因此在实际操作中通常是对调入检察机关工作的干部，工作了一定时间，积累了一定检察工作经验后，由检察长直接任命为助理检察员。检察员的任命则由检察长向人大常委会提请后，由人大常委会任命。1995年，县检察院共有检察员21名、助理检察员6名。

第三阶段为1995年2月至2011年年底。根据《中华人民共和国检察官法》第十三条规定："初任检察员、助理检察员采用公开考试、严格考核的办法，按照德才兼备的标准，从具备检察官条件的人员中择优提出人选。"10月，最高人民检察院发出《关于组织初任检察员、助理检察员考试的通知》，12月下旬举行首次全国初任检察员、助理检察员考试。从此，县检察院检察官的任命程序，除必须具备有关条件外，还必须经过全国统一组织的初任检察员、助理检察员公开考试，考试合格后由检察长任命为助理检察员。助理检察员经过一段时间的检察实践，由检察长报请县人大常委会审查并经考试合格后任命为检察员。罢免时由检察长提请县人大常委会批准。副检察长、检察委员会委员的任免，由检察长提请县人民代表大会任免。检察长由县人民代表大会选举和罢免，并必须报上一级人民检察院检察长提请同级人大常务委员会批准。检察官考试和任免机制的确立，使检察官的任命更加制度化、规范化，促进了检察官法律理论水平的进一步提高。1999年2月，根据《中华人民共和国检察官等级暂行规定》和首次评定检察官等级的标准，首批检察官等级评定初评工作经市检察院党组审定报省检察院。4月5日，省检察院浙检等级令字(1999)第9号，批准海盐县人民检察院严乐雄、施瑞章、沈忠林、李松泉、陈树玉、沈关林、张新民、戴林荣、黄珠法为四级高级检察官。袁菊生、

2009年9月25日，县检察院召开新老检察官座谈会

徐承江、张普成、陈国良、李建民、朱国全、徐季祥、黄关明、唐生良为一级检察官。陈国良、郑美良、任召荣、章生良、张利祥、陆周良、杨宗生、姚连军、朱建立、宋建良为二级检察官。省检察院浙检等级令字(1999)第10号,批准确定海盐县人民检察院蒋钰祥、林志成、姜云飞为四级高级检察官。6月21日,市检察院浙嘉检等级令字(1999)第6号,批准海盐县人民检察院王小龙、朱立宏为三级检察官,金朝晖为四级检察官,朱琛瑶、莫红良、王嫣红为五级检察官。12月1日,市检察院浙嘉检等级令字(1999)第14号,批准海盐县人民检察院严振中、吴会其为三级检察官,方光飞为四级检察官。至此完成首次评定检察官等级。此后,根据《中华人民共和国检察官等级暂行规定》晋升和首次评定检察官等级的标准评定检察官等级。

2011年年底,县检察院有检察员29名(其中检察长1名,副检察长3名)、助理检察员9名。此外还有书记员12名、司法警察3名、政治编制工勤人员2名。

2008年2月3日,县检察院召开先进表彰大会

奖惩

检察机关工作人员的奖励制度,在《中华人民共和国检察官法》实施前一直沿用国家机关工作人员奖惩的有关规定。1984年10月16日,最高人民检察院、劳动人事部印发了《检察机关工作人员奖惩暂行办法》的通知,该通知所明确的对集体和个人奖励的条件、种类、审批权限等,标志着检察机关奖惩制度确立的开始。1995年2月,《中华人民共和国检察官法》颁布实施,该法设专章对检察工作的奖惩问题作出规定,以法律形式把检察工作的奖惩制度确立下来,使其具有检察特色,促进了检察队伍建设的规范化和制度化。

表9—3　　海盐县人民检察院受国家级表彰的集体名录

年份	单位名称	荣誉称号	授予机关
2001	海盐县人民检察院	2000年度基层检察院建设先进集体	最高人民检察院
2001	海盐县人民检察院	人民满意的检察院	最高人民检察院

续表 9—3

年　份	单位名称	荣　誉　称　号	授予机关
2004	海盐县人民检察院	2002—2003 年度优秀“青少年维权岗”	共青团中央等 11 家单位
2005	海盐县人民检察院	全国精神文明建设工作先进单位	中央文明委
2005	海盐县人民检察院	全国先进检察院	最高人民检察院
2009	公诉科	巾帼文明示范岗	全国妇联巾帼建功活动领导小组
2011	海盐县人民检察院	全国先进基层检察院	最高人民检察院
2011	控申举报接待室	文明接待室	最高人民检察院

表 9—4　　海盐县人民检察院受国家级表彰的个人名录

年　份	单位名称	荣　誉　称　号	授予机关
1985	蒋钰祥	先进工作者	最高人民检察院
2000	郑美良	人民满意的检察干警	最高人民检察院

表 9—5　　海盐县人民检察院受省级表彰的集体名录

年　份	单位名称	荣　誉　称　号	授予机关
2000	海盐县人民检察院	五好检察院	省人民检察院
2000	控告申诉科	文明接待室	省人民检察院
2000	海盐县人民检察院	集体三等功	省人民检察院
2000	海盐县人民检察院	基础设施建设二等功	省人民检察院
2001	办公室	2000 年度检察信息先进单位	省人民检察院
2001	海盐县人民检察院	档案工作目标管理“省一级”达标	省人民检察院
2001	海盐县人民检察院	2000 年度档案工作省一级达标	省委办、省府办
2001	海盐县人民检察院	文明单位	省委、省政府
2001	审查起诉科	优秀“青少年维权岗”	团省委等 5 家单位
2001	海盐县人民检察院机关党支部	先进基层党组织	省委

续表 9—5

年 份	单位名称	荣 誉 称 号	授予机关
2001	海盐县人民检察院	人民满意政法单位	省委政法委
2002	海盐县人民检察院	先进检察院	省人民检察院
2002	海盐县人民检察院	计财装备工作先进集体	省人民检察院
2003	海盐县人民检察院	2001—2002 年度文明单位	省委、省政府
2003	海盐县人民检察院	先进检察院	省人民检察院
2003	海盐县人民检察院	卫生先进单位	省爱委会
2004	海盐县人民检察院	2003 年度先进检察院	省人民检察院
2004	海盐县人民检察院	执法为民先进集体	省委政法委
2005	驻看守所检察室	二级规范化建设达标	省检察院
2006	公诉科	巾帼文明示范岗	省妇联巾帼建功活动领导小组
2007	海盐县人民检察院	2005—2006 年度文明单位	省委、省政府
2007	海盐县人民检察院	“践行社会主义法治理念”先进集体	省检察院
2008	海盐县人民检察院	2008 年度先进基层检察院	省人民检察院
2009	海盐县人民检察院	卫生先进单位	省爱委会
2009	海盐县人民检察院	2007—2008 年度文明单位	省委
2010	海盐县人民检察院	2009 年度先进基层检察院	省人民检察院
2010	海盐县人民检察院	廉政文化“六进”示范点	省纪委等八家单位
2010	反渎职侵权局	2009 年度二等功	省人民检察院
2011	海盐县人民检察院	2010 年度先进基层检察院	省人民检察院
2011	海盐县人民检察院	纪检监察工作先进集体	省人民检察院
2011	县检察院机关党总支	全省政法机关先进党组织	省委政法委

表 9—6　　　海盐县人民检察院受省级表彰的个人名录

年 份	姓 名	荣 誉 称 号	授予机关
1983	蒋钰祥	1982 年度先进工作者	省人民检察院
1985	蒋钰祥	1984 年度先进工作者	省人民检察院

续表 9—6

年 份	姓 名	荣 誉 称 号	授予机关
1990	黄关明	1989 年度先进工作者	省人民检察院
1991	沈忠林	1990 年度先进工作者	省人民检察院
1991	曹永章	优秀办案员	省人民检察院
1991	李松泉	通报表扬	省人民检察院
1992	李松泉	1991 年度先进工作者	省人民检察院
1995	张立臣	三等功	省人民检察院
1996	沈忠林	优秀军转干部	省委组织部等 4 家单位
1999	郑美良	人民满意政法干警	省委政法委
2001	王寒波	2000 年度优秀信息员	省人民检察院
2001	郑美良	优秀军转干部	省委组织部等 4 家单位
2005	朱琛瑶	优秀女检察官	省人民检察院
2006	严乐雄	2005 年度二等功	省人民检察院
2008	朱琛瑶	十佳公诉人	省人民检察院
2008	张云东	优秀“不捕说理文书”	省人民检察院
2008	宋建良	优秀侦查员	省人民检察院
2010	朱琛瑶	优秀女检察官	省人民检察院
2011	李 越	2010 年度二等功	省人民检察院

第二节 检察服务和保障

一、检察公文与调研

县检察院的公文与法律政策研究工作在不同时期由不同的部门具体负责。

县检察院(署)成立初期,由于人员少,公文与法律政策研究由秘书负责。1956 年后,由秘书组负责。1978 年检察机关重建,1979 年 12 月设立办公室,由办公室负责公文与调研。1988 年 1 月建立调研科,办公室负责检察公文等工作，调研科负责法律政策研究等工作。1995 年调整内设机构，办公室分设行政装备科，撤销调研科，其职能并入办公室，办公室负责检察公文与法律政策研究等工作。同时，结合检察工作，各业务部门都相应承担部分检察公文拟制、法律政策调研的任务。

1951 年至 1988 年，县检察院公文处理的格式与要求，与行政机关公文处理的格式与要求相同。主要依据是：1951 年 9 月政务院颁发的《公文处理暂行办法》。1954 年后，最高人民检察院相继对检察机关公文处理提出有关具体要求。1957 年 10 月，国务院秘书厅发布《国务院秘书厅关于公文名称和体式的几点意见》。1981 年和 1987 年，国务院办公厅先后颁布《国家行政机关公文处理暂行办法》和《国家行政机关文书处理规定》。以上公文处理规定，规范了检察公文的制作。

1978 年县检察院重建以来，公文种类主要有：报告、决定、公告、通告、规定、通知、通报、请示、会议纪要等。

检察工作调查与研究，是检察机关在工作实践中逐步发展起来的。1951 年至 1967 年之间，海盐县检察机关没有设置调研部门，也没有配备专职调研人员，调查研究工作由各业务组根据工作任务相应承担。1957 年 6 月至 8 月，县检察院在海塘乡调研中了解到该乡自春季开始少数不法投机分子活动抬头，贩卖统购统销物资的案件 13 起。有贩卖食油、蚕豆、草席、肥田粉、黄元（火纸）、桂圆、毛竹等，投机取利，严重破坏了统购统销政策，遂发出《关于我县海塘乡经济犯罪活动情况的简报》。1962 年至 1965 年间，县检察院结合办案、下乡蹲点，参加全县中心工作及社教活动进行了大量的调查。1962 年 1 月，根据国家粮食连续被盗的情况，作了《关于当前内外勾结盗窃国家粮食情况报告》，县委和嘉兴分院批转和转发了该报告。1963 年 5 月，县检察院在贯彻社会主义教育运动中撰写了《关于当前二个运动中暴露出来的贪污、盗窃、投机倒把活动情况》上报嘉兴分院。1964 年，县检察院结合蹲点和社会主义教育运动，作了《关于蹲点大队在社教运动中的四类分子动态情况报告》和《关于当前投机倒把活动的调查情况报告》。

1978 年县检察院重建至 1988 年，没有设置调研部门，调研工作由办公室负责。1981 年，县检察院查处一般经济案件 14 起，共调查 20 次、15 个单位，作了《关于当前经济领域内违法犯罪情况的报告》等 3 个专题报告，其中 2 件由县委办公室以文件的形式转发到各公社、镇和县属各单位。

1986年3月，县检察院参加全市检察机关首期调研干部培训班，配备专职调研干部一名。全年共开展调查研究2次，参加市检察院组织调研1次。全年共出简报23期，检察联络员专辑3期，起草各类报告、文件31件，被上级业务机关和县委转发11件，向报刊、电台投稿18篇，被采用12篇。由市检察院牵头组织海盐、海宁、嘉善等检察院调研并撰写《对办理乡镇企业案件的调查报告》，总结了检察机关办理乡镇企业案件的6点做法，分析了乡镇企业存在的4大问题，提出了具体改进措施和意见，对检察机关为乡镇企业保驾护航工作起到引领作用。1988年，县检察院建立调研科。是年，完成专题调查材料1份，编发工作简报、信息39期，起草工作报告材料27件，共被党委和上级机关采用23件(条)。

1990年1月，县检察院贯彻最高人民检察院下发的《关于加强检察院办公室工作的决定》，完成专题材料1份，编发简报、情况反映、大要案专报，检察联络员情况交流、法制宣传、信息等54件(条)，起草文件等其他文字材料47件，被党委和上级机关采用32条。是年6月，省检察院为进一步加强检察信息工作，决定在全省建立检察信息联络点11个，县检察院为联络点之一。

1991年至1994年，检察调研工作围绕检察工作重心，搞好检察信息传递，审查统计报表，及时反映检察工作情况，为领导科学决策提供依据，共编发简报、大要案专报、检察情况反映等292期(条)，编写领导讲话、工作报告、专题材料171件，共计被党委和上级机关采用101篇(条)。

1995年，县检察院调研科撤销，其职能并入办公室。全年共编发简报36期，检察情况反映4期，检察信息16篇(条)，编写工作报告、计划、总结、领导讲话材料52篇，共被上级检察机关采用21篇(条)，被县委、县政府、人大等部门采用16篇(条)。

1997年8月，县检察院加强检察调研工作，出刊《检察调研》。调研重点：1.法律、法规知识、司法解释的学习和研究，结合典型案例和疑难案例就法律适用、定罪量刑等方面开展学术探讨。2.联系检察工作实际，进行个案剖析，以案释法，以案论法。3.交流总结办案经验，摸索加强执法监督的新途径。4.针对司法实践和社会生活中出现的新情况新问题进行研究、思考，提出对策。5.探索犯罪预防工作的有效途径。6.探索加强队伍建设的新举措。是年，先后刊出《青少年犯罪的特点、成因和预防》《浅议刑诉法对被告人人权的保障》等多篇调研论文。其中,《加强财务工作,严格财务管理,有效预防经济犯罪》的调研文章被县委办公室向全县转发(1998年该文被《浙江通讯》录用刊登),起到较好的效果。

1998年5月,县检察院设立职务犯罪预防与调研中心,充分利用《检察调研》的阵地,探索加强预防职务犯罪工作的有效途径,交流工作经验,积极开展调查研究。组织专门人员编写《职务犯罪的剖析》《我县职务犯罪案件分析》等调研文章,作为预防职务犯罪工作培训的重要材料。

1999年,县检察院以《检察调研》为载体,推动本院调研工作发展,积极组编调研文章。全年共出《检察调研》16期,刊登《浅析组织、利用邪教组织破坏法律实施罪》等多篇调研论文。其中《1998年度批捕工作分析》受到县领导的肯定,《受礼受贿之辨》被《人民检察》录用。

2000年,县检察院通过《检察工作简报》《检察情况反映》和《检察调研》反映工作情况。全年共出刊《检察工作简报》28期、《检察情况反映》11期,《检察调研》8期。其中《关于我院查办粮食系统窝案串案的经验做法》被省检察院《检察工作简报》录用,《抓住三个环节,确保后勤保障,促进检察机关现代化建设》在全省科技检察会议上作经验交流,《坚持原则,维护团结,促进检察事业健康发展》为全市检察机关思想政治工作会议交流材料,《抓文明创建活动、促检察队伍发展》发表于《浙江检察》。

2001年,县检察院围绕检察工作重点,做好检察信息工作。根据工作进程,采取多种形式,积极反映本院工作情况。全年编发《检察工作简报》44期,《检察情况反映》11期,"三个代表"学教活动专题简报19期。《检察调研》刊出《浅议检察机关的刑事量刑建议权》《关于拓宽渎职"侵权"案件线索来源渠道的探讨》等多篇调研文章。

2004年至2005年,县检察院围绕检察队伍建设和业务工作,结合争创全国模范检察院的奋斗目标,加强检察调研工作。两年在市级以上刊物发表检察调研论文23篇。2004年完成《"八八战略"与检察工作调研报告》《人民监督员制度之立法基础》《加强检察文化建设不断推进基层检察院发展》《我院科技强检的现状、存在问题及对策》《树立科学发展观、以人为本谋发展》等调研文章。2005年,《加强法律监督能力专题调研报告》《加强检察文化建设不断推进基层检察院发展》调研文章发表于《嘉兴检察》,《加强法律监督能力建设为建设和谐社会做贡献》发表于《今日海盐》，2篇检察理论文章在第二届全市检察理论年会交流。

2006年至2010年，县检察院对检察调研工作高度重视。2006年1月成立检察宣传和理论调研工作领导小组。2007年，制定检察理论工作考核办法，提出激励措施，进行考核奖励。是年，承担浙江省检察机关检察应用理论研究重点课题——《刑事和解机制的探索与实践》，5篇调研文章在国家级刊物上发表，1篇在省检察院评比中获奖。2008年，编发《海盐检察》理论刊物两期，其中一期为检察调研论文专刊。全年撰写调研文章30余篇，其中被市级以上刊物录用或交流19篇。检察长李越和公诉科张峰先后三次受邀参加全国性学术研讨，并有3篇理论调研文章在会上交流。县检察院在检察调研工作上共推出10项措施。分别是：一、提高认识，加强领导。成立调研工作领导小组，积极组织开展调研活动。二、制定制度，严格落实责任。制定《调研工作考核办法》和《关于进一步加强检察调研工作的意见》，规范和推动调研工作。三、唯才是用，成立理论调研组。四、大力支持、鼓励成立课题组。五、鼓励共享，完善检察官书架。每年拨付一定经费给干警用于购买相关法律、检察业务书籍。六、拓宽视野，开通购书班车。定期发送班车到上海、杭州、嘉兴等相关法律书店，为干警充实检察官书架采购图书资料提供便捷。七、拓宽资源、开通学术期刊网。开通的专题内容包含刑法、诉讼法、民商法和法学理论。八、促进交流、鼓励参与学术研讨。九、畅通信息、及时传递调研线索。十、赏罚分明，明确鼓励政策。

2010年，县检察院编发《检察工作简报》40期，《检察情况反映》14期。5月，县检察院印发《关于加强主要信息报送工作的通知》，要求各内设机构加强重要事项、特定案件、突发事件等信息的报送工作。年内，向上级报送信息54条，其中《31年零违纪》等6条信息被省、市检察院采纳。全年共完成各类文字材料25万字。

2011年，县检察院制定调研工作计划，明确调研工作目标。全年承担省级研究重点课题3个，市级重点课题2个，县级重点课题3个。其中1项课题获全省检察机关普通期刊优秀成果三等奖，1项课题获县社科联优秀课题一等奖。共撰写调研文章60篇，在国家级、省级专业期刊上发表7篇，有3人入选全市检察理论研究人才队伍。

二、检察宣传

检察宣传是检察机关结合案例向国家工作人员及其广大人民群众进行法律知识宣传教育，使国家工作人员及其广大人民群众进一步了解什么是违法、什么是犯罪，如何抵制违法和举报犯罪，从而使其增强法制观念，树立全新的道德观念，自觉遵纪守法，减少和预防犯罪，自觉同违法犯罪行为作斗争，保障社会秩序的稳定，保卫社会主义现代化建设的顺利进行。

县检察院的检察宣传工作，由办公室归口管理，但工作由全体干警共同承担。县检察院每个部门都不同程度、不同角度、不同范围开展检察宣传工作。

1951 年至 1968 年，检察宣传工作主要是围绕党在各个时期的中心工作任务而开展的。1956 年前，县检察院（署）由于人少，检察宣传工作开展较少。1956 年恢复办公后，通过处理反革命分子和结合各种会议，利用报纸、黑板报、有线广播、图片展览等进行检察宣传，加强群众的法制观念，激发群众控诉的积极性。1956 年 7 月 4 日，县检察院在县人民大会堂召开“公开处理一批反革命案件”大会。检察长陈玉山在会上作了“正确执行对反革命分子的镇压与宽大相结合的政策”的讲话，到会旁听有千余人，场外更多人收听大会实况转播。7 月 6 日，《海盐日报》作了报道并刊登检察长陈玉山讲话全文。1957 年春季，海盐县内大部分地区发现有人进行粮食黑市交易，甚至出现买卖粮票、贩卖粮食等违法犯罪活动，破坏了粮食统购统销政策。4 月 26 日，副检察长高自然在全县有线广播上作“制止以粮食、粮票进行黑市投机贩卖的违法活动”的讲话，揭露少数不法分子，抬高粮价，投机取利、破坏粮食工作的阴谋活动，指出这是一种犯罪的行为，必须取缔。是年，县检察院利用报纸宣传 10 篇，利用大会报告发言 2 次，广播 5 次，张贴宣传字画 64 张，图片展览 2 次。1961 年至 1966 年，县检察院配合全县中心工作，结合办案、蹲点、社教运动等积极开展法制宣传，出庭的检察人员发表公诉词以案说法教育群众，预防犯罪。

1979 年，《中华人民共和国宪法》和《中华人民共和国刑法》《中华人民共和国刑事诉讼法》等七部新法律颁布，县检察院积极投入新颁布法律的宣传活动，配合有关部门运用干部会、培训班、广播等多种形式，向广大干部、群众进行法制宣传教育。1980 年，结合办案在批捕、免诉宣布、处理信访等环节，开展法制宣传工作。通过派员出庭支持公诉，配合法院公开审理案件，进行法制宣传。全年向广播站投稿开展法制宣传 12 篇，被采用 10 篇。鉴于青少年犯罪问题突出，县检察院以简报形式向各单位发专题材料 1 份，作为反面教材开展法制宣传。1982 年 4 月 13 日，全国人大常委会作出《关于严惩严重破坏经济的犯罪的决定》（简称《决定》），检察长党彦瑞接受县人民广播站记者访谈，宣传了《决定》的基本精神。

1983 年 3 月 30 日至 31 日，县检察院 27 名干警参加法制宣传日活动，共接待来访 17 人次，播放录音 7 小时，发放法制宣传资料 5000 余份，到长川坝、澉浦、六里、通元、官塘等 5 个公社的集镇进行巡回宣传。

1985 年 8 月，县检察院设检察联络员，检察队伍有了扩大，检察宣传得到加强。

1987 年 4 月，县检察院创刊《法制宣传》。《法制宣传》主要宣传党的方针、政策，宣传四项基本原则，宣传国家的法律、法令，宣传检察机关的性质、任务，并以短小精悍、通俗易懂的案例，向人民群众进行就案论法的法制教育。

1989 年 8 月 15 日，最高人民法院、最高人民检察院发布《关于贪污、受贿、投机倒把等犯罪分子必须在期限内自首坦白的通告》（简称《通告》）。县检察院根据《通告》精神，采取出动宣传车、办宣传栏、翻印张贴《通告》、发表电视讲话、答记者问、举行新闻发布会、到基层进行法制宣传等多种形式，展开大张旗鼓的宣传活动，敦促犯罪分子坦白自首，形成空前广泛的宣传攻势。

1993 年 7 月，县检察院开展庆祝“经济罪案举报站”成立五周年活动，在全县 17 个乡镇重新安置 20 只举报箱，在《海盐科技报》上发表署名文章，肯定和通报“经济罪案举报站”成立五周年来的成绩，分析当前查处侵权、渎职犯罪的斗争形势，提出今后搞好举报工作的要求。年内，县检察院选择典型案例编写宣传稿件，被有关新闻单位录用稿件 14 篇，上街开展法律咨询 3 次，接待群众法律咨询 153 人次，分发宣传资料 100 余份。给实验小学学生上法制课 5 次，受教育 490 余人。

1995 年，县检察院在 6 月 12 日至 18 日开展《中华人民共和国检察官法》宣传周活动，制作宣传横幅，张贴宣传标语、印发宣传提纲百余份，出刊黑板报共 3 期，组织 10 余名检察干警上街进行法律咨询。

1997 年 6 月，县检察院结合乡镇干部进行思想、作风、纪律教育整顿，积极开展法制宣传活动。到联系点澉浦、富亭等地上法制课，结合本县的一些案例以案论法、以案释法，告诫广大干部要学法、守法，顶得住诱惑，抗得住歪理，管得住自己，真正经得住改革开放的考验。10 月，开展法纪检察宣传，向县级机关部门、事业单位、各乡镇等发放宣传资料共 1600 余份。

1998 年 6 月，县检察院配合市检察院组织“全市检察机关举报工作十周年成果展”，召开新闻发布会，上街设点进行法律宣传，到电视台发表电视讲话，使检察宣传形成新的高潮。11 月，推行“检务公开”制度，将检察机关的性质、职能、工作流程和办案纪律以及法律规定和当事人的权利义务归纳为十项内容(称检务十公开)。通过新闻媒体、设置宣传栏、制作宣传图板、印发宣传资料进行检务公开宣传。

2000 年，县检察院贯彻市检察院《关于加强检察宣传工作的几点意见》，编印 1400 余册法律、法规手册，发放给全县金融系统每个职工。结合法纪检察、民事行政检察、举报中心等工作的开展，印发宣传资料 3600 余份。开展“法制宣传月”活动，组织上街义务法律咨询 15 天，发放宣传资料、解答群众咨询，到于城镇等 7 个单位进行法制宣传辅导。团支部还组织人员到县实验小学，对全校师生进行遵纪守法等方面的法制宣传辅导。

2001 年 4 月，县检察院开展为期 1 个月的“心连心”送法下乡活动，组织 28 名干警参加县委政法委组织的大型上街法律宣传咨询活动，在武原、秦山、澉浦、沈荡、元通、百步等乡镇开展普法咨询 6 场次，在百步等 3 个乡镇展览反腐败宣传图板 15 块，有 3000 余人观看了图板，发放宣传资料 2000 余份，为百步、元通 2 个乡镇 180 余名机关站办、村级基层组织干部上了关于预防职务犯罪为内容的法制教育课。

2002 年至 2004 年，县检察院注意加强与新闻媒体的联系和协作，依靠《海盐日报》、海盐电视台、《海盐动态》《海盐政务》《人大工作通讯》“海盐职务违法犯罪预防网”等媒体，宣传检察工作、检察队伍建设动态、推出的新举措和取得的新成绩。

2005 年，县检察院进一步加大检务公开力度，创新检务公开载体，通过与县电视台联办《法治在线》节目，加强法制教育。是年，县检察院共在各级报刊、电台、电视台发表和播放消息、专题节目、以案说法等新闻宣传作品 33 件，其中《打造文明之师》在《检察日报》头版发表。创刊《海盐检察》，扩大检察宣传阵地。《海盐检察》为宣传赠刊，一个季度出刊一期，每期印刷 1000 份，赠阅全县机关各部门、各乡镇、各行政村、全县人大代表、政协委员、县检察院廉政执法监督员、人民监督员等。县检察院还组织开展以宪法、刑法、刑事诉讼法和其他相关法律法规为主要内容的学法普法活动，共组织“送法下乡”5次，参加法制宣传月、周、日活动12次，接待公民法律咨询120人（次），发放法律书籍1000册，宣传资料4000份。此外，发挥“少年法律学校”“校外辅导基地”“优秀青少年维权岗”“巾帼文明示范岗”和“青年文明岗”等各种阵地的优势，加强对青少年特别是在校学生的法制宣传教育活动，共组织各种活动5次，宣讲法制教育课8次。

2006年1月，县检察院成立宣传报道领导小组，制定检察宣传理论工作考核制度、外发稿件登记制度、审稿制度、宣传员定期会议制、新闻分析会制度、宣传奖励制度等，明确以文字宣传为龙头，以电台、电视、平面媒体和网络宣传为“四轮”，以县级宣传为立足点，以市级宣传为主攻点，以省级以上宣传为突破点，在宣传数量上求突破，在宣传质量和效果上上水平。强调在发稿方向上“各种媒体一齐上，各级媒体一齐上，各个版面一齐上”，在稿件样式上“文章与图片一齐上，新闻和言论一齐上，广播与电视一齐上，常规宣传与网络宣传一齐上”，在队伍组织上“领导和同志一齐上”，形成检察新闻宣传的全面推进态势。是年，县检察院共在各级报刊、电台、电视台发表和播放消息、专题节目、以案说法等新闻宣传作品98篇，完成《海盐检察》扩版工作。

2007年至2010年，县检察院加强宣传工作，完善激励措施，制定《检察宣传调研工作考核办法》，完善检察宣传调研工作制度。2007年，共在各级报刊、电台、电视台发表和播放消息、专题节目、以案说法等宣传稿件225篇。其中，市级123篇、省级31篇、国家级7篇。在全市检察宣传工作考核中，名列全市第一，被市检察院评为嘉兴市检察宣传工作先进单位。2008年5月，制定《检察信息宣传工作考核办法》，全年发表各类检察宣传稿件70余篇，发表在《新华每日电讯》《检察日报》等国家级考核媒体8篇，发表在《浙江日报》《浙江法制报》《今日早报》等省级考核媒体23篇，发表在《嘉兴日报》《南湖晚报》等地市级报刊32篇，与高检院影视中心、上广SMG联系制作专题报道1则，与浙江卫视合作报道案件2例，检察信息网投稿8条。办公室获SMG《终极对话》栏目优秀协作奖。发表于《检察日报》的《电视·断桥·交易》的报道获得第六届浙江检察好新闻三等奖。2009年6月22日至26日，开展了以“反腐倡廉保民生、公平正义促和谐”为主题的第11个“举报宣传周”活动，宣传党和国家关于反腐败工作的方针政策，新修订的《人民检察举报工作规定》以及公布“12309”全国检察机关统一举报电

形成由副检察长分管，办公室主管业务、档案员具体实施，各科、局、室内勤人员为档案网络人员协助档案员工作的档案管理网络。先后制订和完善档案归档、销毁、借阅、保密、保管等一系列的规章制度。明确归档范围，分类标准，立卷要求，移送手续，以及签发、传递、装订、摘抄、复印等方式和要求。规定每年第二季度初由各科（局、室）内勤将应归档的所有文书、诉讼卷宗按照统一规定分类、立卷、制作移送清单统一入档，到年底档案室存档 4674 卷。是年，县检察院配置档案库房 30 多平方米。先后添置七联半档案密集架、空调机、去湿机、温湿度计、灭火器等专用设备，使档案室符合“八防要求”，设立阅览室、调档室计 10 多平方米，并做好档案利用登记和利用效果的反馈记录。在档案开发方面先后编写《全宗介绍》《组织沿革》《大事记》《案例编写》《重要文件汇集》等。同时编写人物卡、文件卡、各种基础数字汇集、全引目录、案卷目录等。年末，县检察院向省档案工作省级达标联合考评领导小组提交了省级达标验收的请示报告。

1998 年 2 月 4 日，省档案局、省检察系统档案工作省级达标考评领导小组按照《浙江省检察系统档案工作达标考评标准》对县检察院档案管理工作进行考评。通过逐项考察、评议，总得分为 91 分。4 月 10 日，经省检察院、省档案局审批同意，县检察院获“档案工作目标管理省二级合格证”。

1999 年年初，县检察院发文《关于加强档案工作的意见》，提出档案管理省一级达标要求。4 月，重新修订档案室管理制度，档案人员岗位责任制，文件材料立卷、归档、鉴定制度，档案统计制度，档案保密制度，档案借阅制度。5 月，县检察院迁址新大楼，安排院档案室面积 53 平方米，阅览室面积 13 平方米，分别安装 3 匹和 1.5 匹空调机 1 台。室内其他设施齐全。6 月，建立健全声像档案、设备档案，基建档案管理制度，弥补了档案收集、归档的空缺。新增重要文件汇编、检察年鉴、职务犯罪案例汇编、典型案例汇编。并对原编研材料进行修订，档案编研材料的广度深度均较原来有明显的改观。7 月，县检察院举办电脑知识培训班，档案人员参加了培训。通过学习和实践操作，掌握了利用计算机输入各类案卷目录和迅速、准确检索需要的档案的技能。11 月，市检察院、市档案局联合到县检察院对档案达标工作进行预验和指导。县检察院根据市联合考评小组提出的意见梳理出 10 个方面的问题，落实了整改措施。年底，县检察院启动电脑档案管理系统，形成档案管理网络。是年，县检察院被县档案局评为 1998 年度文件材料立卷归档工作先进单位。

2000年12月6日，由省检察院、省档案局、市检察院、市档案局、县档案局五家单位组成省级档案达标联合考评小组，对县检察院档案工作省一级达标进行考评验收，县检察院档案管理工作得分为96.8分，达到省一级标准。2001年1月17日，省检察院、省档案局审批同意，认定县检察院为2000年度档案工作目标管理省一级达标单位。是年，县检察院综合档案室共存有案卷5512卷，其中诉讼档案4399卷、文书档案678卷、会计档案39卷、基建档案11卷、照片档案5卷、声像档案77盒。

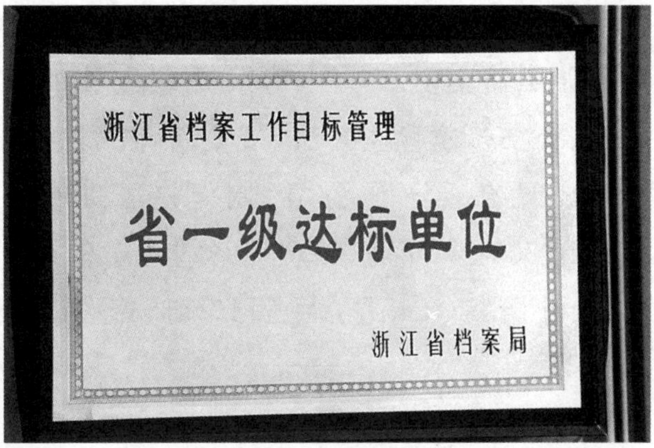

2001年1月，县检察院档案工作目标管理通过“省一级”达标认定

2004年至2006年，抓好档案管理，注重立卷归档工作。3年共归档文书案卷51盒，诉讼案卷1137卷，会计档案99卷。将2003年至2005年的文书、诉讼案卷目录，录入电脑档案管理系统，更新文书档案处理软件和部分硬件设施，对原有档案密集架修缮加固。

2008年，根据国家档案局《机关文件材料归档范围和文书档案保管期限规定》，机关文书档案的保管期限定为永久、定期两种，定期分为30年、10年。县检察院重新修正文书档案保管期限，并报县档案局审批，报市检察院备案。是年，县检察院根据省、市检察院和县档案局对档案工作进行年检复评的要求，本着“精细、完整、全面”的原则，对遗漏缺失部分档案，进行整理补充，使档案资料保持连续且更加齐全完整。在档案开发利用方面，先后编写和补充《全宗介绍》《组织沿革》《大事记》《案例选编》《主要文件选编》等33种40余册编研材料。年末，档案目标管理工作以96分通过省一级复评。

2009年，县检察院组织档案管理人员进行档案知识考试，将检察建议63件、党总支文件10件按文号收编归档，编写人物卡、文件卡、全引目录、案卷目录等，为检察业务工作提供依据和资料。

2010年至2011年，县检察院档案受理工作日趋标准化、规范化、制度化，注重档案的利用，为检察工作服务。

2010年，县检察院对档案工作常抓不懈，除配备1名专职档案员外，还确定了兼职档案员10名，形成比较完整的档案工作人员网络。继续采取集中收集、统一归档管理办法，规定每年第二季度初由兼职档案员将应归档的所有材料按照统一分类、立卷，制作移送清单统一归档，使档案材料保持完整和连续。到2011年年底，综合档案室共存有文书档案838卷、146盒，诉讼档案8845卷，会计档案728卷，照片17册，音像档案90盒，设备档案4卷，基建档案14卷。

四、检察装备

检察机关后勤装备工作，是检察院工作的重要组成部分。其任务是按照检察机关工作需要，抓好经费保障、办公用房建设、办案设备添置等工作，为完成检察工作任务提供保障。

随着检察事业的发展，检察业务经费逐年增加，交通工具、通信设施不断改善，检察技术设施逐年增多，办公自动化装备不断更新，办公用房和日趋改善，保障和促进了各项检察工作的开展。

办公用房

新中国成立前，检察机构无独立的办公场所。

1951年至1954年，县检察院(署)与县法院合署办公，在武原镇西大街206号。

1957年3月，县检察院迁至武原镇中大街，老人委对面(原招待所)，办公用房简陋。

1961年10月，复设县检察院，仍在原县检察院办公。

1978年，重建县检察院，借用县公安局办公室两间。1980年2月，县检察院新办公楼竣工，建筑面积375平方米。1988年，县检察院在武原镇朝阳东路45号新建办公大楼，总建筑面积1529平方米。1991年1月1日迁入办公。1996年，建造一幢侦查用房。1999年5月，县检察院易地新建办公大楼落成使用，总建筑面积3915平方米，院址武原镇枣园中路111号。2010年，紧贴办公大楼东侧，建造三层封闭式办案工作楼，增加建筑面积450平方米。2011年12月底止，实有总建筑面积4993平方米。

交通工具

1951年至1968年，县检察院没有配备专用机动车辆，仅配备少量自行车，干警公用。

1978 年县检察院建立后，当年购买自行车 1 辆，后逐年按工作需要增加自行车。1982 年购第一辆机动车"金杯"囚车。1986 年购买轻骑 2 辆。80 年代后期自行车逐渐淘汰。1990 年购第一辆轿车(桑塔纳)。2001 年调拨大黑沙 125 型摩托车 1 辆。2001 年共有小车 8 辆，县检察院制定车辆管理制度。2007 年 12 月底，有汽车 15 辆，摩托车 3 辆，以后调拨更新、报废、增加，至 2011 年 12 月底共有汽车 10 辆，分别为：帕萨特 2.0T2 辆、广本 7200 型 1 辆、广本 7240 型 1 辆、别克 SGM1 辆、雪铁龙 1 辆、金杯 6483 型 1 辆、帕萨特 1.8T 型 1 辆、丰田凯美瑞 1 辆、桑塔纳 7202 型 1 辆，摩托车银翔 125 型 3 辆。

服装

根据 1984 年 1 月最高人民法院、最高人民检察院、财政部《关于人民法院、人民检察院干部穿着统一制服的几项规定》，县检察院检察干部从 4 月起穿着统一制服。春秋装、冬装均为豆绿色，夏装始为米黄色，1987 年改为豆绿色。服装配领花、肩章、大檐帽、检徽。

2000 年，经国务院批准，人民检察院对检察服进行全面改革，更换 2000 式检察服，统一颜色、统一款式、统一标志。2000 式检察服为佩戴胸徽的西服式制服，颜色选用国际司法界常用的深色，取消大檐帽、肩章和领花，以胸徽作为检察员的主要司法标识。2001 年起，县检察院干部更换新装。

通信

1951 年至 1986 年，县检察院(署)仅靠电话机作为通讯联络工具，通过地方电信部门转接，通信手段单一，及时性、保密性差，设备设施落后。

1987 年，县检察院开通与市检察院的专用有线电话。1990 年，通过市检察院外线程控电话连接，县检察院通信设施落后的状况有所改善。1991 年，县检察院与市检察院建立无线移动通信网，用对讲机通话，推进了检察系统联络，对案件侦查、提高工作效率，发挥了一定的作用。但由于该设施故障频发，使用对象有限，故不久就停止使用。1993 年，县检察院配备移动电话(大哥大)1 台，后来陆续增配至院领导。1996 年，根据有关规定，不得用公款购买移动电话，原有移动电话折价归个人所有，其电话费根据职务不同在规定范围内报销。1997 年，反贪局配置松下录音电话。1999 年，配置传真机，电脑局域网络开通，办公实现现代化。2001 年，控申科配置举报电话自动受理系统投入使用。2004 年，完成检察机关三级专线网调试。2007 年，看守所三级网络开通。2008 年，完成三级机要通道建设，实现上下级检察机关文件网上流转。是年县检察院还完成了 OA 办公系统（OA 办公系统功能模块主要包括公文流转、文件查阅、公告发布、电子邮箱等）及信息发布系统建设。进行了三级网络的扩容升级，因特网被接入使用。2009 年起，县检察院电话实现“一机双号”，每人一部电话，内外线一机使用。

技术装备

县检察院的技术装备，是随着检察事业的发展而不断完善的。1979 年，购置一架“海鸥牌”120 双镜头照相机。1982 年购置录音机 1 台。1984 年购置索尼 M7 微型录音机 1 台。1985 年购置刑事勘察箱。1987 年购置复印机 1 台。1994 年，县检察院建立闭路电视监控审讯系统。1995 年，购置松下摄录机 1 台、电脑打字机 1 台、松下打印机 1 台。1996 年，配备侦查用录音机、摄像机、理光 RZ900 型照相机各 1 台。1997 年，购置松下录音电话 1 台。1998 年，县检察院制定科技强检三年规划，成立科技强检工作领导小组。1999 年，新办公大楼落成搬迁后，电脑局域网络开通，办公实现现代化。1999 年至 2002 年，共购置各类电脑 47 台，实现人手 1 台电脑。购置打印机、复印机、传真机、扫描仪、光盘刻录机等共 20 台。还先后建成举报电话自动化受理系统、讯问全程同步录像监控系统、检察业务动态管理系统、多媒体示证系统，基本实现了询问证人、讯问犯罪嫌疑人、被告人采用电脑记录，法律文书全部采用电脑制作，重要文案数据实行电脑管理。试行重大案件运用多媒体示证系统出庭支持公诉，完成侦控数字化改造。

2003 年 9 月，县检察院举行计算机操作比赛

2007 年，县检察院驻看守所检察室三级网络开通。是年，购置同步侦查专用设备 1 套、网络服务器 1 台。2009 年，对机房进行改造，机房面积达到 47 平方米，进一步配备完善监控设备，实现了网上办案。2010 年，首先尝试运用心理测谎技术得到较好效果。到 2011 年年底，县检察院重要的检察技术装备有：1. 办公技术设备。有台式电脑和笔记本电脑 105 台、打印机 30 台、复印机 4 台、扫描

仪4台、照相机8架、摄像机5台、录音笔2支。2.机房技术设备。有服务器5台、交换机8台、防火墙2台、程控交换机1台、UPS不间断电源1套、路由器3台。3.技侦设备。有技术侦查包1套、办案工作区专用系统1套(包括同步录音录像系统、摄像机、服务器、拾音器、UPS、交换机、视频矩阵、硬盘录像机、电视机、存储阵列等)。4.办公办案平台。有办公OA系统1套、专线网站和因特网站各1个、法律监督平台1套、三级机要系统1套、出庭示证系统1套、多媒体播放系统1套,举报电话录音系统1套、动态办案系统1套。

后　记

2011年10月，启动《海盐县检察志》的编纂，历时近五年，至2016年初完成初稿，后又数次修改、充实内容，五易其稿，兹于检察机关恢复重建39周年之际，编竣付印。

海盐县检察机构始于1951年，重建于1978年，半个世纪以来，我院六代检察人艰苦创业、薪火相传，执法规范化、队伍专业化、管理科学化、保障现代化建设得到不断加强，创造了海盐县检察史上的诸多特色亮点，获得了全国文明单位、全国先进基层检察院等多项国家级荣誉，成为了海盐县政法系统乃至嘉兴市政法系统的一面旗帜。检察志的编纂，既往开来，存史资治，甚合时宜。

数年来，两届院领导十分重视《海盐县检察志》的编纂工作，多次召开专题会议讨论研究，确定总体方案，并在人力、物力等方面给予充分保证。各内设机构积极配合，提供基础资料，保证了志书的顺利编纂。《海盐县检察志》编纂伊始，编纂人员出入档案室，海盐、海宁两地的档案馆、图书馆，还多次与曾在本院工作过的领导、同事以及退休老同志联系，征集资料、征求意见，请他们帮助回忆过去的光辉岁月，尽其所能掌握第一手资料。

在《海盐县检察志》编纂的过程中，还有幸得到了海盐县委、海盐县人大、海盐县政府、海盐县政协领导的大力支持和鼎力相助，得到了海盐县纪委、海盐县委政法委、海盐县法院、海盐县公安局、海盐县司法局及海盐县史志办、海盐县档案局(馆)、张元济图书馆和海宁市档案局(馆)等单位以及各界人士的热情支持和悉心指导。检察志定稿后,又蒙中共海盐县委副书记、政法委书记孙雄伟先生为本志作序。值此《海盐县检察志》付梓之时,谨对上述各单位、各位人士表示诚挚的谢意。

我县编纂检察志尚属首次,资料收集甚为不易,亦为编者知识水平、业务水平和阅历所限,志书中难免有疏漏和不足之处,敬请读者批评指正!

编 者

2017 年 6 月 8 日